[美]罗森斯托克-胡絮(E. Rosenstock-Huessy) ◎ 著
徐卫翔 ◎ 译

圣经图书馆
The Biblical Library

越界的现代精神——基督教的未来

华东师范大学出版社

华东师范大学出版社六点分社　策划

三极彝训,其书曰经。经也者,恒久之至道,不刊之鸿教也。

——刘勰《文心雕龙·宗经第三》

圣经都是上帝所默示的,于教训、督责、使人归正、教导人学义都是有益的。

——《提摩太后书》3:16

圣经图书馆
The Biblical Library

主编
Chief Editors

杨克勤　梁慧
K. K. Yeo, Hui Liang

学术顾问委员(以中文姓氏笔划为序)
Academic Advisory Board (in the order of the number of strokes in Chinese surnames)

贝尔（美国海涵学会）David Baer (Overseas Council, USA)

朱厄特（德国海德堡大学）Robert Jewett (University of Heidelberg, Germany)

刘小枫（中国人民大学）Liu Xiaofeng（Renmin University of China, PRC）

克拉兹（德国哥廷根大学）Reinhard Gregor Kratz (University of Göttingen, Germany)

克莱因（以色列巴伊兰大学）Jacob Klein (Bar-Ilan University, Israel)

麦格拉思（英国牛津大学）Alister McGrath (Oxford University, UK)

帕特（美国范德比特大学）Daniel Patte (Vanderbilt University, USA)

佩杜（美国布莱特神学院）Leo G. Perdue (Brite Divinity School, USA)

罗宾斯（美国爱默瑞大学）Vernon Robbins (Emory University, USA)

卓新平（中国社会科学院）Zhuo Xinping（Chinese Academy of Social Sciences, PRC）

杨慧林（中国人民大学）Yang Huilin（Renmin University of China, PRC）

赵敦华（中国北京大学）Zhao Dunhua（Beijing University, PRC）

柯林斯（美国耶鲁神学院）John J. Collins (Yale Divinity School, USA)

威瑟林顿（美国阿斯伯里神学院）Ben Witherington III (Asbury Seminary, USA)

格斯滕伯格（德国马堡大学）Erhard S. Gerstenberger (University of Marburg, Germany)

朗曼（美国威斯蒙特学院）Tremper Longman (Westmont College, USA)

萨肯菲尔德（美国普林斯顿神学院）K. D. Sakenfeld (Princeton Theological Seminary, USA)

温特（澳大利亚麦考瑞大学）Bruce Winter (Macquarie University, Australia)

奥登（美国德鲁大学）Thomas C. Oden (Drew University, USA)

圣经图书馆
主编：杨克勤　梁慧

缘 起

自西学入华以来，中国文教体制分崩离析，中国学人一直无法回避的问题：西方文明如何轻而易举割断我们的学统，终止了我们的道统。中西之争的题域一直困扰着我们。其实，中西文化各有其哲学思想、伦理道德及宗教文化之渊源，而这些渊源无不以古雅圣贤经书为开端和基石，形成经典。所谓"经典"，系指一种影响悠久文明形态走向的文本源头，蕴涵先知圣贤的智慧，其历经时间的长久考验，仍然能作用于今天的世界共同体与文本进行生命交汇，具有孕育一种重植根基、重温知新、重现思想的能力。刘勰《文心雕龙》道："三极彝训，其书曰经。经也者，恒久之至道，不刊之鸿教也。"（宗经第三）"经典"的魅力在於它隐含宇宙秩序的永恒原则，背负磅礴的天理及诚意，其理想和认知超越了所起源的历史人文环境，构筑了现代社会、经济和文教体制的重要基础。因此，倡导以经典为基础和以文本为依据的主要目的：一，避免对古文化"道听途说"或"皮相论据"；二，以治经方法回归原典，重拾学统学理，从中取得借镜，在与圣贤的席谈中，寻索真知灼见，破解"中西之争"之伪；三，回归经典意味当下，我们要从"中西之争"的题域回归"古今之争"的视域，进而通达"古今之变"。

西方文明的最重要基石之一是圣经。本丛书"圣经图书馆"以希伯来和基督宗教正典文本为经，以人心并大道的普世共通性为纬，勾勒整全西方文明的基础图景，诚如宋儒陆象山云："东海有圣人出焉，此心同也，此理同也。西海有圣人出焉，此心同也，此理同也。"（《象山先生行状》）虽然这些经典的思想源流、历史演进和影响主要在西方，但希伯来和基督教智慧发源于古代西亚，不是西方文明的专利品，而是人类的精神珍宝和学术宝库，故使徒保罗写道："圣经都是上帝所默示的，于教训、督责、使人归正、教导人学义都是有益的。"（《提摩太后书》3:16）

本丛书"圣经图书馆"旨在引介、注疏、移译和诠释各部经书，积累西方经学史的重要文献，改变我国西学研究长期偏重哲学论著、忽略宗教经典注疏的偏颇，以期对西方文明有整全而深入的理解。且在此基础上，鼓励、催生与中国文化的碰撞、对话和汇通。对"经典"的述作，旨在传承、固守、辨析一种文明形态的思想光谱，垒砌一种文明发展的基石。

"圣经图书馆"以"文史哲"为进路，旨在消弭"文史哲"的分割，此乃是中西方共通的古典治学之道。其中，以"文"为基础，即对文本的字、句、文法的分析和理解，包括训诂和修辞（或辩说）两大部分。古拉比及古希罗学人注重解经学和修辞学，中国先人自有类似注疏治学传统，讲究从"小学"进至"大学"。"小学"以字词训诂、文言语法和音韵为主，通晓字义和句义后，进入"大学"，在天地宇宙的视域中体认求索修身治国之道。以儒家为例，传统中国的"大学"建立在对德的自觉体认之上，天道统摄人道，"大学之道，在明明德，在亲民，在止于至善"（《大学·明明德篇》）。而西方的"大学"则以哲学为主，亚里士多德以神学为第一哲学，后来的基督教神学基本认同了这一看法，把"文史哲"的方法转换为以圣经文本为主，继而遍寻史料史实，再以系统神学或神哲学为至真。

"圣经图书馆"规划出版研经工具书、参考书和注经书，旁涉文化背景探讨、史料整理和思想梳理，同时鼓励圣经跨文化解读方面的翻译和原创著作，以此裨益汉语及全球学界。在"置身区域，迈向环球"的大趋势下，"圣经图书馆"的撰述编译工作由国内外学者承担，并邀请国际圣经学界资深学术顾问，发轫并共臻经典编撰这一学术事业。

二〇〇九年九月九日

目　录

中译本说明(刘小枫) / 1
英文版导论(哈罗德·斯塔默) / 1
序言　我们与命运有约 / 55

第一部：伟大的过渡期

第一章　我不够资格 / 61
　　行动与言说的冲突 / 61　　词与名的冲突 / 64
第二章　过渡期的美国：1890 至 1940 年 / 70
　　近郊 / 70　　工厂 / 74　　公路上的灵魂 / 78　　罪的新本性 / 87　　脱离于我们的时代 / 91　　孩子不是成人之父 / 92　　东方对我们的入侵 / 99　　约翰·杜威 / 100　　达尔文 / 111

第二部：当时间脱节

第三章　未来的创造 / 117
　　异教的征服 / 118　　先行体验死亡 / 123　　历史的意义 / 128

进步:基督教的还是现代的 / 131　科学和基督教纪元 / 140
信仰的间断 / 146

第四章　对活的上帝的信条 / 148

上帝是如何为人所知的 / 149　成年人和信条 / 154　基督的神性 / 159　我们要造人 / 165

第五章　救恩计划 / 170

三个时代 / 171　启示的传承——意义的再生 / 173　肉欲对道成肉身 / 177　匿名的基督教 / 182　言的死和复活 / 184

第三部:我们时代的身体

变迁 / 191

第六章　哦,幸运的罪！或回顾教会 / 194

机械论还是弱点? / 194　四边形:卡尔西顿、法兰克福、佛罗伦萨、斯德哥尔摩 / 197　第一幅画面:缺乏信仰 / 201　第二幅画面:缺乏明爱 / 207　第三幅画面:人类心灵的复兴 / 210　第四幅画面:重新接纳救恩计划 / 212　教会史 / 217

第七章　十字架的穿透 / 220

作为实在的十字架 / 221　佛陀 / 231　老子 / 233　亚伯拉罕 / 236　耶稣 / 243　作为一部"旧约"的"社会科学" / 246

第八章　和平的节奏或我们的"今天" / 253

节日的敌人 / 253　将要到来的主日 / 257　短期的经济 / 264　武士和思想家 / 271　扎营的心灵 / 286　新世界的节奏 / 292

索引 / 297

中译本说明

  罗森斯托克-胡絮算是 20 世纪的一位奇特的思想性作家，早年在德国双修法学和古典语文学，兴趣极为广泛，学富五车，下笔却从不掉书袋，文风生动活泼，论题直逼当下现实迫切问题，思索深广有余，还富有宗教激情……

  胡絮的书我仅读过两本：《出于革命：西方人自传》(*Out of Revolution: The Autobiography of Western Man*, 1938) 和这本《越界的现代精神》。近八百页的《出于革命》给我的印象深刻，十多年前，我打算组译这本对我们认识西方颇为有益的大部头，试着联络版权才知道，在美国，胡絮的粉丝们早就搞了一个基金会，严格控制翻译事宜。基金会的负责人对我说：先翻译哪本书由他们定，译者也得先经他们考核，至于版税倒可以分文不取。

  胡絮著述的第一个中译本就是基金会确定的这本《越界的现代精神》，我推荐的译者徐卫翔博士轻而易举通过了他们的严格学术考核（包括试译）。本来译事早就可以竣工，但卫翔痴迷意大利歌剧,每天可以耽误翻译,不能耽误听歌剧,甚至不惜搁下译业义务为上海歌剧院翻译意大利文的歌剧排演指南。接下翻译任务不久,他又相续做了父亲、教授、副院长,越来越忙。不过,对卫翔的译文我向来有耐心等待,这次,一等就是八年。

关于胡絮其人及其思想和著述,英文版导言已经说得够细致,此不赘言。

刘小枫
2008 年 4 月 28 日于沐猴而冠斋

教会的时间跨度自世界的开端至其终结,
因为教会从一开始就产生于其信仰者,也将延续至终结。
因为,我们基本上认为,从世界的开端至时间的终结,
没有一个时代其中找不到信仰基督者的。

圣维克多的雨果(Hogo de Sancto Victore+1141)

《拉丁教父集》卷176,页685

英文版导论

哈罗德·斯塔默（Harold Stahmer）

一

[vii]如今，在敏感的神学家、圣经学者、读者之间有一种值得注意的理论旨趣。这种旨趣一方面关注解释学（hermeneutics）——关于解释（interpretation）的问题，另一方面则是对所有那些可恰当地与无宗教性基督教（religionless Christianity）或后基督教思想（Post-Christian thinking）相联系的作品的兴趣。诸如布尔特曼（Bultmann）、福克斯（Fuchs）、埃伯林（Ebeling）以及怀尔德（Wilder）这样的名字则与前一方面，即对解释学的兴趣相联系；而朋霍费尔（Bonhoeffer）、罗宾逊主教（Bishop Robinson）、蒂里希（Tillich）以及考克斯（Harvey Cox）则与第二方面，即激进宗教（radical religion）有关。实际上，两者是相互关涉的，因为语言和交往在两者中都居于中心地位。对那

些同时熟悉这两种流行理论的人,我想说的是,罗森斯托克－胡絮不仅预见了这些旨趣,也为那些问题提出了答案,这在我们的时代兴许是愿意倾听的。

1946年,早在这些论题获得如今这种大众声誉之前,罗森斯托克－胡絮就出版了他的《越界的现代精神》(*The Christian Future or The Modern Outrun*)。不幸的是,它是一本在其题旨上超前于其时代的著作,因而很少为公众所关注。在学术界,发表于《犹太教与基督教》(*Judaism and Christianity*)上的他与罗森茨维格(Franz Rosenweig,1886—1929)的通信,已引起了阿尔特曼教授(Alexander Altmann)和埃默特教授(Dorothy Emmett)在《宗教学报》(*Journal of Religion*)的赞誉。① 此外,在很多场合,人们常把他与[viii]布伯(Martin Buber)及海德格尔(Martin Heidegger)相比较,这是因为他对语言的洞见以及他对对话母题(dialogical motifs)的运用。② 另一方面,他的《出于革命:西方人自传》(*Out of Revolution: The Autobiography of Western Man*)(1938)早就被称颂为杰作,称颂者并非旁人,乃是奥登(W. H. Auden)。1947年,罗森斯托克又被奥德汉(J. H. Oldham)描述为"我们时代的卓越人物之一"。在英文版的一篇弁言中,奥德汉承认罗森斯托克活泛的文体有些艰涩,但他又补充道:"与我们大部分人而言,他的心灵太快也太富

---

① Alexander Altmann,"罗森茨维格与罗森斯托克－胡絮:其论犹太教与基督教之通信导论",*The Jounal of Religion*,XXIV,4 (October, 1944); Dorothy Emmett,"罗森茨维格与罗森斯托克－胡絮的通信",*The Jounal of Religion*,XXV(October, 1945)。又见 Rivka G. Horsitz,"罗森茨维格论语言",*Judaism*, vol. 13, no. 4 (Fall issue, 1964)。

② 英语文献参见 Maurice S. Friedman,《马丁·布伯:对话的生命》(New York: Harper and Brothers, 1960),页 162 及 268;又见 Walter L. Ong, S. J.,"哲学社会学",*The Modern Schoolman*,XXXVIII(January, 1960), Harold Stahmer,"言语交际与技术社会",*Social Order*,(June, 1963)。

饶……那些不会被这些偶尔出现的困难吓倒的人,将会发现他们因与一个超常丰富且活跃、时常迸发富有穿透性洞见之火花的心灵,与一个极富生命力和刺激性的人格相接触而获得优厚的奖赏。这一人格使其全部所思获得生命,思想又成长于他与生命的角力。"①

1946年以来,超过八卷的他的著作以及无数的论文以德文发表。此外,他的许多计划,诸如和平军团(Peace Corps)的想法都已变为现实(其指导性洞见已得到和平军团总监施莱弗Sargent Shriver 的公开称颂②)。我们希望,《越界的现代精神》的这一新版本,再加上计划出版的[ix]其不朽的两卷本的《社会学》(*Soziologie*)和讲演集《论人类》(*Die Sprache des Menschengeschlechts*)的美国版,将为英语世界提供一个机会,能够像如今在欧洲一样给予其作品以尊重和关注。

二

1959年,在明斯特大学(University of Münster)授予其荣誉神学博士学位时,罗森斯托克-胡絮被敬称为新的北方魔

---

① Eugen Rosenstock-Huessy,《越界的现代精神》(London: SCM Press, 1947), J. H. Oldham 所作之弁言,页 xii。
② Sargent Shriver 关于"和平军团"的文章载《美国人物百科全书 1962 年年鉴》。1946 年后其主要著作包括《精神之气息》(*Der Atem des Geistes*, Frankfurt: Frankfurter Hefte, 1951);《欧洲革命与诸民族特性》(*Die Europaischen Revolution und der Charakter der Nationen*, Stuttgart: W. Kohlhammer, 1951);《疗治与真理》(*Heilkraft und Wahrheit*, Stuttgart: Evangelisches Verlagswerk, 1951);《可贵的人》(*Der Unbezahlbare Mensch*, Berlin: Kathe Vogt, 1955),《越界的现代精神》的德文版(München: C. Kaiser, 1955);《社会学》(*Soziologie*)第一卷和第二卷(Stuttgart: W. Kohlhammer, 1956 及 1958);以及最近的《谈人类》第一卷和第二卷(Heidelberg: Lambert Schneider, 1963 及 1964)。

术师,20世纪的哈曼。罗森斯托克-胡絮幼时名叫奥伊根·罗森斯托克,1888年出生于柏林,其父是一位受人尊重的德国犹太银行家,此时正好是哈曼去世一百年。16岁时,他开始其信仰的实践。像哈曼一样,他始终咬住语言的骨头,在欧洲,人们恰切地称他为 Sprachdenker——言语思想家。① 虽然置身于极端不同的社会与理智氛围中,但他们著作的相似性,尤其是他们对言语之圣事力量的尊重,的确是给人留下了至深的印象。

比如说,试比较一下罗森斯托克-胡絮的如下陈述和哈曼的两段话:

> 而我思想中这一此世特征事实上是阿尔发(Alpha)和俄梅加(Omega),据此我重新把握每一件事物。言语反映了这一过程的样式,即便对于某个曾受哲学影响的人。正因为如此我更愿意谈论言语而非理性。

再看哈曼的陈述:

> [x]我也不知道永恒的真理,除了那些始终是此世的。
> 我既不讲述物理学也不讲述神学:在我这儿语言乃是理性和启示的母亲,是其阿尔发和俄梅加。
> 在我这儿问题不是这样的:什么是理性? 而是:什么是语言?

---

① 谬勒(Georg Müller),"言语思想家奥伊根·罗森斯托克-胡絮",《福音神学》(*Evangelisches Theologie*,July-August,1954),页314—334。谬勒就罗森斯托克-胡絮著作的各方面写了许多深入透彻的文章。

对于他们每一位，言语（或用哈曼的词：言语表述 verbalism）构成了哲学与神学论述六头女妖（Scylla）和大旋涡（Charybdis）之间的 via media（中间道路）。① 每个人都把言语看作是神圣的，并且每个人都在语言中看到了解决其时代所具有的人造及抽象语言和体系之困扰的答案，这些语言和体系让人想起启蒙运动和 19 世纪哲学家们以及他们的现代传人。康德的先验唯心论——哈曼抨击它，因为它贬低感性言语并拒绝日常经验的证据——再加上费希特（Fichte）和黑格尔（Hegel），他们已规定了在 19 世纪和 20 世纪头几十年受欢迎的宗教、伦理、政治和哲学范畴。起初遭到哈曼抨击的东西，到了罗森斯托克－胡絮的时代仍弥漫于 20 世纪欧洲每一代人的理智生活。在抨击启蒙运动时，哈曼所倚靠的首先是感性诗意言语，它形成于《圣经》所固有的受时间约束且重视时间的（time-conditioned and time-oriented）实在观。对于哈曼，神圣的自然言语和诗实际上是同义词。无论是哈曼的个人——如果不是个体主义式的——虔敬，还是他的此世性，都成型于他的语言观和他对美学与文学主题的全神贯注。在常规的意义上，他不是个社会思想家。法国大革命之前诸事件——对罗森斯托克－胡絮和罗森茨维格而言它们预示着约翰[xi]时代之开端——的社会意义很少（如果说还有的话）对哈曼产生影响，当时他已是个老人。某些启蒙思想家试图通过运用理性而使人从不仅是宗教迷信中也从

---

① "罗森斯托克致罗森茨威格"（1916 年 10 月 28 日）；哈曼（J. G. Hamann），《各各他与谢卜里米尼》（*Golgotha und Scheblimini*）（译按：各各他，一译髑髅地，耶稣被钉十字架之处；谢卜里米尼[sheb limini]，希伯来语，意为"你要坐在我右边"[见《诗篇》110:1]，路德等神学家以此为耶稣基督的称号。）（1784）；哈曼致雅可比（F. H. Jacobi）（1785，1784 及 1787）。

按希腊神话，意大利墨西拿（Messina）海峡的一处，一边是六头女妖斯库拉，另一边是另一个怪物大旋涡卡律布狄斯。指处于双重的危险之中。——译注

政治和经济压迫中获得自由的努力,在很大程度上是哈曼所不知晓的。以理性的名义所做的任何事——且不管其意向——从哈曼立场看都是绝对非自然的并且在宗教上是亵渎的。就像这么多宗教实存主义者,他们对其个人实存的纠缠使得他们走不出与那些更大范围的社会状况相冲突的孤寂灵魂,而正是这些社会状况影响了人类处境(human condition)。对人的权利(rights of man)的全神贯注——还有比如减轻与工业、技术社会有关的严苛的劳动条件——这些都在哈曼的视野之外。虽然在哈曼的时代已有苗头,但社会科学的形成却是19世纪的事,且端赖实证主义及行为主义鼓噪者之助。尤其是,如今这些从应用社会学及分析心理学和精神病学以及其他行为主义进路的角度对灵魂的纠缠,乃是一种只有当装配线进入创造新造物的事务后才引起人们广泛关注的现象。当时历史主义的后果也没有像在罗森斯托克-胡絮的学生时代那样为人所感知。同样不为哈曼时代所知晓的是现时代的种种问题,这些问题产生于多变社会、原子时代、自动化、劳动时间减少、闲暇时间增加,更重要的是通信领域中的进展:电台、电视和电子设备。后者不仅要求人的视觉能力,更要求人的口头和听觉能力,其方式是以往的时代所全然不知晓的。还要来临的是现代都市生活以及它把生活区分为在都市工作、在近郊游戏、还有合伙拼车。同样的还有新近的问题:建制宗教的传统形式是否足以应对人的多面性(many-sidedness)——或用罗森斯托克-胡絮的话——是人的多样性(multiformity of man)。现代精神及其全部神经机能症(neuroses)、自负、需求、价值系统以及疏远感和异化感——其问题[xii]要素——在哈曼的时代尚未降生。要是他活在今天,去发现可能会在这两位北方魔术师中间出现的一致性程度,乃是一件饶有兴味的事——他们都认为在言语中有满足其各自社会之兴趣的解毒剂。正因为罗森斯托克-胡絮对言语、时间、劳动、游戏和闲暇的关注,虽然《越界的现代精神》20年前的确是适用的,但其意义要到了今天才为人所知。

三

在许多可能的罗森斯托克－胡絮思想的理智先驱中,诸如圣约翰(Saint John)、圣西门(Saint-Simon)、帕拉切尔苏斯(Paracelsus)、格林(Jakob Grimm)、洪堡(Wilhelm von Humboldt)、施莱格尔(Friedrich von Schlegel)、祈克(Otto Gierke)、尼布尔(B. G. Niebuhr)以及詹姆斯(William James)这些名字值得提及。在其论生命哲学的第一次讲座中,施莱格尔一上来就这样解释哈姆莱特,"天地之间有许多事情,是我们的哲学里所没有梦想到的"。① 在天与地的当中,"……横亘着真正的道路;而哲学的恰切畛域就是那天地之间的灵性生命"。在施莱格尔那里,能思维的灵魂是意识的中心,而言语则是灵魂的语言。20世纪言语思想家们所处理的许多主题都已包含在施莱格尔的《生命哲学、语言哲学》以及他的《历史讲演录》(Lecture on History)的书中了。比如说,施莱格尔将《约翰福音》称作生命福音,后来,他又赞颂语言为艺术天才的最高创造。"只有……在诗和其他语言形式中……我们才遇见整全而统一之意识的完美和谐,在该意识中,其全部机能都联合且在活生生的行动中协同工作。"②在对罗森斯托克－胡絮之实在的十字架(cross of

---

① 参见莎士比亚:《哈姆莱特》第一幕第五场哈姆莱特的台词:"霍拉旭,天地之间有许多事情,是你们的哲学里所没有梦想到的呢。"(There are more things in heaven and earth, Horatio, than are dreamt of in your philosophy.)。——译注
② Friedrich von Shlegel,《生命哲学、语言哲学》(*Philosophy of Life*, *Philosophy of Language*, London: Henry G. Bohn, 1847), pp1—2, 207—208, 387。

reality)和语法思维(grammatical thinking)的预示中,施莱格尔对人类意识之四重本性、其多重特性以及这四重结构与语法的等式的观察[xiii],都是最值得关注的。施莱格尔对这些作用于孤独灵魂的力量之等级秩序以及复杂性的理解,他对理性及其范畴之绝对不能认识生命这一点的确信,以及他对生命只能活出来这一点的坚持,的确提供了从哈曼到罗森斯托克－胡絮之联系的一个环节。1949年,有人请他列出一个有助于理解其思想的先驱,罗森斯托克－胡絮立刻说出了施莱格尔的名字,尤其提到了他的《历史讲演录》。

虽然黑格尔被罗森斯托克－胡絮视作魔鬼的众多辩护士之一,但黑格尔对时间和历史的关注以及他对精神发展前后相继的各时代的洞见却为罗森斯托克－胡絮所熟悉,一如施莱格尔著作中的千禧年主题。路德维希·费尔巴哈的名字也值得提及,并不尽然是因为任何已得到承认的对罗森斯托克－胡絮的影响,而是因为他展现在未来哲学家们面前的课题。在《任何未来哲学的原则》(*Principles of Any Future Philosophy*)(1843)早先的一篇序言中,费尔巴哈讨论了这一点,其方式有助于我们鉴别罗森斯托克－胡絮自身理智朝圣历程的大背景。

> 未来的哲学有此课题,要将哲学从死魂灵(departed souls)的世界引回附有身体、活生生的灵魂领域中;要将哲学从神圣、自足的观念领域的至福中拉下来,进入人类苦难。然而,以纯粹而真正人类的方式进行思考、言说和活动,只属于未来几代人。现如今的课题不是呈现人本身,而是将他拉出所深陷的泥淖。这些原则是清洗伤口这一令人作呕工作的成果。

在同一著作开篇第一句话中,他讨论了基督教的未来形式,其方式酷似约翰的千禧年思想，以及在《出于革命》(*Out of Revolution*)和《越界的现代精神》中所勾勒出的罗森斯托克－胡絮思想的暗示性。费尔巴哈提出："新教已不再关心……上帝自身是什么[xiv]，而只关心他对于人是什么。"①这一主题在罗森斯托克－胡絮思想的约翰式焦点（Johannine Focus）中得到了充分的发展，并在《出于革命》中得到了最好的概括，在该书中，他讨论了对米开朗基罗（Michelangelo）于罗马西斯廷教堂（Sistine Chapel）所作的上帝创造亚当之壁画的拟想性结局。右上方的上帝正在创造亚当，后者斜倚着，赤裸又无助，在画的左下方。他指出，起初上帝的所有天使都站在上帝一边，在其长袍的褶皱中。"我们可以设想，"他建议道：

> 这幅画的一个附篇（pendant）；创世的结局，所有曾伴随造物主的精灵都已离开他，下降到人那边，维持、强化、增大其进入神圣的[能力]。在此画中上帝将是孤独的，而亚当身旁则会有所有的伊洛辛（Elohim），作他陪伴。②

这只是约翰的千禧年特性的一种表达，该特性渗透于他的全部著作，并使他与所有那些分享了约翰在帕特摩斯岛（Patmos）上获得的对未来圣灵时代之异象（vision）的人为伍——德尔图良（Tertullian）、约阿希姆（Joachim of Fiore）以及更晚近的黑格尔、谢林、费尔巴哈、罗森茨维格，另外还有朋霍费尔。于罗森斯托克－胡絮，我们正处于第二时代——空间的统一，无论是地理的还是技术的——的终结，是踏上第三时代——即圣灵时

---

① Ludwig Feuerbach,《未来哲学的原则》(*Grundsätze der Philosophie der Zukunft*, Zurich: Verlag des litarischen Comptoirs, 1843), 页 iii—iv, 1.
② 罗森斯托克－胡絮,《出于革命》(New York: William Morrow, 1938. 最新版: New York: Four Wells, 1964), 页 727—728。

代,其主题是创造并保存一个真正人性的社会——的门槛。它将是个犹太人和基督徒曾渴望的时代。但同样,在该时代,人们觉得仅仅做犹太人或基督徒是不完整的。它将是这样一个时代,在其中,人们将感觉并需要生活在圣灵中,藉由且通过圣言,这圣言如今已全然穿上其造物界的服饰。于罗森斯托克-胡絮,约翰主义结合了对约翰在帕特摩斯岛上所描述的对未来圣灵时代之感知的尊重和[xv]约翰福音开篇的言成肉身效果。要说《启示录》(*Revelation*)末尾的异象对约翰有何意义,则它标志着"疗治万民的新耶路撒冷,在其中心没有任何有形的教会"。早在《越界的现代精神》中,他就这样细述了约翰的异象:

> 万物藉言而造。起初既无心亦无物。起初有言。圣约翰的确是第一位神学家,因为他被一切有意义的事件之被说出(spokenness)压倒了。

于是,圣言和言语、圣灵和历史、永恒和历时,以同样的神秘特性编织在一起了,这一特性标志着在未来创造的决定中犹太人和基督徒的信心。然而,正如神学家们一直在暗示的,圣灵时代可能转向一个全然反宗教(areligious)和反神学(atheological)的时代。"我相信,在未来教会和信条只有通过无名无闻的事奉才能给生命以新生。"在另一处他陈述道:"在第三时代——它开始于今天——基督徒必须移居进我们的刻板无趣的世界,以无法预见的形式使精神得到赋形。"进而,他总结在此背后的推理,他陈述道:"……正是为了表现同样的事务,每一代人都不得不以不同的方式活动。"只有这样,每一个人才能成为造人过程中完全的伙伴。教会在其现有建制外衣下的不足性,是其恒久的主题,尤其是在《越界的现代精神》中。这并不意味着上帝的死亡或消蚀(eclipse);不如说,它暗示了,为了眼下的消蚀现象结束,必须发现新的灵性形式。在这种联系中,他最钟爱的引文是威廉·詹姆斯的,后者于 1903 年就预见了我们当前的宗教困境。"我们可以说,寻常去教堂的文明人对人性的深流绝对毫不知晓。"

[xvi]于罗森斯托克—胡絮,化为肉身的言语,语法进路(grammatical approach)(不可混同于言成肉身神学),提供了即将来临的这一时代之秘密的线索。在《越界的现代精神》中,这一过程被定义为人的净化(anthropurgy):"从毛糙的物理实体中"赢取"人的真正材料"的活动。它表现了《创世记》中的陈述"让我们照自己的形象来造人"的最终实现。从此圣灵"使人成为创造他自己的活动中的伙伴",正如早期教父"将人类历史解释为把人造得像上帝的过程",比如说成人的净化。①且比较这种对人的神圣角色的展现与布伯将哈西德派(Hasidic)的人解释为"对上帝在世界的命运负有责任的上帝的伙伴"。② 人活在约翰时代的课题为《出于革命》中常被引用的一段话所把握:

> *Cogito ergo sum*(我思故我在),就其与神学相抗衡而言,是片面的。我们这些战后的思想家更关心的不是真正上帝的启示特性或真正的自然特性,而是在一个真正人性的社会中继续生存的问题。在寻求一个真正人性社会时,我们再一次提出了真理的问题。但我们特有的努力乃是使真理在人间活生生地实现。真理是神圣的,并得到神圣地启示——*credo ut intelligam*(我相信,我才会理解)。真理是纯粹的,并可得到科学地陈述——*cogito ergo sum*。真理是关乎生命的,且必须以社会的方式得到表现——

---

① 罗森斯托克—胡絮,《出于革命》(New York: William Morrow, 1938. 最新版: New York: Four Wells, 1964),页 108。
② 马丁·布伯(Martin Buber),《幔利》(*Mamre*, Melbourne University Press, 1946),页 70。

Respondo etsi mutabor（我回应,虽然我会改变）。①

虽然创造一个真正人性社会,是如今许多自由派和非正统思想家的宗教关怀,但许多正统的宗教思想家却抵制这种论调,因为他们害怕使神圣者与世俗者相等同,并因此稀释了圣言的力量。同时,许多宗教自由派经常将历史与传统视作[xvii]障碍,要想使圣灵自由地向人们言说就必须把它们予以击破。罗森斯托克-胡絮,因为其约翰主义取向,因为他对生命诸必然阶段(个体与各社会必须经历它们)的强调,因为他的道路观(沿此道路,圣言可以成为我们的唇舌之果),他尽量避免了传统进路所固有的许多易犯的错误。考克斯在其《世俗之城》中讨论有别于世俗主义(secularism)的世俗化(secularization)的创造性的灵性—此世性过程时,便已把握了这一精细的区分。他将世俗主义定义为"任何新的封闭的世界观,其作用很像是一种新宗教"。

> 而世俗化在圣经信仰本身中找到其根源,且在某种程度上它是圣经信仰对西方历史之冲击的本真产物;世俗主义却不然,像任何一种主义,它威胁着世俗化所产生的开放性和自由;……世俗化在很大程度上产生于圣经信仰对世界的塑造影响,这种影响最初以基督教会,后来又以部分得自它的各种运动为中介。②

罗森斯托克-胡絮抵达这些洞见所经过的路径,如哈曼一般,是非同常规的。他们每人都将自己视为不纯粹的思想家

---

① 《出于革命》,页740—741。
② Harvey Cox,《世俗之城》(*The Secular City*, New York: Macmillan, 1965),页21。

(impure thinker)和不合时宜者(distemporary)——就传统的思想方式而言。已出版的罗森斯托克－胡絮自传性陈述的副标题"一猫之九命"(The Nine Lives of a Cat),便获得了这种性质并强调了他的主张,即真正的进步和成长乃是一个不断卷入死亡和再生的过程,看来像是对许多视作正常或自然的生存所作的持续的挑战和亵渎。他的格言"我回应,虽然我会改变"(Respondo etsi mutabor)暗示了这样的事实:不仅真理的社会[xviii]表现涉及对每一个体的代价高昂的承诺;更重要的是,每个由有名字的(named)个体组成的整个共同体是更为神圣的,这个共同体比围绕在异化和与同伴相疏离的个体灵魂的黑夜与黯淡时刻四周的矛盾和焦虑更应得到关怀。社会而非个体,才是他的主要关怀。但因他对言语的高度重视,个体的需求也没有被忽视。然而,它们是通过一个人的有名字的社会生存,而非在任何个体主义的或反社会的(asocial)背景下得到满足的。罗森斯托克－胡絮认为威廉·詹姆斯比任何人都更象征着灵魂恒久再生与复兴的可能性,以期待"产生着自由人民的一个不断成长的宇宙"。在许多方面,无论是威廉·詹姆斯自己的还是罗森斯托克－胡絮的信条的实质,都在亨利·詹姆斯致其子威廉的一封信中得到把握。罗森斯托克－胡絮将它描述为包含了詹姆斯"对有限事物、对赋予上帝的正确名称以及对人类的统一性的实践态度"。它的确抓住了罗森斯托克－胡絮自己的许多情感。着重号是罗森斯托克－胡絮加的。关于耶稣,老詹姆斯写道:

> 在这位毫无瑕疵的犹大地(Judean)青年身旁,历史中每个大名所表白的仅是何种猥亵?这位青年,在时间中最厚重的黑夜中——无可求助于祭司或官长、朋友或邻人……事实上,如果我们可以这样考虑的话,只可求助于饥饿的娼妓和贱民(他们构成了他不体面的跟班,还进一步使

他招致其民族中虔诚者、有名誉者和有权势者无以复加的蔑视)模糊的期待性同情(expectant sympathy)——然而,投射于灵魂的永恒日光中,通过在他私人精神中稳步地扩张至普遍人性的维度,由此在历史上第一次,将有限的人类心胸带进完美的与无限的神圣之爱的实验性一致。

在这封信的后面,作父亲的告诉儿子他[xix]发现了"设想任何高于这一洋溢着属人形式,难以表述地背叛其自身人性(manhood)的神性的方法"。他进一步说:

> 我会始终钟爱最热忱最愉快的、针对每一个正统且通俗的神祇设想的无神论。这种无神论不是针对那样一种神祇,即以如此辉煌的力量揭示了我的本性,让我觉得从此唯有人才是荣誉之名。
> ……无限智慧最终会以直接而恰切的方式进入最有限的理智……在耶稣崇高而坚定的灵魂中,神性与人性最终完美地达至圆满。由此,我们本性的无限扩张变成了最不可避免之事。打这以后,丈夫与父亲、爱人与朋友、爱国者与公民、祭司与君王,都已渐渐承担了更多的人性维度,都已渐渐地在脸上挂起荣耀的神色。人的普遍之心(the universal heart)已学会蔑视和不认一切绝对圣规。……①

四

就像大部分通灵者一样,某人重要的理智贡献和生命的事

---

① 由罗森斯托克-胡絮在一篇题为"威廉·詹姆斯的灵魂"的私人印行的讲演(1942年,Dartmouth College)中摘引。

件几乎是同义词。在罗森斯托克-胡絮这里情况尤其如此,当有人要求他为其长篇书目文献表写一份自传性导言时,他把自己的回复题为《尊书为经》(Biblionomics),①而且一开篇就说他的"太长的书目文献表"必须按其内在必要性的标准去阅读。也就是说是"维持心智健全,或更确切的,恢复心智健全的必要性。……任何作者都活在某种尊书为经的(biblionomical)力量场中"。② 他的少年时代大部分都用于吞噬书籍、浸润于历史、学习各种语言、翻译古典著作、[xx]制作索引和写作诗歌。即便是与他的锡兵做游戏时,他也会重演著名的战役,加给自己的称号是贝尔格瑙(Bergenau)的奥伊根一世皇帝,还逐日记载每一战役的进程。他 1909 年的博士论文就是对其青年时代所获的令人难以置信的学养和科目训练的最好见证。《萨维尼杂志》(*Savigny Zeitschrift*)的编辑巴德尔教授将其努力描述为"19 世纪之博学的好榜样"。由此我们可以理解他后来成为一个编外讲师;但的确有趣的是,他的一生就是对博学一词通常所具有的干涩与不切题旨(irrelevance)所作的近乎基尔克果式的偶像破坏性抨击的持续记录。然而,1919 年,当时 26 岁③的他已经出版了三本著作和五篇论文,包括他在法律领域中最初的主要贡献:《911 至 1250 年德国王室与部落》(*Königshaus und Stämme in Deutschland Zwischen 911 und 1250*)。即便在其发展的这一早期阶段,他也向读者宣告了,法律和历史与言语有着亲密的联系。在一份私人出版的长篇自传性陈述(在我看来,这是他最令人愉快最具信息性的散文)中,他提议读者为该著作关注两条格言;头一条是苏格拉底的,第二条是歌德的:

---

① 这是罗森斯托克-胡絮自创的词。
② 罗森斯托克-胡絮,《文献/传记》(*Bibliography/Biography*, New York: Four Wells, 1959),页 13 和 16。
③ 原文如此。——译注

> 法律、权利与正义,这几个词在我心中回荡着如此洪亮的声音,我就听不到其他任何声音了。

> 言词在此是如此重要,因为它是被说出的词。

对这两句话,他写道:"为一本法学书作序的这两条格言,将比我的论断更好地向读者证明:语言、倾听和言说,是我的 A 和 Ω。"①

在此阶段,他致力于研究[xxi]历史学家尼布尔(B. G. Niebuhr)的著作和未刊论文,也接受了伟大的法学家基尔克(Otto Gierk)的影响。他的《论产业法》(*Von Industrierecht*, 1926)是他想在法律中与他在历史领域作相同贡献的努力。

1912年,他被提名为莱比锡的法学讲师,在此阶段他一直与罗森茨维格对话,后者当时是一位世俗犹太学者,沉浸于对黑格尔的研究中,他们两人是1910年在巴登巴登(Baden Baden)一次年轻学者聚会时结识的。他们于1913年7月7日晚上那场著名的会面、其对罗森茨维格自身发展的影响以及此后于1916年在《犹太教与基督教》上发表的书信往来,已得到阿尔特曼(Altmann)教授和埃米特(Emmet)教授的充分讨论。随着罗森斯托克-胡絮受到关注,至此会面就是学术界的一个公共宣告,即一个人可以是位能干的学者,同时却虔诚地信奉宗教,是个忠心的基督徒。正是这种深刻虔诚与博学的结合,才使罗森茨维格被这位年轻的法律教师所吸引。

早在1910年在巴登巴登,那些出席者就已经敏锐地觉察到一种最深层面的世界灾难正在迫近。在他们看来同样明显的是,欧洲大学知识分子如此深陷于科系与专业之争,竟已完全脱

---

① 引自一份长篇私下流传的自传性散文,页180。

离了面对其文化的更深层问题。战争的爆发使罗森斯托克－胡絮相信,这种专业分隔与时常争吵的行会体系(guild system)对于大学和知识分子表面上为之而生存的课题是有害的;"……整个有教养世界都陷于一种精神落伍"。当他1958年写作《尊书为经》时,他将1914年与我们现在的境况作了比较:"后来,当我来到美国,我发现文化落伍(Cultural Lag)一词到处在用——不幸的是在相反的意义上。在今日的美国,一如1914年的欧洲,号称文化看守者,却落后于所谓未受教育的大众。在我看来,格林尼治村属于石器时代,恰如一战时期的德国大学。"[xxii]①不幸的是,如他所言,这种"旧标准的殒落只能与少数朋友交流"。当战争爆发,交流已全然中断,他被任命为军中少尉,战争的大部分岁月都在凡尔登作运输官。休假时他娶了一位热情、出色且迷人的女子:玛格丽特·胡絮,又按瑞士风俗,将妻子的姓加在自己的姓后面。他们有一个孩子汉斯·R·胡絮,如今在美国是一位精神病教授。凡认识玛格丽特·胡絮者,都爱戴她,因她是一位具有惊人耐性和爱心的个体,她经历了他们全家全部的欢乐、哀荣和冒险。她于1959年去世,深深地影响了所有认识她的人。

五

罗森斯托克－胡絮对言语和交流的深刻关注产生于被视为言语僵局(speech impasses)的各种文化危机,这是他在第一次世界大战爆发前的那几年所体验到的。渐渐地,他认识到,为了能作为位格(persons)存活于世,他能与之会话的少数人必须相互讨论。更重要的是,他们开始明白,像他们这样的小群体必须承担起向周围僵死的社会肢体讲述并激励的责任。通过言语,

---

① 《文献/传记》,页17。

他们希望治愈社会分化,克服标志着社会衰败和任何迫近的文化危机的职业裂隙。在罗森斯托克－胡絮看来,这种疗治性言语是神圣的,因为它是一种手段,借此人们既可以相互毁灭,也可以重生一个新的、真正人性的社会。虽然像海德格尔(Heidegger)这样的哲学家们致力于语言的存在体系,并常被与罗森斯托克－胡絮放在一起相比较(反之亦然),但他们却有着鲜明的差异,就因为海德格尔思想的反社会根源[xxiii],不同于人们在文化危机时期所共同发现的言语的神圣特性。与此相似,每个人都结束于其开始处;海德格尔作为一个鲜有社会用途的知识分子,为存在主义知识分子所阅读和讨论,而罗森斯托克－胡絮的影响冲击却是在沙龙和有学养的刊物之外最为敏锐地被感受到的。其最大的冲击是在课堂上、在劳动营以及在那些打破阶级和学科界限的社会境遇中(包括社会各界的成员)。

罗森斯托克－胡絮对语言的纯学术兴趣无疑可与海德格尔相比较。在其长篇自传性陈述中提及早年时,他说,在那四十年中,"从1902至1942年,言语将我造就成其新表述的脚凳。"接着他写道:"1902年以后,我有意识地活在言语的旗帜下。"反过来说,他所探索的语言的那一特定面相也受制约于他在那个时代所遭遇的语言学危机的那一特定端点(front)。照他的实在的十字架(cross of reality)的论述,个人、社会及民族,可通过四端或四向(vectors)得以理解;这四端是过去、未来、内与外。就这样,他的自传性陈述事实上就构成了他"与作为母亲的语言、作为婚礼的语言,一如作为婚姻与工作之语言的德国语言的强烈爱恋(love affair)"。对那些不仅对这一主题、也对传记和观念史感兴趣的学生,他对其自身与语言的瓜葛所作的长篇解释是饶有兴味的。

自1902年起,我有意识地活在言语的旗帜下。当时我

15岁,想要一本克鲁格(Kluge)的《德语词源词典》(*Etymological Dictionary of the German Language*)作礼物。我自己买了格林(Jacob Grimm)1819年的《德语语法》(*German Grammar*)还有他的《古代法律钩沉》(*Legal Antiquities*),在该书中,圣言(Word)扮演了很重要的角色。当其时,哈曼的观察攫住了我!"语言是我将永远咬住不放的骨头。"除了高级中学(Gymnasium)常用的几种语言,我还加上埃及语,并且我还对才华横溢的[xxiv]布鲁格施(Heinrich Brugsch)激动不已。对卡莱尔(Carlyle)的《已修复的修复者》(*Sartor Resartus*)对《雅歌》(*Song of Songs*)的言说、对本格尔(Bengel)和切斯特顿(Chesterton)的阅读,这些支持着对纯语言学和语文学的过度兴趣(因为同时也在编写词典还从各种语言进行翻译);只是这个孩子当时只知道对付语言的语文学家,此外他一无所知。这样在我所渴望者和这种渴望之得到承认的仅有的表达形式之间,就形成了一种张力:我想以语言为基础破译人性的构成。而奇怪的是,我以炽烈的狂热和敬畏研读与语文学有关的一切,就好像这一类语言学能将人领入避难之圣所(sanctuary)。对德国大学深深的敬重,于当时的我是不言而喻的。就这样,我虔诚地阅读着公认的语文学家——从斯卡利格(Scaliger)到特劳伯(Ludwig Traube)所写下的每一张纸片。可也真幸运,就在这一年,我第一次涉入爱河,开始写诗了。在许多年里,我总随身带着个小纸本,里边写着荷尔德林(Hoelderlin)的作品。而尼采(Nietzsche)、歌德(Goethe)、荷马(Homer)、席勒(Schiller)、莱辛(Lessing)、品达(Pindar)以及到了世纪末的切斯特顿,则在如波克(Boeckh)、尼布尔、格林、波普(Bopp)、埃尔曼(Erman)、布鲁格曼(Brugmann)等语文学家之外,构成了一个更为真实的语言帝国。

我在大师如施罗德(Otto Schroeder)、迈耶尔(Eduard Meyer)、维拉莫维茨—摩伦多夫(Wilamowitz-Moellendorf)、伐伦(Johannes Vahlen)、第尔斯(Hermann Diels)的指导下学习古典语文学,并想要和"违背我心的渴望"所从事的修习法律相妥协。我还曾一度梦想成为另一个特劳伯和一门新的中世纪西方语文学的共同创立者。我将我在这方面的主要贡献,于1912年以巨大的热忱题献给"语文学的王子"约翰尼斯·伐伦。该书完成时,我只来得及参加他的葬礼。

有关这十年,从1912年回溯至1902年,有两点必须指出。我已学会语文学中一切调香配料的活儿。我出版了有关低派考证(lower criticism)①和高派考证(higher criticism)②的论文,我还[xxv]研究过外交文献,复制编辑过手稿,从事过文体和档案研究。我曾计划过各种词典和语法著作的写作,出版过对礼仪年历的研究,并且把尼布尔的编年史置于新的光照下。我用图示法(iconographically)研究了各种建筑物和纪念物;由此,我觉得全部语文学加上印度—日尔曼语言学(Indo-germanic linguistics)以及埃及语,犹如一位新娘与我携手同行。从那时起,我便始终与这些学科共沉浮;虽然与它们没有任何正式的关系,但它们总是我的家园。我一直紧跟着人文主义和古典主义对自1450年至今的探古研究及其全部辉煌成就。我从来没有忘记奥古斯特·波克(August Boeckh)有关语文学的奇妙论断。他把自己的工作叫做:"对已知者的知识"(Knowledge of the known)。我们只加上一句:这种知识若没有确认和驳

---

① 指对文本如《圣经》的校勘。——译注
② 指文本的作者、写作日期、写作目的等所作的考证。——译注

回便不适于认可。

胡絮早期对正规语文学的激情——或者崇敬——很快就让位于一种清醒,得自于他对"语言比言说它的人更富智慧"这一点的认可。① 它标志着他与语言的公共而非私人牵扯;言语,而非纯粹语文学意义上的语言,就像对哈曼一样,变成了他咬住不放的骨头。有了这样的洞见,他的未来就定下了方向;"猫从口袋里放出来了",这时他开始经历这猫九条命中的每一条,这九条命缩减进从 1902 年开始到 1963 和 1964 年出版的《言语录》(*Sprachbuch*)。

在其自身言语皈依的中心,不仅有他自己这样的意识:言语比任何个体言说者更伟大更深刻;而且有像洪堡(von Humboldt)一样的意识:[xxvi]理解个体言语的钥匙就在民众语言中。于是,1912 年他写道:

>……民众的活语言总是比自认为掌握该语言的个别人的思想更有力量;它也比自认为在思考的思想家更有智慧,而他只是言说,并且在言说时他全然信任语言的质料;他意识不到它将他的概念引导至一个未知的未来。②

突然,名字、历史与教会节日和年历、尤其是那些像命令式(imperative)和那些有能力唤起民众新力量与新活动的言语的语法形式,获得了新的意义。同时,他自身时代的危机、他与朋友们的对话所产生的激励与生命的信赖,使他意识到,他自己思

---

① 上述引文均出自他私下流传的自传性散文,页 172—176。
② 《腓特烈二世治下奥斯特法伦司法文献》(*Ostfalens Rechsliterature unter Friedrich II*)(Weimar: H. Bohlaus Nf., 1912),页 144。

想的命运,与他和他的共同回应者(co-respondents)所认识到的问题,是紧密联系在一起的。他和他的朋友们明白,时代产生了这一特定问题,每个人必须以其特定的社会角色去回应。用长老会牧师按立礼仪的话说:"每一时代其庄严使命也许只会提出一次。"他们确信,人们总会被聚集在一起,而同时也会被赶出其社会壁龛,只是为了生存下去并且回应抓住他们的那些问题。辨识出那制约一切真实言语和其后的严肃思想的历史和此世因素,是使该团体——以帕特摩斯小组而闻名——有别于那些或者不明白这一点、或者不愿或不能接受其结果的科学家和知识分子圈子的洞见。这一关于他们的时代因素言语于他们意味着,作为学者他们的思想和研究必须直面在他们的时代所出现的那些问题。碰巧,这一洞见在今日的欧洲已渐渐得到赏识,[xxvii]与美国大部分学人,尤其是社会科学界,所迷恋的价值中立和科学客观性形成了鲜明的对照。①

六

帕特摩斯之名对我们就言语思维(speech-thinking)的兴趣是特别合适的,因为对于帕特摩斯小组的每一位成员,它结合了与第四福音开篇约翰的"化为肉身之言"紧密相连的意义,和另一个或者是同一个约翰在帕特摩斯岛上写《启示录》时所感受到的孤独感和另一时代的异象。对于罗森斯托克-胡絮和那些与

---

① 可参见最近在海德堡(Heidelberg)举办的韦伯百年讨论会(1964 年 4 月)是马尔库塞(Herbert Marcuse)教授和尼尔松(Benjamin Nelson)教授之间的讨论交流。Herbert Marcuse, "Industrialization and Capitalization", *The New Left*, London: Issue No. 31 (May-June, 1965); Benjamin Nelson, "Diskussion uber Industrialiseirung und Kapitalismus", *Max Weber und die Soziologie heute*, *Verhandlung des 15. deutschen Soziologentages* (Tubingen: J. C. B. Mohr, 1965).

帕特摩斯小组有关的人，其时代的问题，一如圣约翰在他那个时代，乃是一个言语问题。这是他们在评估了19世纪唯心主义、历史主义和实证主义对他们那一代人文化产生的影响后，所得出的结论。在许多方面，他们的反应很像哈曼和他的朋友在狂飙突进（Sturm und Drang）时代对启蒙运动的前设所作的抗议。在帕特摩斯小组看来，问题的特点在于真实的位格性相遇之缺席，再加上缺乏一种能沟通文化和学术分隔的共同语言，这种分隔不仅盛行于学术界，也存在于欧洲尤其是德国文化的每一个层面。照巴勒斯泰特（Kurt Ballerstedt）的对这一情势的评价："一个人怎么可能以独白来可信地教授历史、社会或语言呢？只有一个充分地活过并体验过你（thou）和我们（we）的人，才能揭示出宇宙的秘密。"①帕特摩斯小组正是为了回应这一困境而建立的；[xxviii]这一名称象征着他们对一种共同语言的需求，它也同样标志着过去以及对他们有责任去建立的一个共同未来的异象。罗森斯托克—胡絮则更为生动地在许多场合、许多书籍文章中讲过帕特摩斯对他自身生命的意义。最晚近的一次他是这样讲的：

> 从1915到1923年，这一朋友圈子给人的感觉就像是生活在帕特摩斯岛上。而我们把1919年创立的出版社叫做帕特摩斯，该出版社的成立是为了能向我们提供通向正规图书世界的最初门径。大体上，我们可以说始终是 extra-mundane（超世俗的）。但我后来工作以及我独特贡献——如果我可以这么说的话——的全部种子，均导源于这一彻底脱胎换骨时期。如果说有任何一个时期可被称作移民期的话，那它就是。当我1933年与我妻子一同来到美国，我们的移居根本不像1915年以后所完成的向帕特摩斯

---

① 《文献/传记》，页36。

的内在移民。在那年以后,我们的生活完全不关心现存社会秩序和思想中所盛行的系科或区分。信仰与科学、资本与劳动、客体与主体、新教与天主教之对立的细枝末节,已然丧失其有效性。我们进入了一个广阔得多的情境,我料想任何危机都会带来这样的体验。然而,我们现在已注定走上这条路,绝不再回头,相反,我们会贡献出我们的余生,以回复至常态,回复至这一超常体验的新规范。①

自1910年该小组的一些成员聚会于巴登巴登讨论问题,到1930年他们的刊物《造物》(The Creature)最后一期付梓,出版了许多探讨言语、相遇以及交流的著作。尽管并非所有的作者均认同于帕特摩斯小组,但他们却的确分享着小组的关怀。罗森斯托克-胡絮对《造物》编辑们之意向的评论,抓住了曾激起他们种种回应的精神。

[xxix]《造物》代表了基尔克果、费尔巴哈、陀斯妥耶夫斯基、尼采以及威廉·詹姆斯之努力的总和。他们都发现了,没有人真的有任何东西可以说。他们都说着不同样的话。造物不会像上帝那样言说。一位丈夫像其妻子那样言说,一个基督徒不会像一个犹太人那样言说,一个孩子也不会像一位教授那样言说。出于这一原因且仅出于这一原因,他们能够相互言说,他们也必须相互言说……。《造物》的编辑们所发现的,乃是由真正的言说和实存的能思维的位格(人)所体验到的提供灵性营养的过程。②

---

① 同上,页17—18。
② 罗森斯托克-胡絮,"《受造物》回顾"(Rückblick auf die Kreatur),《德意志学刊》(Deutsche Beiträge, Chicago: University of Chicago Press, 1947),页209—10。

除了罗森斯托克－胡絮,那些直接与帕特摩斯小组有联系者还包括《造物》的出版者维蒂希(Joseph Wittig)、马丁·布伯、魏茨扎克(Victor von Weizsacker)以及作者如罗森茨维格、汉斯·埃伦伯格(Hans Ehrenberg)、卡尔·巴特、魏斯曼特尔(Leo Weismantel)、皮希特(Werner Picht)和鲁道夫·埃伦伯格(Rudolf Ehrenberg)。这些人在这一时期所产生的著作切实回应了他们所体验到的基本人性及社会问题。故罗森茨维格评论道:"由这些独白相互之间构成的对话,我认为是真理之整体。"与此相似,罗森斯托克－胡絮在其第一部演讲录《应用心理学》(*Angewandte Seelenkunde*, 1924)的导言中陈述道:"产生本书的契机扎根于作者与一个言说者和倾听者的小圈子的彼此联系。"① 因此,他们各自的贡献都在他们周围有一种回应和从属的性质。比如说,罗森茨维格不仅受惠于罗森斯托克－胡絮于1916年收集于《应用心理学》中的对言语的洞见,他还试图用其《救赎之星》(*Star of Redemption*, 1921)去补充它。这一时期所产生的包括:布伯的《我与你》(*I and Thou*, 1923)、埃伯纳(Ferdinand Ebner)的[xxx]《圣言与诸灵性实在》(*The Word and the Spiritual Realities*, 1921)以及洛维特(Karl Löwith)《作为位格的个体》(*The Individual as Person*, 1928)。

七

在上面所提到的所有这些人当中,无论是在人格还是在理智方面,罗森斯托克－胡絮和罗森茨维格无疑是相互受对方洞见之影响最深的。比如说,他们于1913年的相遇面谈以及后来于

---

① 罗森斯托克－胡絮:《应用心理学》(*Angewandte Seelenkunde*, Darmstadt: Roether-Verlag, 1924),页8。

1916年发表在《犹太教与基督教》上的书信往来,被已故的弗里茨·考夫曼(Fritz Kaufmann)在其对雅斯贝尔斯(Jaspers)之交往哲学的出色分析中称作实存对话的典范。"真的共同实存(co-Existenz),"考夫曼写道,"在面对面关系之圆满中,是不乏强烈和有力的,因为它是不突兀的,是非暴力之典范。"这就是那种"活跃于罗森斯托克-胡絮和罗森茨维格在 1913 和 1916 年极富激情的论争中"的概括。① 在回忆中,罗森斯托克-胡絮这样评论道:"使他们自己大吃一惊的是,这两位伙伴发现自己很不情愿地置身于强迫相互面对,处于一种没有、也不能需求宽恕的斗争中……。因为只有在这灵魂自我保护之最后的绝境中,才有理解生命问题之真理的希望。"②事实上,他们各自的工作建基于具有这种性质的言语之上,而非我们可以在海德格尔或雅斯贝尔斯的著作中找到的任何种类的语言哲学。尽管对于无论是罗森茨维格还是罗森斯托克-胡絮,言语都是那条通向有意义之实存的道路,但在后者的著作中,人们可以看到使作为语法的言语成为治疗社会疾病并促进社会统一的方法论基础的明确努力。当他强调方法论与社会关怀[xxxi]而非个体造物之忧虑时,其侧重是显见的。在一篇论述我们社会语法的文章中,他非常明确地说,他"对社会之危险与疾病的分析将会忽略所有单个人的个体之恶"。③ 虽然其论

---

① Fritz Kaufmann,"卡尔·雅斯贝尔斯与一种交往哲学",《卡尔·雅斯贝尔斯的哲学》(P. A. Schilpp 编辑,New York: Tudor, 1957),页 214。
② 同上,引自奥伊根·罗森斯托克在弗兰茨·罗森茨维格的《书信集》(*Briefe*)中为他与后者的通信所作的"导言"(Berlin: Schocken, 1935),页 638。
③ "为语法方法辩护"(1955,私人印行),页 2。同样在这篇文章中,他写道:"得到清楚表达的言语的流传,乃是社会的活命之血。通过言语,社会维系着其时间与空间之轴……。若人们承认语言能疗治社会在时间与空间方面的不谐和断裂,那语法就是向社会宣讲的最明显的工具……我们寻找一种科学,通过它,我们可以诊断权力、生命力,以及社会、言语、语言、文学之生命血液的一致同意和繁荣……我们的方法代表着疗治性语言学……"页 5。

述中充满了对我们个体的语言力量的洞见,但它们总是与方法论问题和社会问题有关,而非某种由布伯在其《我与你》或对话哲学中所发展出的本质上人格主义取向的产物。

在所引证的所有著作中,布伯的《我与你》无疑是最著名的。虽然其名字和对话这一术语实际上是同义的,美国的布伯研究专家弗里德曼(Maurice Friedman)却指出:

> 独立于布伯发展出对话哲学的人包括埃伯纳、格里泽巴赫(Eberhard Grisebach)、雅斯贝尔斯、马塞尔(Gabriel Marcel)、罗森斯托克－胡絮、罗森茨威格以及舍勒(Max Scheler)。①

然而,将罗森斯托克-胡絮有关语言的著述等同于上述大部分人士之作品,是不公平的,考虑到他对他们当中许多人——尤其是布伯的我-你之进路所持的公开批评。虽然他们共同拥有帕特摩斯的经验,但布伯则倾向于强调相遇的更为人格性的维度,而罗森斯托克-胡絮却更强调言语的方法论含义,就其能沟通至少两代人或两个社会集团而言。

> 我们的历史变易性……可在两个民族、两代人、两个时代之间作为精神关系而起作用……只要我们活动或言说,我们就只有[xxxii]在先于我们和后于我们的两代人之间才能有意义地活动或言说,因为对于我们自己而言我们总是来得太晚。②

有别于布伯,罗森斯托克-胡絮坚持认为,只有严肃对待名

---

① Maurice Friedman,《马丁·布伯:对话的生命》(Martin Buber: The Life of Dialogue),页162。
② 《越界的现代精神》,页276。

词、历史、时间、历法以及传统,我们才能创造并守护一个真正人性的社会。这意味着,在西方人自传中,我们必须既重视正规言语又重视非正规言语,既重视非人格性(无人称性)特征又重视人格性(人称性)特征。于是,对罗森斯托克－胡絮而言,重要的或圣事般的言语既包容第三人称的我－它言语又包容致辞与相遇的更为直接的第一人称的我－你形式。但首先,正如我们将会指出的,布伯与罗森斯托克－胡絮之间在对语言的侧重点上重大的差异,乃在于后者坚持名词先于代词,正规的无人称致辞比布伯所强调的非正规的人格主义式(有人称的)特征更为关键。

战争结束时,三个有吸引力的职位呈现在罗森斯托克－胡絮面前:内务部长布莱谢德(Breitcheid)邀请他出任次长并为共和国起草一部新宪法;罗马天主教杂志《高地》(*Hochland*)主编穆特(Karl Muth)邀请他一起主编杂志。第三个职位来自莱比锡的法学院,要继续他的大学教职,提升其职称。三个职位他都拒绝了,同时也就拒绝了它们所蕴含了一切。头一个要求他成为马克思主义者,第二个要求他成为罗马天主教徒,第三个则要求他"与学术界盛行的不可知论保持一致"。他决定,他所承担的任何工作都不应造成科系分隔——将其精力隔绝在某个单一领域,不管是政治、宗教、还是学术。能够明确地以公认的分隔来看待生活的时代已被他甩在身后。在战壕中他体验到包含这三大理智之柱的文明的崩溃。于他,"似乎教授像王公一样缺心眼,圣言的侍仆像俗人一样隔绝,政治制度和党派论坛的创造者[xxxiii]像盲目大众一样对上帝施于此世的审判眇然无所知。"①

与放弃这三个职位相反,他满怀激情地肯定劳动和劳动营乃是他能在战后时代看到统一性得到恢复的手段。他首先接受戴姆勒－奔驰(Daimler-Benz)公司一个周刊编辑的职位,在此,

---

① J. H. Oldham 为《越界的现代精神》1947 年英文版所作的"序",页 viii。

其劳动观得到了充分的发展。然后，他又在两年后帮助建立——且领导了——位于法兰克福的劳动学院。1923年，他接受提名，在布雷斯劳（Breslau）出任法学和社会学史教授之职，因为，如他所描述，"除了这一学术职位，没有合法的实存基础[向我]开放"（《文献/传记》页18）。幸运的是，他可以在业余时间将其精力用于建立志愿性劳动营，如1926年在西里西亚（Silesia）的洛文堡（Lowenberg）所创建的。该劳动营之目的是要在荒野中建立一座 universitas①，农民、产业工人、学生们可以在此通过共同劳动和交流，将这一地区的人们联系在一项共同的创造性社会事业中。从这些项目开始，各种形式的工作服务传遍全德国。然而，到了1932年，国家对此加以控制，学生这方面的主导因素则从自由变为统制。

他曾将其1923至1933年间的文字创作描述为三种。《论产业法》是自其战前劳动营中出来的游荡者，而《应用心理学》（1923年）——"在1916年一份手稿中向罗森茨威格阐述过"——则是其帕特摩斯经历的产物。虽然知名度不如《应用心理学》那么高，但他还是将其三卷本《教会的时代》(The Age of the Church, 1928)——与天主教教士维蒂希合作——视为这一时期"最有志向也的确最无计划"的著作。

> 在布雷斯劳，与维蒂希的合作情谊，让我觉得仍像是在帕特摩斯。正如1914年的灵感激励[xxxiv]使我能够探入国家的永恒起源，我们的 Alter der Kirche② 则为各时代教会的角色作出了贡献。③

---

① 拉丁文，原意为"大学"。——译注
② 德文，"教会之祖"。——译注
③ 《文献/传记》，页19。

他们的工作相当于为约翰主义教会观(Johannine view of the Church)作辩护和介绍,正是这使他们在帕特摩斯的活动中走到了一起。维蒂希因其观点被革出教门,20年后,教宗庇护十二(Pius XII)读了《教会的时代》,就打电报给维蒂希,说他从未读过这么美的文字,于是维蒂希又回到了教会。一如其早年与罗森茨威格的对话,这一交流是他们对圣灵力量之信靠的范例,这力量是千百年来圣灵通过言语对其造物所启示的。每个人都靠他人的言词和文字为生;他们交流的结果是一部著作,该著作的洞见既不能探寻也不能发现。在其《尊书为经》(Biblionomics)中,一种真正共同回应的力量得到了雄辩地表述。

> 声音唤出声音,歌曲唤出歌曲;而给予朋友们的无数的书,则因其常常浩繁的篇幅,见证了施加于交谈的这一传染特性事物之上的诗意印记。我提到这一点,读者就可以看到……印成文字的词语,并不与朋友间讲述或书写的词语判然有别。相应地,书信在我生命中扮演了一个极其重要的角色。印在罗森茨威格书信集中的信,便是它们在我自身实存中之角色的很好例子。许多书都开始于信函。①

再一次,帕特摩斯小组对言语之神奇力量的信赖是一种活生生的实在,每个人都在其个人危机中发现了这一实在。在无数著作中所开出的原则乃是其共同承担实存危机的产物,而非后来各自独立沉思所形成的东西。

他在布雷斯劳一直待到1933年1月,后来,因为反对纳粹主义,也因为哈佛大学提供了教席,他决定前往美国。1933至1938年他致力于有关革命的社会问题,《出于革命》(1938)是对

---

① 同上,页23。

1931年问世的德文版多次修订后的产物(最后一次德文修订版于1951年出版)。他给予罗森茨维格的《救赎之星》(*Star of Redemption*)以重大影响的的历法思考(*calendar thinking*)在本书中得到了充分的发展,一如他对其约翰取向(Johannine orientation)言语思考的重要洞见,后者则占据了他以后的年月。一如其早先的努力,他论及革命的著作的计划是在危机和对社会问题的关注中构思的——就此书而言,则是在1917年的凡尔登(Verdun)战场。其历法思考的更为充分的意义,将联系他的言语思考和实在的十字架而讨论,因为,若要恰当地对待它们,就必须相互关联着看这三个主题。

1935年,他被提名为达特茅斯学院的社会哲学教授,1940年罗斯福总统则邀请他培训公共资源保护队(Civilian Conservation Corps)的领导。为了这一需要,在佛蒙特州的滕布里奇(Tunbridge)建立了培训中心:威廉·詹姆斯营(Camp William James)。不幸的是,伴随着第二次世界大战的来临和征兵工作,大部分积极的工人都被招募去服兵役了,公共资源保护队的运动也就中断了。

八

虽然本书1946年初版时很少甚或没有在美国得到赏识,但它却是一本承前启后的书(*bridge book*),因为它总结了作者先前的贡献,又以其实在的十字架沟通了他对约翰异象和言语主题的奇妙解释所形成的简明扼要的洞见。同时,[xxxvi]该书将他在前希特勒时代的德国欧洲人的经验与二战中及二战后的美国经验融为一体。这是他第一次真正的战后宣言,它花了20年才开始获得承认。因为,只是到了最近,有关解释学、激进宗教或后基督教思想等问题,才不仅被所有那些与当代宗教生活相关联的人们所严肃对待,而且,这些问题也才第一次被看作是相互勾连的,因为语言和交往的问题是其中每一个问题的中心。如此,当代宗教问题的评论家如马蒂(Martin Marty)和考克斯(Harvey Cox)把本书誉为一本真正先驱性的著作。实际上,一方面,在解释学或解释的领域中,这一幕早已由布尔特曼(Bultmann)、福克斯(Fuchs)、埃柏林(Ebeling)和怀尔德等人上演了;另一方面,在朋霍费尔、罗宾逊主教、蒂利希和考克斯的无宗教的基督教或激进宗教的领域,《越界的现代精神》正开始上演的正是这一幕。在一个约翰式的时代,渴望着适合于创造并保存一个真正人性及神圣社会的神圣表述的非宗教性形式(religionless forms)的言语思考,不仅是神学家们,也是如今一切人类奋斗领域中人们的关注。这头不寻常的猫的第九条命,向我们提供了许多有关各种当代关注的洞见。《人的多样性》(*The Multiformity of Man*,1949 年)、《精神之气息》(*Der Atem des Geistes*,1951 年)、《疗治与真理》(*Heilkraft und Wahrheit*,1951 年),他的两卷本修订版《社会学》(*Sociology*,1956 及 1968 年)以及最近的,两卷本的《言语录》(*Sprachbuch*,1964 及 1965 年),代表了他的唇舌之果,并有助于我们欣赏他向我们传授的神奇方法,正是以这种方法,那些主题才是贯穿于他早先各阶段或者说八条命的驱动力。直到他回到美国,读了英文的莎士比亚以后,《罗密欧与朱丽叶》中茂丘西奥嘲弄提伯尔特的话才向他揭示了他自身的危机、重生和转变:"好猫精,听说你有九条性命,我只要取你一条命,[xxxvii]留下那另外八条,等以后再跟你算帐。"①在其《尊书为经》的结论中他反思了这一段:

---

① 《罗密欧与朱丽叶》第三幕第一场,朱生豪译文,见《莎士比亚全集》卷八,人民文学出版社,1988 年,页 60。——译注

> ……到美国之前,我没有听到过猫有九命的说法。如今,在我看来,虽然不曾知道它们的存在,但我以前早就与它们一同生活了。①

一种每位个体都将经历一定阶段或生命的意识,对于了解他有关言语的洞见是至关重要的。言词的力量与某人的个人历史密切相关;因此,言词泄漏了我们的时间和空间,正如它们也使我们能够克服先前的或者不必要的各个阶段。于是有这样的陈述:

> 人反映着言。他如何能这样做,如果他逃离他最初的生命阶段——不断学习服从、聆听、歌唱和游戏之优异性质的阶段?最初的这些阶段造就了我。从这些阶段开始,生命涌出了力量,使任何一个后来出现如今已消失的阶段获得了风格或表达,变得更为丰富……。我的《社会学》中最好的部分,乃是我为那灵性生命所作辩护的那四章,正是这一灵性生命,才创造了我们真正的时间,我们在历史中的充分参与。②

马尔库塞(Herbert Marcuse)在其新近的著作《单向度的人》(One Dimensional Man)中,讨论了现代人心灵的悲剧性困扰之一,它令人们难以把握罗森斯托克-胡絮对人类之理解的精微之处:首先,一般人假定我们这样的受造物讲单一的语言,扮演单一的角色;其次,一种单一的语言学方法——一种单一社会科学的语言——就足以对付我们多形态、多角色、多层次的生

---

① 《文献/传记》,页25。
② 同上,页23—24。

存。罗森斯托克－胡絮的儿子,汉斯·R·胡絮博士(Dr. Hans R. Huessy)在新近的一篇致力于在精神病学领域中运用他父亲思想的尚未发表的论文中,讨论过这一难题。在讨论精密科学中[xxxviii]革命的效果时,他说道:"变得自明的是,金字塔上层的洞见并不总是来自下面的石块,但是,更高层面上新的洞见却要求对下层的砌石作出新的解释。"①他还说:

> 我父亲所描述的人类活动(functioning)五个层面,允许将这一哲学革命运用于对人的研究。如果我们……设想一个五层的金字塔,活动的底层将是生理学和植物神经学;第二层……将处理进食、睡眠和游戏;而第三层……处理工作;第四层……处理爱,处理价值的再创造;以及第五层……处理英雄主义和自我牺牲。

要想适切地探讨人,就需要对其特有的生存运作层面有所了解。比如说,在最高的层面上,情况可能是,需要某种激励(inspiration)或遭遇,"能够使他高出他的过去,并且有时克服他的过去"。

> 很大一批精神病人的独特标志是,他们根本没有能力在第四和第五层生活。对于这些病人(在这些层面),心理分析的心理学决定论是极其无效的。……最高两个层面上的事件,其根源在个体之外,并因而从对人类的研究出发将始终是不可预知的。

---

① 这些评论包含在是汉斯·R·胡絮博士在1965年7月举办于马萨诸塞州伍兹豪尔(Woods Hole, Mass.)米拉马尔会议中心(Miramar Conference Center)的罗森斯托克－胡絮思想研讨会上发表的一篇论文中。论文标题是:"罗森斯托克－胡絮著作在精神病学中的一些应用"。以下引文同样出自胡絮博士的这一论文。

这一多层因素也解释了马丁·布伯和罗森斯托克－胡絮涉及前者的"我－你公式"的另一差异,罗森斯托克－胡絮坚持认为必须从你而不是我出发——带着源于[xxxix]我之外的力量。① 于是,就有了罗森斯托克－胡絮的语法进路中语法上第二人称对第一人称的优先性。他的儿子通过其在生存的最高两层在运用对此作了评价,在这两层,事件

> 之源头在个体之外。……我们的表述是,在能够有一个我之前,必须有一个你。支持这一公式的是,我们观察到孩子最后才学会代词我。这一点要求我们对人的思考作180度的转弯。如果你先于我,那么人之外的某种东西就是必不可少的。最初的那个人,在他能够成为一个我之前,必须要被称作一个你。这就直接将我们引向某种有关上帝的表述。

在《礼仪思考,对你和对我》(*Liturgical Thinking, Dich und Mich*)和其他论文中,罗森斯托克－胡絮以相当可观的篇幅详尽地论述了这一主题。我们在礼仪和语法上第一个格是你,这是"灵魂的健康原则"。"灵魂必须先被叫做你,在她能够回复我,在她能够说我们,以及最后在她能够说它之前。通过四个格,你、我、我们、它,言穿越了我们。必定是言先呼唤我们。在我们能够思考和命令之前,我们必须先聆听和服从。"②

---

① "礼仪思考"(Ⅱ)《说吧兄弟们》(*Orate Fratres*, Collegeville, Minn., 1950年1月),页12—13。亦参见一篇涉及他与布伯之差异的相关论文,"对你和对我,学习或语态"(Dich und mich, Lehre oder Mode),《新西方》(*Neues Abendland*)卷九(1954年11月)。有关他嗣后与布伯的交流,见《哲学询问》(*Philosophical Interrogations*,西德尼[Sydney]和罗姆[Beatrice Rome]编,纽约:Holt, Rinehart and Winston, 1964),页31—35。
② "礼仪思考"(Ⅱ),页12。

对于那些有时能够生活在全部五个层面上的人,言语、相遇、激励和社会遭遇,可能会改变更低层面上的构形(configuration)——当我们在生存的最高层面上运作时。进而,在任何一个层面上,我们言说我们角色的方式,以及我们所言说者,比如说儿子、丈夫、父亲、教师,都不仅依赖那一特定层面,也还依赖〔xl〕要求我们扮演每一角色的外部共同体。所有这些交替都可能在一个相对短的时间内完成。将这一点与我们终其一生所要扮演的形形色色的角色相混合,人们就对角色的多样性,对言语的各种种类和性质,因而对人类生存的神秘、疑难以及言语依赖性,形成某种观念。在我们生命从每一时刻,我们都可能生活在多种多样的时间和空间之中,并同时创造和经受着无数个时间空间构形和转变。罗森斯托克-胡絮自己1920年以后在语言中的朝圣,乃是这一洞见的出色例证,因它影响了一个个体的生命。在每一个时代,他形式上在语言的领域中所追寻者,都受决定于他战斗处的独特前线。

在其全部著述中,罗森斯托克-胡絮反复强调,一个有名字的个人的受造物层面上的生存,乃是非自然的,它有别于那些只生活于自然或动物层面上的受造物。对于自然人,横跨代、历史、时间和社会群体的名字,是毫无意义的,它们不是像记忆、激励以及向所有的人敞开克服他的过去并进入一个新的言语决定的未来的创造活动可能性。他对如下假定深感遗憾:我们在14到25岁之间——这是决定价值和生活意义的规范阶段——发展我们的自然理性和真正的能力。事实上,这只是个过渡段(transient phase),对于它,他说:

这是学童的理性。希腊哲学、18世纪的启蒙运动、美国的常识或实用主义,是这些被拔根的心灵和未被爱过的身体在这一年龄段的巨人般的上层建筑,在这一阶段,一套名字黯淡消退了，而一种新的爱的呼唤则慢慢地开始回响。

礼仪、对做一个有名字的负责任的个人的呼唤、处于遭遇交往中并引起内在对话的灵魂，所有这一切，都帮助我们既结合激情和思想又使它们获得方向，同时，它们使我们能够向自己和向社会宣告，某些经验和问题比其他的更有意义，我们的某一部分如今已经过去[xli]而一个新的未来和新的共同体正在等待着我们！于是他说："从礼仪中，我学会了正确思考！"传教者的职分，"你们往普天下去"（Go ye into all the world），要求传教者自己有一个心灵上的转变，一份代价！

> 真正的伙伴关系是用我的心灵去事奉我的伙伴，用他的心灵来事奉我。我们的心灵为我们的伙伴比为我们自己工作得更好。圣灵给予一个人，不是为了他自己。自我依靠是对圣灵的最大赠礼或我们的理性的一种滥用。①

自我依靠的替代者，传教者对圣言——对那些召唤我们从事负责任行动的至关重要的言词——的服从（submission），凸显了风险、可能的牺牲、尤其是这一责任的非自然性。一切都在他这句格言中的 etsi（纵然）中，"我回应，纵然我会被改变！"在这一背景下，做一个位格（person），比我们发出许多声音和扮演各种各样的角色这一单纯事实，意味着更多；它涉及承担与我们的纵然倾向相冲突的责任的意愿。

正如在他的《应用心理学》（*Applied Psychology*）和以后的著作中所发展的思想，我们的语法生命乃是一种涉及有名字的

---

① "五旬节和传教"，《哈特福特神学院基金会公报》（*The Hartford Seminary Foundation Bulletin*）（1954年冬季号），页21。

个人的生命,它包含在态(modes)、时(tenses)、调(intonations)的因素,使得我们能够体验圣言才使之可能的重生和转变。在礼仪思考中,他注意到,1500年以前,在教会法中被称为一个人(一译位格)意味着:

> 一个人乃是始终对整个共同体的每一功能性部分有责任者,他承担着某种职责(office)。最小的职责承担者是父亲和母亲,他们掌管家庭。我们太过轻率地忘记了,不是每个个体或任何一个个体都能自由结婚的,相反,成家本身就是一项特权。①

[xlii]更晚近,在加利福尼亚大学,他再次强调说,我们的名字使我们与话语的整体(universes of discourse)相联系,这些话语超出了一个个体的生存。说到底,名字表示了由家庭(一如由民族和历史联系)所提供的统一性。"从摩西到爱德华兹,家意味着那种灵性的统一性,它将两三代人和一处内在圣所(sanctum)以及一方空间,融合为一个实在的十字架,其中心不会在任何一个人之中形成。"②

考虑到在我们的社会中引领潮流的种种主题变奏,人们常常宣称的"我们生来就是位格"就算不得是个奇怪的假定了。和基尔克果(Kierkegaard)一样,罗森斯托克-胡絮也会坚持说,人性是一课题,而非事实!一直到晚期中世纪,一个修士,在他获得表示其进入一新共同体之职责的修道名字之前,他要先施行一个仪式,正式地放弃出生时所获得的名字。通过放弃其世

---

① "礼仪思考"(Ⅰ)《说吧,兄弟们》(Orate Fratres)(Collegeville, Minn., 1949年11月),页2。
② 见1965年12月26日致笔者的一封信。

俗名字,他放弃了其世俗位格,正如在古代世界,你可以将一个人的名字写在一个陶罐上,把它在地上砸成碎片,由此来消灭一个人。每一个决断、每一个新的活动,都是独一无二的且不可逆转的,向那些受影响的人宣告:我们的一部分已死,另一部分则重生了。正如罗森斯托克-胡絮所说的,将一个丰富的生命仅仅归为一个自然生存的形式,是对一个有名字的位格的贬低。位格,恰恰就是那些常常通过代价高昂的决断,挑战了决定论的自然法则的人。

九

名字之重要,不仅是作为神圣言语的焦点和标准载体,而且还因为,对于理解一个有名字的个体参与历史,参与西方人自传而言,它们也是至关重要的。名字是我们与历史的连接纽带。这就是《出于革命》的主题,而这一作品则帮助我们理解他更早期的历法思考的意义,尤其是它与其言语思考和[xliii]实在的十字架有关。于是,他在《出于革命》的结尾说:

> 语言的再生对于革命的正当程序而言将是无缺陷名字。这一程序乃是创世第六天中幸存者的手段。①

在《出于革命》中,世界历史的历法和个人传记结合在一起,作为"像读我们自己的自传那样去读世界历史"的一种尝试。"思想的历法形式与时间、历史相一致,并且为它们在我们自传发展的恰当位置命名。"②同样,也只有历法思考,才能充分说明

---

① 《出于革命》,页739。
② 同上,页8。

罗森斯托克—胡絮著作中如此明显的对历史千禧年主义的强调。所以，若不涉及所有这些因素，就不会有言语，不会有时间，不会有有意义的历史。一如罗森茨维格和罗森斯托克—胡絮所发展出的思想，上帝、人和世界，创世、启示和拯救，以及言语、时间、名字和历史，相互都联系着，遗漏了任何单一因素的影响，就会减少我们集体的人类潜能。《出于革命》可能就是通过将这些主题相混合而理解欧洲历史的最初的努力。历法思考以我们的节庆、节假、圣日（festivals, holidays, holy days）和民族革命为术语，表现了这一份遗产。这些历法表现了西方人团体记忆，他对什么是值得保存、遵守、和纪念的决定。

> 你我所尊重的节日，由对人类一切盛衰枯荣的记忆所构成。故我们必须坚决为历法作辩护。……我……已经写了过去几千年节日和在此期间所形成的历法的历史；而我肯定，这一新方法将历史学家置于人类历史的中心。①

在每一领域他的取向受其对历法的尊重之程度，[xliv]由他《尊书为经》中一段文字可见一斑。关于他的历史大厦的砖块，他写道：

> 打那以后，我有关 Notker 和 Clodius 的文字，以及我最初印行的有关中世纪历法的论文，研究了各宗教和各国的历法，也研究了工人、科学家、圣徒、革命家、商人等的生活。因此，我可以说，生活时间和节庆是我的时间之砖，虽然在其中任一领域，文献标题亦不过半打。②

---

① 《越界的现代精神》，页 263。
② 《文献/传记》，页 22。

《出于革命》的中心主题表达在《序言》中：

> 人类总是不屈不挠地养育其历法。在方法上本书的创新之一，在于严肃地对待政治的和教会的历法。在历法上列入或勾销某一天，意味着某一民族在教育和传统上的真实改变。远在历史学家涉足之前，人类就在书写其自身的历史了；时日、节庆、就餐休息和假期的次序，再加上宗教中所遵守的仪式和象征，是政治史的基本史料，虽然寻常政治史或经济史家很少加以运用。……一个节日，始终是一种政治创造，也是一把政治工具。①

更早，他就区分了推理的心灵（reasoning mind）——即把时间仅看作是月、日、年——和信仰者的时间感，对于他们，历法是"独立于自然机制的"。对于基督徒，"从圣诞节到复活节，30年的全部生活时间都得到了纪念，而从五旬节到圣灵降临节，所纪念的则是人类从旧约到我们时代的全部经历。"②任何有意义的现在感，其内容都取决于这四种历法的交叉，[xlv]每一种历法都应被看作本质上是一种言语事件，在这言语事件中，所表达的是正式的带名字的，而不是非正式的代词式的言语，为西方人的命运指出了方向。

罗森斯托克—胡絮对四的运用，在其实在的十字架中处于中心位置，也构成了其方法论兴趣的至关重要的部分。在此，它的运用揭示了由代表自然、世俗历史、神圣或教会历史的四种言语历法以及我们独一无二的私人历法之交叉而构成的一族之现在性（presentness）的各种要素。如此处于遭遇和折磨之中的现

---

① 《出于革命》，页8。
② 《越界的现代精神》，页263。

在，就像荷马所描述的，是"像坐在刀锋上那样不适"。作为个体，我们只是生活在十字路口，是在四个方向的结合部："向后朝着过去，向前朝着未来，向内朝着我们自己，我们的情感、意愿和梦想，以及向外朝着我们要去战斗、开拓、妥协或忽视什么。"①在以下的讨论中，我们将介绍实在的十字架和言语，以此作为确定那决定社会健康也指出社会衰败之可能性的言语形式的基础。

十

实在的十字架和言语的意义，通过考察罗森斯托克－胡絮在《应用心理学》(1920)及以后的著述中所包含的关于应用的方法论洞见而得以凸显。《应用心理学》是对 1916 年致罗森茨维格的 *Sprachbrief*（"关于言语的信"）的再加工；它批评了当时盛行的对科学语言学的兴趣。它首先发表于 1924 年，当时的介绍是：

> 在我们的时代，第一次以最简约的风格，推出一种恰当的《方法谈》(*discour de la méthode*)②，一部《是与否》(*Sic et Non*)③的一种尝试。④

这一课题——他为之奉献了全部精力——在差不多 50 年前的一份三页纸的序言中就得到阐述。在他 70 岁生日之时，以及更晚近地，他[xlvi]在哥伦比亚大学所作的演讲中，他再一次确认了对这一课题的投入。1963 年两卷本的《言语书》的出版，

---

① 同上，页 222—223。
② 《方法谈》是近代哲学开创人笛卡尔(René Descartes)的代表作之一。——译注
③ 《是与否》这中世纪哲学家阿伯拉尔(Pierre Abélard)的代表作。——译注
④ 《应用心理学》(*Angewandte Seelenkunde*)，页 8。

真正表明了他的"唇舌之果",因为它包含了他自己对不可胜数的有关言语的圣事特性之洞见所作的选择。下面我们将试图陈述他的语法方法,并指出其运用之处。首先,关于个体生命,在《应用心理学》第五章中得到了讨论;其次,关于社会,在第九章中得到了描述;最后,正如存在于这些洞见以及在论文《为语法方法辩护》(In Defense of the Grammatical Method,1955 年第一次以英文发表)中的,他将实在的十字架应用于社会统一性之间的密切联系。虽然这样做必定是简要和粗略的,却也能既勾勒出其论述的焦点,又使读者感受到他的风格。

有关他的语法方法之目的和意图的最为清晰的表述之一,出现在他的论文《为语法方法辩护》(1955)的开头。将它与早期的《应用心理学》之序言作一番比较,便可证明罗森斯托克-胡絮对其早期有关该主题所作的宣言是多么忠诚。论文开头说:"语法……是未来社会研究的工具(organon)。"

> 在这条路上,跟随着辩证法和数学的令人惊异的发展,从古代的分析法和算术,到其现代的规范,语法也将上升到超出语法学校的地位,从干巴巴的教科书和敲门砖,变成社会的隐秘宝库。①

1933 至 1939 年德语的彻底崩溃,对于罗森斯托克而言,是"在心灵和言语领域一切时代最快速最极端的事件之一"。通过对这一崩溃的反思,他比以往更加确信,"……有关这一社会血脉(即语言)的科学,将……被提升至社会研究的高度"。

[xlvii]社会研究的原创性,取决于一种既不是从神学

---

① "为语法方法辩护",页 1。

也不是从自然科学中偷来的方法。我们想要证明,根据语法、神学和自然科学,这样一种特殊的方法是存在的,并且,使用了这一方法,罗马天主教徒、新教徒以及自由思想家,就会统一到一项共同的事业之中。没有这种统一性,大众的反叛就必定会在无助的分化中找到各种各样的理智群体,无助得犹如一场的战争中,找到全欧洲唯一的中立国。……我们必须为社会思想发现一个共同的基础。①

跟踪罗森斯托克—胡絮在其著作如《应用心理学》中对这一方法论的展开过程,是饶有兴味的,不仅是因为其论证的简洁性,还因为其展开过程的结构。它从前四章对我们用灵魂来替代真实的有名字的位格的讨论出发,一直到第九章勾勒出一个协调艺术、宗教和法律的复杂规划。头几章反映了他选择其书名《应用心理学》的理由,这一书名他取自一本论述社会心理学的纸面小册子。用这一标题诱惑了某一特定的读者群之后,他又希望能获得那些在他看来最需要倾听这些话语的人的关注。照他的标准,他那个时代心理学家们对"灵魂"的着迷,乃是"剥夺了民众的灵魂"(de-souling),因为它意味着灵魂比一个人的"名字"更重要;因而,也就比受造物与时间、历史以及他自己实际传记更具意义。笛卡尔对能思维的心灵(cogitating mind)的着迷,以及他那受到人们认可的对在那一乡村小屋中获得新世界观之前的自传所施加的蔑视态度,就是这一倾向所能产生的好例子。事实上,笛卡尔的心物二元论使得在理论上,无论是对心灵还是对物质,都可能恰当地对待实在的那些方面,而每个人表面上也都关注这些方面。在证明中,笛卡尔错误地将他的第二心灵看作是本真的心灵。从这一裂隙出发[xlviii]中,就出现

---

① 同上,页2。

了实在的主—客、内—外之分野,而决定具体实验世界之真理和意义的,则是能思维的心灵了。在这一两难困境之深处的,是认为灵魂是一个对象、事物的虚假假设。

第五章致力于灵魂是否有其特殊语法的问题。他开始抨击那些反映了由认知者**我**主导的伪语法,比如说,由**我**,而不是由经验告诉我们的,由**我**开始的语法。不是 amo, amas, amat,①而是 amas, amo, amat,才是我们恰当语法变位的正确次序。这一点,由他对施加给他的外部力量和压力的回应中,便可得到证实,就像原始人那样,也就是说,作为你。正是通过他人对我们讲话,我们才渐渐成为位格,意识到我们的身份同一性——我们的名字才变得有意义。在这一时期,我们最能够感觉到的是言语的命令式:"去!来!听!等等。"与此相似,孩子的回答,"不!是!"则反映了孩子的一种肯定,即他渐渐建立起了身份同一性。在每一事例中,位格性都植根于这一事实:我们在一共同体中有一个名字,能够会呼唤,也能够回应。这一点,在罗森斯托克—胡絮看来,乃是我们语法生命的基础。

只有在已经运用了语法形式我和你之后,我们才开始使用语法上的第三人称他、她和它。我们的正常语法性生存经验告诉我们,无论是有人称形式还是无人称形式,都是我们词汇的不可或缺的一部分。从童年向成年的转变,其标志就是这一区分。虽说第二人称是我们的原初语法形式,但灵魂的完整语法则由因基本语法法则而导致的改变和转型而得到揭示。"灵魂生命的每一次改变,都表现为其语法构形的一种曲折变化(inflection)。"②语法上的各种式,变成了我们表达我们语法人

---

① amo, amas, amat 是拉丁语动词 amare(爱)的直陈式现在时第一、第二、第三人称的变位,即"我爱"、"你爱"、"他/她爱"。——译注

② 《应用心理学》,页27。

称的手段。事实上,它们构成了灵魂[xlix]在其生存的每一时刻的特定装束。就像语法人称一样,所有语法上的式和时,也都展示了"灵魂的可能性"。"……灵魂能够摆向变易的旋律,犹如它会带着生存的音调,鸣响转变的节奏。"①于是,爱,在爱之中,就是能够转变我的最高力量——从它自己的思想和对个体自由的迷恋中释放它。如奥古斯丁所言,爱胜过一切异教德性,因为只有爱才能使我顺服。我们可以勇敢、节制等等,但我们不能成为爱;我们总是在爱之中。在爱之中,就是承认语法上第二人称优先于第一人称。

对于语法生存至关重要的,是历时(timing)的时间因素。虽说对于众人——且引一句流行的话——"思想总是自由的"。但事实上对于言语却恰恰相反。它是时间的造物,受各种时间序列的约束,但也能够创造新的时间和年代。历时、激励、转变以及言语,总是与语法性生存紧密相连。在第五章结束时他这样为灵魂的语法作总结。"这是有关形状转变的理论。时间的曲折、转型、改变,是它的内容。我们在学校里学的语法讲的是元音音变和元音交替;元语法讲的是形状的转变。"②

正如前面所指出的,第九章是对第五章的恰当补充,因为它致力于语法方法的社会运用;也就是说,它关注的是我们而不是我,是共同体而不是个体。对于罗森斯托克－胡絮,我们不仅仅是个体在数量上的总和。就像他所说的,"元语法在讲述我们的时候,也混合了上帝、人和世界"。在其语法外衣下,第一人称复数拥抱着艺术的世界——抒情诗歌、戏剧、散文等等。它们是审美世界的要素,将我们最紧密地结合成一个民族(Volk)。第二

---

① 同上,页31。
② 同上,页37。

人称复数拥抱着那些法律规范,这些规范再一次规定了共同体生存的本质,无论它们是属于世俗的还是[xlix]灵性领域的法律。最后,科学世界的语言,可归入我们语法上第三人称复数。在每一个领域中,他都点出一个代表那一语法语态的最纯粹形式的例子。这样,抒情诗就是艺术的最纯粹的例子,法学是社会秩序最纯粹最简洁的表达,最后,自然科学则是科学的最纯粹也最基本的类型。[①] 值得注意的是,不仅在法学的领域中结合授法和立法来讨论宗教;而且,也把宗教作为在任何一个领域中,当个人和集体的重要转变发生时,都在场的一种至关重要的力量。在此,一如在其他著述中,罗森斯托克-胡絮把宗教和宗教体验等同于在我们灵性生命历程中任何一个时期使我们能够言说和回应的那种力量。这两章很大程度上贡献于对转变的认识和言语中所固有的圣事力量,一如在他的格言中所表达的,"我回应,虽然我会被改变"。它也有助于我们理解"言语是圣灵的身体"。

最后,我们要将《为语法方法辩护》和早先的著述相联系,来考察他将言语之运用视作决定社会统一性的工具。之所以说这篇论文特别适合,是因为它表明了他的语法方法和实在的十字架之间相互关联。言语(无论是个体的还是集体的)的三位一体(构成了一切相关者的本真的灵性生命历程),在任何一个时刻,都必须在四个矢量的交叉点上才能得到认识,这四个矢量代表了一切生命展现于其中的时空轴的相遇。在他两卷本的《社会学》和他的《应用心理学》以及其他论述中,他反复强调,他确信诸如主体和客体的二元论绝不能正确处理任何处境的复杂性。他将他自己描述为不纯粹的思想家,因为他不愿意落入寻常思想的两极化之中。他对十字架四个矢量的使用,使得他能够清醒认识

---

① 同上,页 51 和 53。

[li]到代表内外之空间轴的主体—客体的传统区分。此外,他还加上了由指向过去和未来、超越(traject)和回顾(preject)的两个矢量所代表的时间轴。他这样解释这一区分的理由:

> 我们之所以选择上面所说的回顾和超越,是出于对将世界分为心灵和身体、主体和客体的习惯用法的尊重。看来,绕开已在逻辑中形成的传统术语,未必是明智的。战斗必须得在古典传统的战场上进行;我们试图通过引入时间之维,让实在的另外两个方面得以显现。对于任何时间维度,主体和客体都是其片断,因为未来是由回顾或命令式而被预期的,而过去则由报道或叙述式(超越)而得以确定。①

首先,在分析那些破坏统一性的恶的时候,要注意他对实在的十字架的运用。正是无政府状态(anarchy)"阻碍了跨地区机构的协作";颓废(decadence)破坏了我们的未来感,因为它意味着人们"没有力量转化下一代,使他们走向自己的目标";在革命中,人们对过去和现存秩序施暴;而迫使一个国家"并入外部领土"的则是战争。对应与他的十字架,无政府状态和战争代表的是内在和外在的"社会空间"。所以,他写道:

> 因无政府状态和战争这两个事实,我们不得不在社会中区分内在和外在空间。空间的两重性乃是,在任何社会中,一条边界……将空间世界切割为两部分,一是内在的,一是外在的。②

---

① "个体的言说权利和某些终极语法术语"(The Individual's Right to Speak and Some Final Terms of Grammar,私人印行,1946),页25。
② "为语法方法辩护",页2—3。

与此相似,颓废和革命是未来的可能性和过去的必要性,它们对于任何[lii]健康社会的成长都是必不可少的。基于这样的讨论,罗森斯托克—胡絮认为,这代表了"社会系统的一个无可争辩的基础"。"因为,时间和空间这两条轴,以及它们向后、向前、向内、向外的方向,不仅仅是社会秩序在文字上的定义;它们面对的是毫无异议的经验和对一切人均同一的意识"。他认为,这些社会真理,是"像任何数学真理和逻辑真理一样普遍有效的"。只有当一个人明白我们在"四个时空方向"的任何一个上受到威胁,我们才不得不承认社会过程的存在,承认我们需要团结和维护。恢复社会健康的战斗,近似与威廉·詹姆斯对"战争的道德等价物"(Moral Equivalent of War)的主张。当一个方向受到威胁,我们就会意识到"生命的四个方向总是应该得到平衡"。只要这些恶可以继续不加抑制,"社会研究就不会有意义或可能"。对应于上面所列举的四种"恶"的,是社会研究所面对的对于一个健康社会而言必不可少的恢复持久平衡的课题。

社会研究被限定在一个实在、一个实在的十字架之中,同时要承担培养信仰、力量、一致性和尊重这四个课题。社会研究,就是要寻求恢复持久平衡。①

也许在这一最近的语法方法的介绍中所获得的唯一进展,就是其相对而言更惊人的明晰风格和其运用上的具体性。1924年的更为理论性的宣言,被罗森斯托克—胡絮扩展为1955年更实用和简明的论文以及更晚近1964年的《言语书》(Speech-books)。他对社会之恶的讨论,无论是对于他的方法还是其方

---

① 同上,页3。

法的言语意义,都是无与伦比的范例。总之,上述四个恶"戕害了语言",因为维护社会疗治其疾患的,正是"言语"。所以,他第三部分的标题就是:"有言语社会生,无言语社会死。"我们言说,是出于需要,出于惧怕;出于惧怕衰败、无政府状态、战争和革命会破坏[liii]社会的时空轴,这些时空轴"为社会中一切成员提供了方向和取向"。为了防止社会瓦解,人们思考、立法、讲述、歌唱。这样做的时候,"外部世界得到了思考,未来得到了规划,过去得到了讲述",而"内在之维则表达了歌曲中"。

没有明晰连贯的言语,人们在时空中就既没有方向,也没有取向。没有言语的路标,社会的蜂巢立刻就会瓦解。如果说人们承认言语是在时空中疗治社会不和与断裂的方法,则语法就是社会学说的最明显的工具。①

用这一方法,我们就意识到我们"在历史(向后)、世界(向外)、社会(向内)和命运(向前)中的位置"。语法方法构成了"言语自身的额外发展",言语在我们"方向和取向"的新力量中得以完满。所以,"语法是语言的自我意识,正如逻辑是思维的自我意识"。罗森斯托克-胡絮将语言用于社会统一性和和平,这一点总是与社会的时空轴向联系着的。

没有共同言语,人们就既没有时间,也没有相互尊重,彼此间也没有安全。言说涉及时间和空间。没有言语,时空的现象就得不到解释。只有当我们向他人(或者向我们自己)言说时,我们才能自我们所言说的外部空间,描绘出我们在其中言说的内在空间。……而有关时间情况也是这

---

① 同上,页5。

样。只是因为我们言说,我们才能在过去在未来之间建立起一个当下的时刻来。

注意到他对科学的时空概念的拒斥,是饶有兴味的。"语法时间和空间先于[liv]有关一个外部空间或一个有方向的时间的科学概念。因为它们在科学家之间预先设定了一个内在空间,同样也设定了一种同时代性。"自我以及我们的社会看门狗的言语的类型或形式,用类似于谢林(Schelling)在其《世界年代》(*Weltalter*)的《导言》中的话,乃是"说、听、教和学"。

十一

贯穿于罗森斯托克—胡絮著述的各种主题之中的时间,是对人类秘密和奥妙的强有力而又极富想象的探索之旅。每一位读者对这一意义的认识,都必须依靠他自身独特的旅行风格。对于至少一位学生、在每一处的人都在询问社会秩序的每一部分之终极问题的传统样式——这样一段旅程,就既意味着方向,也意味着希望。对于那些在罗森斯托克—胡絮的意义上,期待过我们的时代严肃对待普遍圣事力量的人们,这一询问的普遍性乃是一个很好的象征。如果说实在的十字架有任何意义,按照定义,它必定会影响人类生存的每一方面。没有一种单一的风格可将生命带给一切他人;只有信任其口耳之力量无数风格的协调混合,才能带来真正人类社会的持久创造和保存,也就是完成米开朗基罗(Michelangelo)西斯廷礼拜堂(Sistine Chapel)之壁画的可预想的继续。在《出于革命》的最后一页,他令人钦佩地表述道:

人类并不试图言说一种语言。他并不是单调地说着同样的词语。但这是因为,在每一对话中,双方承担了不同的部分,代表着不同的观点,使用着不同的论证方法。人与人之间真实言语的本质是多样的。……由方言的多样性,我们可以回想起过去的人们之间不可胜数的争执、对话和论战。但相互作用和相互关联则处于巴别塔(the tower of Babel①)的底部,语言学家们如今却是以奇怪的方法[lv]分别研究每一种语言的。人类的每一种多样性都凝结为一种特定的言语。每一种言语都是可分解的;它可被重译为各种独立语言背后的普遍语言。通过翻译,人类的每一种多样性都与一切其他的多样性相接触。②

这样,语言就的确是一种手段,借由它,人们就变得意识到他们的多样性,同时,也意识到言语提供了疗治人们之间裂隙的线索和手段,创造出一个适合生活的,健康的社会。在所有这一切中,值得注意的是,有一处稍微提到了上帝或者说使用了传统的神学范畴。对于那些定位于传统彼得和保罗式基督教(Petrine and Pauline Christianity)的人而言,这种表达无疑会引起严重的困难。这样的一位读者就会径直拒斥这些论述,认为它们与他所理解的宗教不相干。对于那些愿意听从约翰路线(Johannine approach)的人,这样一种表达也许会提供一种克服如今在神圣论述和世俗论述之间之裂隙的手段。对于这样的一些受造物,对处于这样一个话语背景下有关上帝之地位和本性之问题的答案,就是简单的一个。"将问题放入我们口中,并使我们回答它们的力量,就是上帝"。③ 这就是大卫(David)和耶利

---

① 原书误拼作 Bable。——译注
② 《出于革命》,页 738。
③ 同上,页 225。

米(Jeremiah)的处境,它也同样是我们今天的处境。

这样,由耶稣所启示的活的上帝,就必须永远与哲学家们的纯粹概念的上帝相区别。否认上帝的人,是因为他们在错误的道路上寻找他。上帝不是个对象,而是位格,而他所有的,不是个概念,而是名字。把他作为理论讨论的对象而讨论,那从一开始就打消了探索。没有人可以看到一个作为对象的上帝。上帝看着我们,在我们张开眼张开嘴之前,他就已经看着我们了。他就是使我们言说的力量。他将生命的言词放在我们的唇舌之上。①

---

① 《越界的现代精神》,页150。

序言　我们与命运有约

[lvi]把 30 多年来生活的波浪抛到我的海滩上的材料连接起来的,很大程度上要归功于莫尔根(George Morgan)的著作。作为《尼采意味着什么》(*What Nietzsche Means*)一书的作者,他反复挑战我的顽固的宗教保守主义:既然你承认尼采的敌基督和两次世界大战开创了一个新时代,那你为何扮演白痴,仍旧做一个基督徒呢?

我不在意他的这些措辞,而远在他提出之前,我就试图回答这一问题了。莫尔根参军前,曾花了一年时间订正那部书的手稿。又过了四年,多亏了尼布尔(Reinhold Niebuhr)、霍尔顿(Douglas Horton)和托马斯(George Thomas)的努力,现在这书印出来了。

我写作时所面对的是两类读者:一类是自由战斗者,二三十岁的男男女女,他们与以自己的时代精神(spirit)为形式出现的灵性(spirit)作斗争。对于他们,他们这一代人是个秘密社会,它有一种私密的趣味、热情和兴趣,无论是对于前人还是后人,都是个奥秘。另一类读者由这样一些人构成：他们已经体验过作为从一时代向另一时代的伟大翻译者的灵性，因为他们自己曾被征募，去服这至高无上的兵役。本书所题献的三个人，就属于这一群体。

本书的题献词，也是它的抱负之一。在我就这三个人的功绩略说一二之后，读者将会有更好的理解。

[lvii]卡尔·穆特(Karl Muth)通过他的《高地》(Hochland)，极大地提升了罗马天主教文学的品质。这一月刊创刊于1903年，它在一切有关宗教艺术和文学的事务中，以一种新的意义，再教育了德国的神职人员和平信徒。从 1933 年到它 1942 年被纳粹所取缔，据我所知，它一次都没有提到过纳粹；它始终保持灵魂的高度，却又自由地处理社会、政治以及历史的主题。在癫狂的年代里，它传播了真正的灵性。

奥丹(J. C. Oldham)在盎格鲁—萨克逊世界已广为人知，所有我只消提及他有关普世合一运动(ecumenic movement)的著作以及他的《基督教新闻报》(*Christian News-Letter*)，该报勇敢地贯彻了新闻的两重意义：将福音转化为每日的启示。

维尔农(Ambrose Vernon)，在美国两次创办了大学里的传记系——在卡尔顿(Carlton)和达特茅斯(Dartmouth)。他认为，基督的生命，会通过历史上其他伟大灵魂的生命而与学生们相遇，只要传记的灵性核心能够有条理有秩序地向他们敞开。

所有这些人都曾经重新转化了灵性的形式，为他们自己的教会和时日。他们坚固了我的信仰。在他们身上，我看到了教会灵性的与人以生命的力量。

然而，这本我冒昧地题刻了他们名字的书，却是对我自己解答某一永恒问题的进路的一种辩护。因为它试图展现一个新纪元和新的一代人的困难：这一代人通过成为战士而展示了他们的信仰。我生命的关键和年轻人生命的关键，曾经是同样的：即打破士兵们的勇敢和信仰中圣灵（Holy Ghost）的传统和时代精神的运作之间的僵局。这与对基督教传统中圣灵（Holy Spirit）的信仰又有何关系？

[lviii]除非我们重新发现它们的关系，否则，福音就不能真实地传播给士兵，士兵们也就不能使他们自己为各代基督教精神的传道者所理解，而战争也就会大行其道。

各种精神（spirits）必须融合在一起：那唯一的圣灵（the One Holy One）以及每一时代的多种精神。这三个朋友曾将那唯一的圣灵转化为新的形式。哦，我的朋友们，当我将下一代的纯朴信仰介绍给你，并请求你倾听大声说出其信仰的精神，你会相信我吗？

奥伊根·罗森斯托克—胡絮
1945年圣灵降临节
佛蒙特州
诺维奇（Norwich）
四井村（Four Wells）

第一部分

伟大的过渡期

[2]常去教堂的庸常文明人,我们可以说,根本就不懂得人性中最深的涌流。

威廉·詹姆斯,1903 年 7 月 23 日
(佩里,卷二,页 317)

第一章　我不够资格

行动与言说的冲突

[3]前些时候,有个美国人满怀梦想回到美国,因为他正想在这个国家发展出一种真正的戏剧。到纽约的头一个晚上,他到闹市区一家餐厅吃晚饭。邻桌有对年轻人在此消磨夜晚时光,因此他就听下去了。她很想说点什么,很是急切。可她的男伴呢,看上去也有那么光鲜帅气,回应的只是短短的一声:"嘿。"整整一个晚上差不多都是这样。你得承认,这嘶哑的"嘿"也不是没有某种变调;反反复复之中,它也覆盖了很多个音调。可在言语进行中,这就是那小伙子所作的唯一贡献了。那观察者回到家,埋葬了有关舞台新未来的一切梦想。因为,他会说,一个恋人都没有任何更多的话可说了,那舞台呢,靠大量言语支撑着的舞台,和它的观众就相互隔得更远了。

这个故事,很好地表达了我们时代的困境。这一困境也是

1905年以来我生活中的主题。

我们正进入一个无言语的未来。在这一新社会中,无论是韦伯斯特(Daniel Webster)或布鲁克斯(Phillips Brooks)的滔滔不绝,还是圣保罗或莎士比亚的雄辩,都将不再为大众所倾听;人们听与说的波长,已变为"亚雄辩",变成了"管他呢"和"那什么"之类的简慢风格。

[4]如果这是未来,那基督教就没有未来。因为充满生机的言语之流,乃是活着的基督徒的表记。因为他们讲述着圣灵之降临(Pentecost)及其唇舌之赠礼,要不然他们就不存在。

我们经济秩序的未来和基督徒的未来处于冲突之中。这一冲突的解决,一开始似乎就是朝着有利于经济秩序的方向进行的。因为,教会一如国家,《圣经》一如宪法的诸种伟大语言,已在广告、商业化、机械化的日常运作过程中丧失它们的力量。人们已变得对一切喧杂浮夸漠然无所动了。

这一冷漠比任何对教会或国家的攻击都更为严重。迫害会帮助一个教会,而入侵者则会拯救一个民族。而这,却是自内而外的枯萎。

我生命中的奇异之事,乃是1905年以来,以我所做所写的一切,是相信这一困境是可以解决的。我认为1905至1945年,人类历史最近的这一阶段,是极为愚蠢又非常伟大的时期。一只强有力的手,将人类这一物种的各部分高高举起,又将他们置于一新的生存地平线下。我们看到,这一地平线黯淡得犹如日出前一小时东边的天际;然而它却已经决定了我们所有人的生命和生活,不管我们属于哪个民族什么教派。我们暂且说有12代左右的人,曾经幸福地生活在"教会"和"国家"("国家"一词不早于1500年)之中,且从这两处光源中获得了自己的方向定位;现在却不再如此了。

因为一种新的"自内而外",我们失业,我们陷入贫穷,我们有通货膨胀,我们被杀戮,我们四处流离,无论是在大国还是小国,无论是在自由教会还是正统教会。为对付这一"自内而外",无论是在他们的国家还是他们的教会,千百万人找不到保护。全球经济合作就是这"自内而外"。无论是新政(New Deal)还是GOP,①无论是希特勒还是斯大林,都不能确保繁荣,因为没有任何一个政治家统治着全球。[5]大社会(Great Society),这一未来无言语的巨人,并不讲英语(它也不讲俄语)。而正是这一大社会,要求我们大家不得不将自己的生命,以资本和劳动的形式,变成它的原料、它的牺牲品、它的资产或它的债务。

两次世界大战乃是世界革命的表现形式,在这一形式中这一新的未来进入了每个人的生活;民族主义和乌托邦式的意识形态彻底失败了,与这一真实的转变相比,它们不过是堆泡沫。这一真实转变由战争所造就,而它则造就了最终的大社会。这一大社会乃是国家和教会的继承者。

那么,正如我先前说过的,我生命中的奇异之事,乃是我过去总是相信这一强有力的手,正是这只手,召唤那新巨人的来临并将我们大家置于新的地平线之下。我总是认为战争比党派口号更有决定性,但我根本没有感觉到这大社会将是个好社会。我关注的是这女儿"社会"与母亲"教会"之间、劳力者与劳心者之间、每日的食粮与圣灵降临之间不可避免的冲突。我接受这新世界中的分工。但我相信,在其各部分中都根本没有任何神圣性的奉献。

大部分人所望所惧者都不相同。有些人会怀念美好的旧社会,其他人或许会想,新的大社会大概也还好。而在此党派风尚中,没有任何一派会认为,在这个问题上事件的变化会与他们的道德判断没有任何关系。40年来,各种革命性事件被新闻机构

---

① Grand Old Party,老大党,指美国共和党。——译注

每小时每天列入极尽煽情之事的标题之下卢西塔尼亚号（Lusitania）的沉没、班乃（Panay）事件、布鲁恩宁被开除（Bruening dismissed）、黑色星期五（Black Friday）诸如此类。成千上万的事件一个叠一个，被拍了照，进入我们的记忆。

然而，渐渐地，这一无关事件的尼亚加拉瀑布印刻于人类的心灵，就犹如一道——尼亚加拉瀑布。时间原子[6]如此厚重快速地流经我们的耳朵，我们不得不为这困惑另铸新名；把个别事例个别对待时，个别事例就不再有任何意义。使这毁灭与混乱之洪水决堤泛滥的人，又是谁？

餐馆里的那年轻人使用刻板的标签"嘿"。虽然贴切，但对于已经知道自己置身于此地的人们来说，它却不够。如今他们希望摆脱它。

词与名的冲突

但是，其作用恰如世界大战的地狱，肯定不会让我们爬出来，除非我们找到新的词、新的信仰之名和从未听到过的希望之调，以此我们相互呼唤。旧名已不敷使用。某种五旬节精神已变成我们最直接的政治之必要，因为我们必须相互言说更多，而非仅仅"求生之战"。求生之战这一表达，太过赤裸，不能将之给予有着任何共同方向的千百万人。求生，于每个个体是一回事，于我们整体则是另一回事。如果我们希望共同求生，那么显然我们必须切实分清有可能实现共同求生的道路和试图求生而切断邻居喉咙的恐慌。对于这一类的分辨，我们必须以越来越强的确信再一次言说。突破陈词滥调，现在已变得至关重要；因为要想抵达一共同且更为广泛的生存之新海岸，只有乘着新名的翅膀；并且言说这些新名还需要这样一个环境：其言说者值得信赖又不受党派利益的束缚，因而打动我们。光找到"另一套词"

还不够,我们还必须热切地告诉各自:"一套词语"这种表达,对于这一紧迫的新言语是完全不够的。

[7]然而,从美国和西方世界顶尖的教育家那里,我们却听到了这样的劝告:"要制订道德理想,我们必须找到另一套词语。"①

似乎没有人看出这句话的恐怖之处。人们也会认为我有病,因为我觉得到了末日,除非这一命题成为笑柄。这一命题要求我们行动,可因其言说之方式,它又麻痹了行动。这一恶性循环——即以阻碍我们实现的方式告诉我们——乃是我们的困境。在我所引用的那句话中,我们被当成了学校教师,被要求以一种或另一种方式告诉孩子们什么是"道德理想"。但在真实生活中,没有学校教师或孩子,有的只是人民,他们祈祷:哪怕幻灭他们也但愿能相信他们自己。我可绝不会信任一个试图制订我们信仰的人,如果我知道其准则仅仅是一套言词。我可不会听那些套话。它们就像是一套中国瓷器或任何别的什么死东西。你不能凭一些"套话"去征兵。人们将不会行动,如果召唤他的仅仅是套话。我会以那唯一者和真实者(the One and Real)的名义行动,要不然我就会轻视我自己和那谈话者并且根本不行动。凭杜威的断语,我们就置身于我们危机的核心。当他承认,我们最好发怒,因为他在抛撒一张空网。在这奇怪的半个世纪(我们已与我们自己的传统脱节)中,这是充满了一切好人们之中的自我矛盾。一切自由派都拿所有的圣名逗乐,就当它们仅仅是空洞无物的冗语或大而无当的概括。而今,当战争和革命已经来临并摧毁了以上帝之名浇铸的和平时,这同一批好人们就开始发抖,并邀请我们一同为四大自由而游行,恢复那能够重

---

① 杜威(John Dewey),《托马斯·杰佛逊活生生的思想》(*Living Thoughts of Thomas Jefferson*),纽约,1940,页25。

造和平、希望和耐心的歌曲和预言。但其邀请的风格是空洞和非人格的,像他们的科学一样抽象。现代[8]人与言词(the Word)的关系破产了。杜威讲起他和我们的语言时,就犹如在谈论一套厨房炊具或任何一套我们能够在便利店(Five-and-Ten)买到的东西。① 而最坏的乃是,如果有人因他们冻结重要之名的方式而阿谀奉承他们,他们则会笑话他。这就是我们的混乱的核心:杜威混淆了词的消费和紧迫之名的创造。他,以及一切理想主义者,其言语概念取自于社会交往的商业领域。的确,在予和取的世界里,词就像是扑克牌。在商业贸易中,社会使用词,一如其本身(as they are)——它们被消费,就像我们吃每日的食粮——以描述、广告、宣传、帐单的形式。在此言语消费领域,一个制造商若能为一支杜立德(Doolittle)雪茄或一辆林肯车想出句俏皮话,那他就是聪明人。他使用已然存在的一套名,并将其产品的市场建立在这些名的通俗性(popularity)之上。

但是,杜立德和林肯何以能获得其声望?它们如何变成家常之词?的确不是通过使用套语,而是通过使人们获得言与行之统一性的印象。它们使我们感觉到,通过言与行,它们服务于同一个名。名是如此神圣,因为它们构成了人类生命中言与行的统一或冲突。因此,名无价,而词则有价。词可被定义,而名则必得有无限的吸引力。名必须使我们行动——以在它们被造就之前看来是不可信的方式;词则表达那些能以切实可知的价格获得的东西。

在这一点上,我们料想将得到自由派或实用主义者的辩护:

---

① 杜威如今正意识到"语言学疾病的可怕症状",见其"寻求坚实的名",《哲学学报》(*Journal of Philosophy*),1940,页5。可在此仍然完全混淆了词和名。但词是被用于言说某物的,而名则被用于言说某人。两者的方向180度截然相反,这可是杜威和实用主义所不知的。

我们不对吗？如他们爱叫的,所有的圣名,难道不都是"任意的"吗？每一个美国大学生[9],至少我所看到的,都在这一论据的反讽背后怡然自得:词与名都是"任意的"。他们混淆了"变动不居的"与"任意的"。诚然,一切圣名,其生命期都是有限的。一个人,也同样不是不朽的,可是,在其有生之年,他却有某些不可褫夺的权利。名也一样。激励我们心灵的名,不是在所有的时代都同样紧要。一切名,都有兴衰起落。①

但是,起者必起于死。而于此起,现代人的微末言论是愚昧的。我们不能赤身前行,而没有任何具约束和激励作用的名。而出于这一理由,我们必须对那些抛出令人扫兴之物的人、对"套话"一词(为了那使士兵们前进的力量)、对"任意"一词(为了我们内心的愿望或我们国家的法律的最必要的表达)开战。

也许,正是在这里,能够找到我生命的用处。然对于决定选举或新国联(League of Nations)的日常政治,我不够资格。

一个战争的、世界大战的时期,早在1910年之前就被预言了,而当时我就相信这一预言。② "战争的道德等价物"于1910年由詹姆斯提出,而我则早在1911年照此假想去行动了。因此,恐怕我相信得太早,知道得太久。一个政治家或任何一个从事行动的人,若不是个头等舱最后一分钟赶到的人,就不会成功。

然而,机械化与创造、大社会与基督教的未来之间的冲突,乃是我生命的主题。而我生命的这一困境,看来已变成如今每个人的困境。自然,我倒也可以通过把它转变成每个人的困境的一个路牌,从而使我自己的生活变得容易一些。

[10]本书的次序依我手头的课题而定。我通过近郊(sub-

---

① 参见一位耶稣会神父就上帝之名所作的惊人让步,见页184。
② 见威廉·詹姆斯和我自己所作的提议,重刊于"美国青年"(*American Youth*),温斯洛夫(Winslow)和戴维森(Davidson)主编,坎布里奇,1940。

urb)和工厂来考察我们日常生活的背景;在此,我们可以找到不断地将所有重要的名碾磨成碎片的磨石。我们的环境——我们创造了它,它也每天都在创造着我们——并不允许我们以那样一种力量来言说——通过该力量,新的名得以产生,新的共同体得以建立。

我们会发现,这一环境对于制造和教育是完美的,对于生育和创造却是无能的。

针对这一背景(第二章),我们得谈论于创造未来共同体所必须的各种性质。这一未来的创造是个代价高昂而又极为困难的过程。它可以为我们所完成,却不会自己发生。迄今所实现的进步,始终是基督徒们的进步;尤其是在自然科学领域中,进步是基督教的果实。因为基督教是某一独特真理在各时代的体现,这一真理乃是:死先于生,生是死的果实,以及恰恰是灵,乃是那通过服从一个新名,将一终结转变为一开端的力量。没有灵,各时代就会继续脱节。

第二部中将继续我们的讨论。这一对死与复活的信仰乃是科学中进步的条件。接受《信经》从前的表达形式,对于现代人的心灵是最为困难的。故不能遗漏这一信仰本身(第三、四、五章)。有一些永恒的条件,只有在这些条件下,生命才能在人们中间继续前行。

第三部(第六至第八章)以这些永恒条件为基础作出对我们这个时代的评价。我们的整个时代拥抱着我们的过去、未来和现在。我们的过去的朽木必须扔弃。这样,第六章就表现了教会的至关重要的经验,我们必须意识到这一经验,意识到教会的弱点在阻碍着我们。第七章让我们面对那尚悬而未定的未来:在引进东方的时候,我们实际上在我们信仰的更进一步的可能性上处于危险的境地了。

[11]十字架能穿透并萦绕整个世界吗?因为,要不然,那永

恒真理将依然不切实际的。在这两种情况下,答案都将是:教会和人正处在一个更为关键的境地,并且,十字架比神学或哲学所愿意承认的都更为实在。

最后一章中,我们回家了。至此,我们知道了为什么工厂、近郊的生活,战士营火边的生活,学术圈中的生活,都是不完整的。我们重铸了信仰的真理。而我们知道,决定基督教的未来的,是我们运用这一经过重铸的真理的勇气。

第二章 过渡期的美国:1890 至 1940 年

近　郊

[12]年复一年,近郊扩展其触角,吸纳了一个又一个城镇,这些城镇从前可是个真正包罗万象的生活共同体。我看到了这一现象发生于我自己在佛蒙特(Vermont)的小镇。近郊已变成如此典型的现代生活,故此,我们大可以将它看作是我们非工作时间的代表。

近郊生活是不真实的,因为它规避了痛苦和冲突。一个城镇或城市包括了各种类型的人,一个近郊则倾向于只包括同一收入群体、同一种族、同一文化背景类型的成员。其最性命攸关的经济关系,为生计而进行的斗争,则出现在别处。他们也许会邀请商界朋友来过一个周末,但不会是可以解雇他们的老板,或是他们冷落过的秘书。近郊的婚姻是某种精神上的近亲交配:男孩女孩从中学起就彼此了解,也就没有多大冒险的余地了。

不会有罗密欧或朱丽叶出现在近郊,因为蒙太古家族和凯普莱特家族①不会在这里开展其荷马式的搏斗,也不会有米兰达(Miranda)在暴风雨后的岛上被人求爱②;爱的辛劳丧失了。孩子们不是出生了近郊,而是出生在妇产科医院的病房里——然而,一个人如何能以至深的英雄主义气概,去应对战争或和平的紧迫需要[13]?是否当女人在分娩的阵痛中与死亡作殊死搏斗时,他会因没有分担这痛苦而颤抖过?女人的分娩将她置于与其婚礼状态相对立的一极。但是,当爱的果实在鲜血和剧痛中降临人世时,医学科学却将现代丈夫们排除出了这灵魂的剧变。可哪还有别的什么地方,我们体验过这创造的法则?常言道,那些丈夫们,只是为了乐子或是为了一起找乐子而结的婚,他们倒也会在星期天参加教堂游行,与螺蛳壳家族(Cogshells)和沙里埋家族(Thickhides)一道。但讲道坛上所提及的十字苦刑(crucifixion),他们必定会遗漏,一如他们被赦免于其妻子们相应的苦楚。

相似地,病人被隔离了。死亡,也尽可能不被人们在近郊看见其发生。甚至连"死亡"一词也几乎是禁忌;人们觉得整个这一主题都是令人难堪的。③ 但是,你又如何能把握心身之间神奇的统一性呢,要是你没有见过你所爱的人吐出最后一口气?

因此近郊生活就是审慎、仁慈又荒芜的。有那么一个特定的词来表达这一温吞氛围:它有一种心智(mentality)。心智就

---

① 莎士比亚《罗密欧与朱丽叶》中罗密欧和朱丽叶各自所属的家族,历代势同水火。——译注
② 见莎士比亚的戏剧《暴风雨》。——译注
③ 电影《彼得大帝》(Peter the Great)有一死亡场景,莎丽娜(Tsarina)在临终的沙皇身边痛哭。在我们近郊影院,全体观众对该场景哄堂大笑,回来我让我的学生们(他们当时在场)解释他们为什么要笑。思考了一整天之后,他们当中最持重的人说:"我们笑,是因为我们全然确信,我们绝不会这么绝望地哭叫。"

是你抽离了十字苦刑经验之后灵魂所剩下的东西，而正是这一经验在更有活力更有生机的人类关系中结出了果实。心智根本不能认识澎湃的喜悦和幽黯的绝望，不能认识呼喊和诅咒、悲悼和呻吟，不能认识手舞足蹈和长歌当哭。

于是，毫不奇怪，讲道说教就成了近郊的措辞。其心智阉割了言语。我们如何能够深刻地谈论上帝或李尔王，在一个[14]人工处理消毒过的环境中？在某个时尚近郊，一位牧师的太太说得很纯朴，她说他丈夫以前可真是个社会改革家，可自打搬到这个富有的教区，就再也没机会提他的激进理念了。

同时，近郊人面临一个悖论：他生活在太多的安宁之中，可他却很少感受到内在的安宁。他实在是上百个组织和压力集团厮杀的战场。他被不可避免的内在冲突撕裂，近郊消灭不了这些冲突，顶多只能加以抑制。实在的十字架乃是个不可消除的冲突模式，冲突深植于一切生命的结构之中，而一个使其不能恰当分享我们灵魂之巨痛的社会则将一个个体远不能承负的担子放置在他肩上。只有团结一致，我们才足以应对生命的各个面向，才能承受其所需的决断之张力，并担当起免不了会选择错误的风险。神经机能症和神经崩溃盛行于近郊，因缺乏建立在更深的紧迫与激情之上的伙伴之谊。

因此，由于惧怕在任何一个方向上走得太远，现代人的灾祸就要变得越来越不置可否（non-committal）。他不冒险，他尽可能不表态，在任何方向上有所行动之前，都得拿眼睛的余光瞟一眼其他方向。近郊的审慎产生了一种相对应的哲学，它如今盛行于最流行的心理学和社会学：顺应的哲学、黄金中道的哲学。这套学说就意味着没有真正的激动、没有真正的奉献、没有真正的战斗、没有真正的爱。它邀请我们进入这样一个未来：使我们的生存得以可能的一切能量都被冷却了未来。我们所据以活着的价值和制度由最大努力（maximum effort）所创造。最小生活的哲学绝不可能产生一件艺术品、一首歌、一项发现、一部宪法。它所鼓吹的未来将看不到孩子出生,因彻底的谨小慎微;感受不到悲伤,因惧怕痛苦;体会不到可贵的忠诚,因担心落伍过时。人类正处于彻底世俗化的过程中。

[15]难道我们就注定要熄灭生命之火,因为它们太危险?审慎真的就是人类最后的词语?真正的人会全身心的投入其灵魂在此世展现的活动之中。他的问题乃是,如何在各个方向上作出最大的努力,调动起他全部身心,还有就是,如何在任一特定时刻,选择正确的行为,亦即神圣的、能够创造价值的活动。而为了这一任务,使他得到强化的唯一道路乃是让他摆脱孤苦无告的诅咒。相反,孤苦无告的疗治之法,不可能出生于细小琐碎的步骤。人们的分歧要靠无限的努力来加以克服,这努力,恰如我们一砖一石建造桥梁之前,向河流对岸抛掷绳索。心灵必须认准目标,对人类的伙伴关系抱有信念,要不然它就会陷入分裂与孤寂。只有通过无限的努力和奉献,我们才能获得自由。

只有被分享时,十字架的意义才算完满。爱的力量克服并治愈了我们伤裂的自我。基督教启示于人的是:裂伤乃是人类的特别恩典,因为没有一个社会能够在自持的人们中间得到发展。人分而歧之,所以他可以不再是个个体。如果人不知道这样被撕裂乃是完全正常的,以及存在着一种在共契圆融中整合各位格的神圣力量,那他就会向一种看起来允诺统一、团结和安全的人为力量缴械投降。许多德国人接受了纳粹,那是因为,在绝望中,他们觉得疯狂的决断也强于没有任何决断。被撕裂的人是危险的人。他们会走向地狱,以任何野性欲望的形式,只为了力量的缘故而去崇拜力量之恶魔。除非我们能够于其原初重建圣灵之力量。这就是如今基督教所面临的挑战。

工　厂

　　正如在近郊,辛劳、汗水和眼泪被隐藏了;在工商区域,灵的感动——唯有它才能拯救人于来自亚当诅咒的辛劳——则不能被提及。于我们的生命而言,随着工业革命扫除了前工业时代手艺和职业的最后尾迹之后,情况就越来越是如此。[16]没有被工厂氛围所侵袭的写字楼、工作室、农场、讲道坛或课堂,已是凤毛麟角。

　　从人性的角度看,工业体系的本质乃是将人作为劳动力来加以利用,一如在生产中以同样的方式使用物理能量,以获取最大效能。这意味着,实际上在工厂中人被当成了无生命体。他不再是位格,而是一种功能——机器中可替换的一枚螺丝钉——流水线上工人的相互轮换,使得这一点表现得格外鲜明。管理上必定要采用的劳动单元(labor molecule),由两班、三班或四班工人所组成,以充塞每天的24小时。懂行的(decent)工人不会打破于流水线上前后道工序的工友们的凝聚关系。工人们的团结并非球队的忠诚,而是日夜奔流不息的河水中水滴的同一性;机器的胜利就是创造了这一第二自然,在这第二自然中,占上风的只有自然法则。这些自然法则乃是能量与质料、原材料与力量的法则,与它们为伍的还有劳动力。工厂并非人类的住所。因为一座人类的家居遮庇男人女人、长者幼者,家居中的人或睡或醒、或患病或健康、或步入老境或天天成长、或嬉戏或祈祷。工厂只遮庇自然。而大写的自然于人而言,只意味着力和质料。任何一个工业主义者都很清楚的流水作业,却意味着在工厂的流水线上没有一个人被允许或期望付出其全部个人努力。他必得佝偻于在24小时不间断的生产之流中可维持的水平。他"上线"、"下线",一如水流或灯光被打开或关闭。在生产的过程中,我是自然的一部分,而作为自然的一部分,我只是我的"自我"。或许可以这么说,自然的风格就是联合一切大写的自我(Self)。家居则恰恰相反:它们淹没了自我:一个男孩在此[17]被看作他父亲的儿子,一个女人则是她丈夫的妻子、她孩子们的母亲、她兄弟们的姐妹等等。但在工厂中所清点的却是这个"自我"。家居所要求于我的,是那些超越了我的年龄、性别或阶级的性质。近郊是这般甜美,因为在近郊我们都只是人,在一种相当真实的无私无我中大家相亲相爱。因为"自我"和"人"并不是伦理学或善良意向问题。这些立场或态度是由我们在某一特定环境中的功能所强加给我们的。在近郊,我们被看作是家庭中的人。在工厂,我们则是劳动力的元素。只有对这两大团块间之差异所作的冷酷无情的分析,才能向我们提供这一奇景的要害:即在城区人被看作是"自我",而在近郊则被看作是家庭中的人。在工厂体系的流水线上,这一裂隙深到了极致。因为,在工厂中,"自我"被用于组成一个复合物;工作单元和这一单元的内部凝聚要求其成员倾空一切位格特征,尤其是其热诚和志向的特征。现在,我们向现代生产的奇迹脱帽致敬。我并不是滥情悲悼这一处境的方方面面。相反,我厌烦那些没有看到由此所造成的人性中深刻变化的人。进入工厂的是与他的家庭没有关系的人。而恰恰在家庭中他接受了他的名字,以后,他又将他的名字授予他的家庭。我们的灵魂塑造活动,就在这名的授受之中。很自然,这一活动,在批量生产中是缺失的。技术效能的要求,使得工厂中的工作越来越完善且始终如一。但在自动化的工作中并没有灵魂,因为要想有灵魂,事物就必须是有待来临的事物(things to come);在一个个体手艺人的生活中有"灵魂",他在其工作结果的不确定性中能够体验到欢乐和痛苦。工厂将这一特权保留给少数科学家、工程师和管理者。而连续生产的压力[18]却意味着,甚至他们以及我们大家,都倾向于变成时间表的奴隶。商业状况的动荡起伏,也意味着无论是一家工厂还是一个个体的营生,都不见得能够长久;工厂将我们的生命砍斫为细小的时间单元,并使之染上一种极端的不稳定性。它并不是一间房屋或一个家居,人们能够一同饮食嬉戏工作、能够传宗接代。它本质上只是一种片面的、转瞬即逝的安排。

结果,现代人的工作就不再是投入一生并从中使得其人格成熟定型的工作。迅速转换工作已使他无可改变。我认识一个机械工,32岁时就做过50多种工作,我的这位点头之交还让我相信,这种情况并不罕见。在新约的年代,捆绑(binding)和释放(loosing)乃是一生中只会发生一两回的重大事件,而人们对之的敬畏则被象征为授予圣彼得的钥匙的力量——消解与重建效忠的力量。现如今心灵、身体和环境疾速的变化是如此频繁,我们已不再能够深刻地感受到它们并认它们为生死事件。悲剧已被稀释为终结与开端的长长的系列。

在这样一些情况下,我们被教导要轻巧且不负责任地对待一切人类关系。现代人的劳动状况排空了那些我们在成长过程中所由之出也由之入的人类伙伴关系。变化是如此疾速,我们几乎不能指望以彻底的献身精神投入或离开任何事情。我们获得了变化的安逸舒适,付出的代价则是肤浅;频繁出现会钝化感受的强度;我们来无欢乐去无忧。

结果,人的位格性就侏儒化了。①[19]经由欢乐和忧伤而成长的正常过程已不再触及人的核心。没有人能够在真空中变成为一个位格,而只能是在与其他人的关系中,并且,如果他在这些关系中四平八稳绝不冒险,那他仍处于童稚未发之状态。

---

① 参见 Eugen Rosenstock,《政治演讲集》(*Politische Reden*),柏林,1929,页48以下,以及《工场迁移》(*Werkstattaussiedlung*),Unters-über d. Lebensraum d. Arbeiters, 1922;J. H. Oldham,《基督教新闻报》(*The Christian News-Letter*),1941,No. 88。

因此，就像在闲暇中，在工作中我们也不仅规避多余的痛苦（这是对的），也规避了能促使人成长的痛苦（这就不对了）。十字架上的耶稣拒绝了能减轻他临终痛苦的药物。如今谁又能理解他的拒绝呢？

我们这一时代最大的诱惑便是缺乏耐心，就其完整的原初意义而言：拒绝等待、忍受、吃苦。我们似乎不愿意付出与我们的伙伴一同生活于创造性且深刻的关系之中的代价。从婚姻到教育、从政府到手工艺，机器时代人与人的关系已变得相互隔绝、缺乏耐心、没有担当。没有担当意味着尽量使一切关系都无关宏旨，剥夺了它们能产生成果的性质。我们一生的旅程中遇到过这么多的人，故而我们不会冒使自己从属于他们中任何一位的风险。正像我们喝去除咖啡因的咖啡（Sanka），吃没有麦粒的小麦面包。同样，我们有爱，却没有孩子；我们结交朋友，却没有灵感激励；我们有学校，却没有学统（discipleship）；我们有工厂，却没有技艺；我们有政府，却没有政统（succession）。每一次努力，在我们城市的石材表面传来的回声都是"那又怎么样？"动静大得不得了，却连个耗子也没生下来。每件事都结束得如此疾速。我们没有时间。

工厂强加在我们生命中的无根基、无节律的性质，反映了现代生活普遍肺痨潮热的步调。我们的生存是一种不断的中断。在办公室，思绪之流被电话打断；在家里，有人在调收音机。新闻变成了某种类型的药物上瘾，就像香烟。我们变成了一捆对应于红绿光的神经，开开关关。我们迷恋速度，不惜一切代价，又总像是活在公路上，世界就像是电影一样闪过。有个热情的朋友，驱车数百英里来看我；他一直盼着这次会面，可当他终于到了以后，却又想在十分钟之内离开。

[20]于是，现代人性急难耐的诱惑，其本身就表达了对万灵药和走捷径的嗜好。他想找到某种万无一失的方案，对他的一

切问题都能给出一种最终的解决,把他变成一架运转平稳的机器,就像是昆虫或蜜蜂,由此逃离他那神经质的步调。因此,像希特勒或赫胥黎(Huxley)这样的人就宣告了能够终结历史的观念——无阶级社会、卐字旗(swastika)万岁、某个"美丽新世界"——而乔伊斯笔下的尤利西斯(Ulysses)则叫喊道,"历史是我必须从中醒来的梦魇"。

正如在过去几千年的基督教历史中人们发现并验证了一位上帝和一个大地并为之而奋斗,同样,如今也是必须发现、验证上帝的独一无二的时间,并为此而奋斗,以对抗急躁难耐的人们的私有历史计划。引入历史终结的方案骤然挑战基督徒对摆脱时间束缚的信仰,而正是由于这一对时间束缚的解除,上帝从开端到终结都在眷顾着他的世界。

当然这里说的是机器工业。人们不想,也不可能将时钟拨回到16世纪。不可能以任何这类不现实的方式逃离现代生活的恶。倒不如说,这些恶于我们是一种挑战,要我们发现各种建设性的道路,克服劳动与闲暇之间枯燥的离异,掌握工业社会加于每一个体生命之上的不可避免的变化之结果。

公路上的灵魂

他们真想发动一个民族
靠着工厂和教育

整个世界都已经是建立在这居住区与商业区的二分之上。通过批量地进行制造者和家庭人的划分,我们在生产和教育上都达到了极致。我想我们应该继续以这种方式来制造和教育。两者差不多都是现代世界中最好的东西。[21]现代世界已将其全部思想都给了这两样东西,因此,它们近乎完美。

我会觉得,抛弃已被证明有效的生活方式是愚顽不智的。但是,我关心的是这一成就的代价。我们不会白白得到什么东西。做了制造和教育、工作和闲暇中的主人,我们却损害了生活的另外两面:生育和创造,即绵延生命和发现真正共同体的过程。旧时候,这两种活动就叫做:改天换地。但宽泛地讲,它指的是丰饶和共同体之根;后者是天,前者是地。

我们对近郊和过程的分析绝不是对美好过去的怀乡;我们也不否认 Willow Run 和 Armour 罐头机是效率的奇迹。就让它们继续干下去吧。

但现在,我们且来观察一下由这家庭人和螺丝钉之二分之中所产生的人。就在某一细微之处,我们就能发现他的问题究竟何在。那就在于他被期望讲两种语言。在商业区,言词是工具。在此,写一条好广告可是门了不起的艺术。在近郊的在俱乐部、教堂和家居里,你被期望使用一套正确的言词,若有人没有重复期望中的措辞,近郊从宁静平和可就化为齑粉了。再说,在工厂里,若我们无名无姓,"不管肤色、种族和信仰",我们如鱼得水。在近郊,我们留心一切圣名和对群体的忠诚。

这凸显了那种新现象:此处出现了这样一个人,他在一半时间里姓名俱全,另一半时间里则无姓无名。一般雇员的这两个世界相互了无干涉。在下城,人属于有组织的劳动,或属于非人格地代表其"利益"的群体。在家里,他的利益兴趣真正是人格性的。就这样,我之内的一个人,就在他乘车的时候,就把另一个人远远地抛在了身后。[22]现代乘车族的心灵平静,完全系于一种精巧审慎的区分。

那么,这个人又是谁呢,如果他自己就是下城人(Man downtown)和上城人(Man uptown)所构成的双重人格,如果可以说他是"Md(下城人)加 Mu(上城人)"? 他如何认他自己为依然是同一个人呢?

想要确认其最深层身份的人,就得关注这样一种基本处境:他既不是近郊的,也不是工厂的,却又知道有那两种处境在等待着他。当我们说"Md 加 Mu"等于现代人,我们遗漏了一种至关重要的因素。在对我们的时间和空间的实际要求上它也许是无限小的;但它在我们所有人身上都是存在的。有那么一个 x,我们必须加在 Md 和 Mu(下城人和上城人)上,那就是在一两个小时乘车途中的人。当我们在办公室和家之间乘车时,我们是谁? 全尺寸的人难道不是应该在公路上、在驱车途中发现吗? 也许他很累了。在某一方面,这头劳累的动物仍然是极其重要的。在公路上、在驱车途中,真实的人只和他自己交谈。

对于这一乘车者,现代文学越来越加以注意了。我们的作家们寻找他或她于下城或"蜜罐"(他的梦中家园)之表象背后的人格(person),他们却在公路上找到了他。在其小说《当冬天来临》(When Winter Comes)中,哈金森(A. S. Hutchinson)在其中一个段落总结道:"那乘车者,孤独地骑行在他的自行车[如今则是他的汽车]上,不可思议地悬浮着,也奇妙地逃离了粗鄙。因此,无论他回家还是进入他的商业世界,都带着屈尊的感觉。"①他的"屈尊"一词重重地打动了我——"我的优秀位格性"——这乘车者觉得,"只处于公路上。我交替担当的那两种社会形式,与此相比都是微不足道的。"

换言之,全尺寸的人格,只有在他为他那些更小的自我们觉得屈尊时才会遇上。

[23]由此,我们可以得出结论:我们不会因进入商业区或进入近郊而得到完整的生命。很久以前,我们就被告知,如果使徒们来到我们的时代,他们就会是报人,要不然就去乡间别墅赴宴。我不同意这一点。

---

① 波士顿,1921,页 41 以下。

人在公路上作为一个乘车者时才具有其最完整的潜能。

试着在这儿遇上他。在公路上为灵魂建一座氧气帐篷。要是这一点能办到,那当他会在城市和近郊的一切屋顶下佝偻变小时,他自己就会进入这座氧气帐篷。

虽说人们似乎言说于近郊,活动于其生意场,我们却绝不可责备他言行不一。其真正的灵魂不会变得清晰连贯,除非是在公路上遇到它。

这一会面之地需满足两项要求:他必须在既非属于近郊亦非属于办公室的那些属性上为他人所承认。他必须洗刷掉使他变小的这两种性质;他得设法区别于这两种环境。

有所区别并在这差异中为人所承认,乃是两项要求,由此,我们时代的趋向——即人越来越变成其环境的产物——能被遏制。

当世界提供给人一个与人接触的机会,它或者把"同样背景",或者把同样前途(职业、党派、年龄等等)的人聚拢在一处。这就是世界。世界窒息了我们的灵魂,将我们投入社会的原罪,由世界所要求的分工而造成的各谋其利的孤芳自赏。哪怕是外行,一旦作为外行被召集在一处,那也是太专业的外行。而流浪汉年度大会则是专业集会中的极致。

必须创立一种活动或者一种表述方式,公路上的灵魂由此能够鼓起勇气,拒绝这种对背景或前途、近郊或工厂的认同。

这些灵魂在公路上的会面有两种可理解的内容:对背景和职业的严苛判断[24](这些背景和职业束缚着我),以及从中逃离并加入到不受社会原罪之限制的伙伴关系中的喜悦。诅咒、指责、揭露适合于一个群体,该群体借此会将内在的人从其"心性"(mentality)和"质料"的背景与前途利益的网罗中解救出来。

清教徒们对诅咒的虔诚的恨(the pious hatred)如今已使人缺乏祝福的能力。要是丧失了诅咒的活力,就没有人能够祝福或被祝福。我们的社会是这般彬彬有礼,它不会去诅咒社会的恶,反而更乐意亵渎上帝。凡不会诅咒其律师、教师、医生、教士之职业缺点的人,①总免不了要为它作辩护,不惜牺牲其灵魂的健康。那些医生,若今天这样为其医学做辩护,反对一切外在批评,且在任何地方都不能与其批评者无私地相互联系,必定会损害其灵魂。因为在公路上,他的灵魂更清楚其职业有何问题。如今,孤寂的人所知道的任何事物,为了其得救的缘故,他也必定会在其伙伴中间袒露。因此,公路上的灵魂必须认识到纯粹职务活动的危害。既然我寄希望于使我自己变得有别于我的社会功能,则伙伴关系的新形式就必须包含对这一社会功能的诅咒。

公路上的灵魂在寻找这样一些群体,在这些群体中,处于宇宙运作过程(即身体的活动)中的、在坚忍的静默(即没有异端式的骄傲)中的、在热切的期待(即没有任何"背景"的保证)的人们,凝聚在一起,使得混沌、黑暗和混乱能够烟消云散。承认混沌、混乱、蒙昧正在折磨他们的人,在伙伴关系中,就能驱散它们。而随之而来的,唯有一种宇宙秩序的曙光[25]。被称为基督教的宇宙进程,则除旧布新。

得承认混沌、黑暗、混乱乃是我们的共同遗产,而且我们这一遗产的罪能够得到宽恕。社会混乱绝不能变为和谐秩序,除非人们心中装着这一混乱,并把它当作自己心智上的混乱,除非他抛下其学术观察者的面具以及其心智自足性(常被叫做客观性)的骄傲。

某个一度伟大强盛的民族站立在我们面前,给我们上了有

---

① 在欧洲,各国因这同一种缺陷而腐败,越来越多——而不是越来越少——的民族相互交谈起来就犹如代表了其 en bloc(整个)国家。甚至各教会也被看作是国家(nation)的一部分。五旬节真的已被废除了。这些集体精神错乱形成了对立一方的夸张。

关这一普遍法则的奇特一课。伟大的法兰西民族将永远充满荣耀,因为在法兰西,单个个体被颂作新亚当,并被颂作天才(genius)。甚至是教会——起初它被大革命所拒斥——当1800年一位作家赋予它以genius地位之后,也就被接受了。夏多布里昂(Chateaubriand)的《基督教精神》(*Le Génie du christianisme*)获得了书籍史上最令人惊异的成功之一。它使殉教者和修士的教会披上"genius"的外衣,而且,将它与genius的人道主义原则相联系,1789年的各种理念就变得与基督教相协调了。当它——像其他每个人一样——为genius提交了信用证之后,教会就得到了法兰西的公民权。①

但是,一位年轻的美国外交家却生动地描述道,②这同一批个体天才却没有能力承受共同或群体的苦难:

> 可怜的法国人,他们遭受着每一个人的罪,一如他们自己的罪,就因为一百年的冷漠和忽视。他们就像是人们在小巷里见到的小狗,因为常常挨打,你想上前抚摸一下都会冲你咆哮。也许在美国更好。法国人让我苦恼。他们彻底是一盘散沙,每个人都独自对付自己的恐惧。他们就像是沙粒,每颗都一样,各自为政、贫瘠不毛、相互摩擦,而不是像一个民族所应有的那样如同一片温润、厚重、粘结的土壤。

[26]忍耐如今是最高的德性。我以前总是认为,战争需要的是某种不管不顾的勇气,但事实上,战争所需要的则是某种勇敢的忍耐。在这些隆冬时光,如果我们忍耐、平静且坚韧,我们就能听到去年种下的根苗所发出的头一阵隐

---

① 有关法国人对genius的迷狂,参见页133的例子。
② 出自一封写于1942年的信。

秘的骚动。我安慰自己说,哪怕是在沙漠中,你也能够掘井汲水,而如果你有耐心,沙漠也能像一支玫瑰那样绽放。

霍普金斯(Harry Hopkins)第一次访问了英格兰之后,带回了某个特别生动的发现:一个民族的力量取决于其深度组织的程度。我想,我们这个世纪有待解决的最重大的问题之一,乃是由新工业技术和政治组织所带来的社会分崩离析。

家庭、行会、教会、甚至是共同体(如在英格兰),统统都消失了。工作营(work camp)是重新整合的一种形式,但在其他领域,别的形式也是可能的。

法国人给了人们一种可怕的榜样。每个人都孤立在他自己的希望与恐惧中。他们相互之间没有交流的手段和形式。每个人都是孤独的。

想一想,要是我们被德国人征服了。要想组织我们最后的解放,我们不能像1775和1776年那样求助于家庭、教会以及市镇集会。在某件事上,你我也许能够求助于我们在威廉·詹姆斯营(Camp William James)所结识的朋友,我们知道我们可以信任他们,因为我们先前曾与他们一同工作。但法国人没有任何可资求助者。这一景象可真是可怕。

深度组织的原则不光战时有用,和平时也需要它。它不但可用于我们的外在边境,也可用于我们的内在边境,不但用于征服德国人,也用于征服浪费和冷漠。……

基督教本质上是和平的战争:它将战斗前线血淋淋的牺牲分散为[27]贯穿了整个生命的平均、然而又是恒久的牺牲。世界大战可为每日的战争所替代。未来的信仰士兵必须发动针对机器时代人类关系中的淡漠与怠惰、冷酷与贫乏的战争。我的这位朋友为什么要给我们写这封有关法国人的信呢？我们曾经一同为某事而奋斗，而他，则将他在法国的经历与我们在曾经孜孜以求的伟大时代作了比较。既然摆事实才能更好地讲道理，那我现在就要对1939至1942年威廉·詹姆斯营所从事的针对怠惰的战争说几句话。

威廉·詹姆斯营创立于几年前，当时，来自各学院和农庄的45个年轻人，带着合众国总统的祝福，决定来到一个佛蒙特小镇，并且在这一共同体体现出一种独树一帜的同龄群体——因为现有的教育体系使得年轻人不满于继续留在农庄，而把他们集中于各大学学院也就抽干了他们这些青年的所有的小共同体。

由临近九个小镇325人签署的请愿书寄到了华盛顿，支持这项事业。我们当然可以想象，为了这一壮举，也着实作了一番准备。成员们也决心服务一整年。

其结果就成一段既再造共同体，也再造这些青年男女自己的生命过程。年长一些的人，看到了其小镇的全新前景，觉得自己焕发了青春。以前，这些地方的市政管理者们（Selectmen）对其小镇的未来根本就不抱期望，而今，新生命突然变得似乎可能了。小镇有未来了！年轻人长到了每个遇上他们的人都能观察到的高度。有个朋友评价道，"这些男孩现在已是男人，再也不会幼稚柔弱了。"他们已经扎下了根，如今他们稳固地接入了由一代代人延续起的链条，不仅仅是生理上的个体，而且完全是精神（Spirit）的代表和体现，将他们自己的精神献给[28]其他年龄的群体，犹如人的完整生命中强劲且不可或缺的成份。

威廉·詹姆斯营将其成员派往乡镇地区任何一个需要劳力的农庄，到了晚上，周围农庄的人们雇用的年轻人一起回到营地，交谈、歌唱、重塑道德。营地不是个工人教会，而是个教会工厂；它是个青年志愿者的家园，他们的老板们则来到此地，获取新的信仰和希望，同时，它也是个雇员们的合作社，他们走入旧时的农庄,亲近有着谷仓、田野、教会和小镇集会的百年传统。这些年轻人的言与行发自同一种生活轨道。工作与崇拜(work and worship)再一次统一了。①

这些年轻人的成就激励我出版本书。他们证明了,灵性移居此世(spiritual immigration into this world)并不是梦想。威廉·詹姆斯营的希望,乃是向衰落的社群投入一批未受束缚的自由青年,不考虑背景和职业;与他们一同生活的年长者,也会"剥除"哪怕最壅塞顽固的既得利益和背景。因为我们的教育十字军已经用他们的狂热成份细细梳理了我们的城市和乡镇,并将这些成份集中于寄宿学校、幼稚园或学院,所以社群充满了人造的平静。威廉·詹姆斯营则向本地青年流失至学术体系的小城提供了回报:从所有学校派出代表,以炽热的同伴友谊,解除老年人经济上的烦恼。

"年老的"人,就是所有那些对世界的某一部分——一片水中倒影、一方花园、一项工作任务——负有责任的人。从这里,他们必定得回到十字架的中心。而通过与"年轻人"的接触,这一节日般的感受获得了。

美国1890—1942年的过渡期,看到了教会退却[29]至近郊。因此,教士们就蜕变为人道主义者、社会工作者、和平主义者。我们不能责怪个体。社会状况使各教会失去其实在性。它们不再矗立在人生十字架的中心,而是站在私人闲暇的一边。我们不会卷入与近郊教会心性的论战。写作本章时,我们的全部愿望就是要使教会从闲暇活动之地重新回到十字架的中心。

然而,作一番比较就能突显工厂和近郊加诸我们的危险。从前,人们被告知,教会之外无救恩,Extra ecclesiam nulla salus。于

---

① 对威廉·詹姆斯营的最佳描述,见切斯(Stuart Chase)的《考察图记》(*Survey Graphic*),1942年5月。

是,加尔文(Calvin)烧死了赛尔维图斯(Servetus),路德宗烧死了那些女巫,宗教裁判所(Inquistition)则烧死穆斯林、犹太人和布鲁诺(Giordano Bruno)。因此,我们就下了那一断语,可它却明显是被滥用了。现代的福音传播者走到了对立的一端。他们被与之相对的格言吓坏了。远离了所有的断言之后,他们如今却必须记得:Extra crucem nulla ecclesia,十字架之外无教会。

罪的新本性

可为什么要给生命加上十字架这样的额外负担呢?你难道不承认,在近郊和工厂,人已变得太温顺了?你描述这一现代人的方式,要不然就是幅漫画,要不然,如果它是真的,其结论也显然是:他不再能犯任何罪了。在家里被驯养,在厂里又被科学管理'泰勒化',这可怜的家伙是这般贫血、这般循规蹈矩、这般可预期,人们都恨不得他能多犯那么一点罪。做点坏事,他才能让我们感觉到他的活力。那为什么还要在一个没有罪的世界里宣讲十字架呢?

这番话倒也在理。的确,现代个体真的是无罪得不可思议。就像"处女"和"青春期"一样,"罪"这一表达也很快就烟消云散了,因为真实世界满足于[30]男孩女孩以及习性。我还要在我对手的这番话中加上我自己对罪这一话题的对歌(antistrophe)。①是的,罪消失了,这我得同意;可又到哪儿去了?

所以,这就是我的对歌:当我说的话有意义,当我行的事是我的事,这日子就是幸福的。罪的大名建立在这一假定之上:我

---

① 古希腊戏剧中歌咏队随首节并以与首节同格律进行的舞动,当舞动与首节方向相反时进行咏唱。——译注

能够行事并且我所说的话有意义。罪就是我的言与我的行之间的矛盾。只要行为不是我的行为,并且我的言语只是没有果效的空谈,那么罪就变得不可能了。我们已经看到,这一点因我们对制造和消费两大领域的划分而发生了。在科学管理之下,工作不是我的工作;它在我的生命中没有任何意义。在近郊人行道的树荫下,我的言词也没有什么意义。只要我的言词为我的工作定立法则,我的思想、言词、活动的交错,就决定了它们或者善或者恶。但如今,一家广告公司让那年轻作家将那最新的生发油夸成世界第八大奇迹;那为什么还要坚持这一点,跟他过不去呢?那些词儿又不是他自己的词儿。另一方面,当同样这个人回到家,写打油诗逗他妻子开心时,他到底是用"地狱"去押"有趣"的韵,还是用"上帝"去押"游戏"的韵,也根本就没有要紧,仅仅是一种套话的游戏而已。①

"我们已经解除了言与行的相互作用;我的行不再是我的行,我的言也不再有意义了。"

可我的对歌还得继续下去,"公路上乘车者的叫喊不是为了悔改,而是为了活力和交流。那么,罪又在哪里呢?它又到哪里去了呢?"就让"尾歌"(epode)来回答这一点吧:

> 罪变成集体性的了。同一个医生或制造者或机械师或教师——他是这般温顺善良而又疲惫,既没有时间也没有机会犯罪——属于一个或一个以上犯罪群体。他属于一个专业群体、团队和集团。他们替他犯罪。而在[31]家里,他和其妻子成了社群中一切运动(drives)的牺牲品。

现在再来看看反驳的意见:在公路上,我们看不起我们自己

---

① 见以上页65。

职业或者邻里间"运动"的细微琐碎。但就在同时,我们却拥有这被某个秘书吹上了天的职业或运动。我们的工作或配额,变成了一头笨重无用的白象。看到这些社会压力集团,我们就发现了罪的本性,作为个体,我们是很难理解它的。美国参议院的支农集团和医学会的罪的精妙之处,就在于犯下这些罪可以不违背我们的法律。因为这罪不是刑法上的刑罪(crimes),虽然许多人以为如此。因为罪(sins)和刑罪本性上很不相同。远在一行为或疏漏被规定为刑罪之前,它就可能已经是一宗大罪。而法律上被规定为刑罪的某些东西,则可能不再是罪。我们的法典诚然与罪行进在同一方向,试图将它们转变为刑罪。但罪却总是远远走在它们前面。因此,罪的一种新本性就没有被刑法规定为刑罪。相反,我们的法律则怂恿我们犯这罪。唯一的麻烦乃是,罪的这一新本性削弱了我们的生命活力,将我们变成了侏儒。它破坏了我们自己真正的本性。

　　如今,只要罪的本性改变了,基督教的本性也就改变了。可以从经验中合理地推论道:近郊和工厂背后的新罪,迫切需要一种新的基督教观。

　　一如以往,未来的基督教也必须通过能打动人心的事例才能继续其使命。在压力集团之罪的未来年代,有什么东西可以取代它们的角色和团体呢?需要的是伙伴关系的新形式。因为来自住处和职业、气候和信仰差别悬殊的男男女女,将必须各自走出工厂与近郊的贫瘠隔绝,并笑话他们为院外活动集团(lobbies)所代表的处境。近郊彬彬有礼的闲暇生活和下城艰难尴尬的斗争,两者都必须[32]服从一项新的人类等式。生命必须有一种新的交流。但是,发布这样的预言,我们乃是在刺激重视现实人的耳朵。各种潮流都在反对我们。在近郊投资起了房地产;通过工厂体系,生产制造允诺了一个富饶的时代。只要我们没有说明在未来任何反潮流的东西如何能够有存在的空间。要说未来"基督教必须这样",那就是一句空话。杰素普教授(Professor Walter A. Jessup)就在他去世前不久一次令人惊讶的谈话(与威廉·詹姆斯之子和我自己)中,说到战争的道德等价物,坦率地对我说:

> 我们在一个方向上投下了成千上万的美元,如今这就是潮流。而现在就因为你觉得你是正确的,你就能改变潮流?

他表达了一个重视现实的人对一种空洞的理想主义的厌恶,当生活日复一日都事实上行进在一个方向上时,这种理想主义却在主张一种与之完全对立的标准。

过渡时期的美国是一个事实;工厂是一个事实。因此,对于一个重视现实的人,这些事实就预告了未来。因此,我们就应该有更大更美的近郊,以及越来越正确地大批量制造。

但重视现实的人对于未来却是不切实际的。他只是将他爷爷的信仰付诸实践。重视现实的人,虽然他自己常常不知道,却也在身体力行一种过去的哲学。出于这一原因,他并不知道未来的秘密。

本书的真正实质,由于考虑到未来在性质上有别于过去,所以既反对理想主义,也反对重视现实的人。只是作为潮流从过去一直向前走的,并不就是真正意义上的"未来"。它只是靠一份签发于过去的延期签证在旅行。在人类历史上,任何一种未来的条件都是与过去决裂。任何过去与任何未来的关系,都不是由潮流,而总是由战胜潮流所造就的。另一方面,理想主义者只是潮流的旅伴。他意愿上反对[33]潮流,而没有任何潮流受过人类意愿的影响。理想被碾碎了。理想主义者则飞奔于他所反对的各个方向。

然而,有第三种态度。我们时代的记载在这一方面则毫无异议。未来既不出于现存潮流的扩展,也不出于意识形态上对它们的反对。未来必须是创造出来的。

事实上,当平民百姓的心灵在制造和交谈时,未来就已经被创造出来了,而国家则已经由我们的士兵们替他重新建立起来了。所有的社会秩序蓝图绘制工作,加上近郊、工厂、公路上的孤独灵魂、华盛顿的大集团,却遗漏了其他一些所在——如硫磺岛、冲绳、突围之役、雷马根的桥头堡、诺曼底的突围以及空袭后在施围因富特河上失踪的 453 个人。[①]

这难道不奇怪吗?战争难道是偶发事件?各处战场是我们地理学的一部分,恰如华尔街上的股票交易所或者帕萨迪纳湾运动场?

海德公园、纽约的教区代表以及华盛顿特区最忙的人,如何能够变成一千一百万公民——士兵的总指挥,却又和他以及国家的意愿相违背呢?

脱离我们的时代

的确,在我们的思想体系中,战争似乎是一种偶发事件。战场不是我们教育观中"环境"的一部分。我们的教育体系不会提出和回答这一问题:为什么战争是不可或缺的?要想让他们有所回应,我不得不说"不可或缺"。"不可或缺?"他们咆哮道,他们被吓坏了。除非和平被用于创造未来,否则战争就是不可或缺的。最近 50 年,靠工厂和教育推动着国家,却遗漏了创造未来。因此,它们将国家推向了战场,并且[34]脱离了我们的基督

---

① 以上均为第二次世界大战太平洋战场和欧洲战场著名战役的发生地。——译注

教时代。在我们整个时代,人们知道,若没有日复一日对未来的创造,战争就是不可或缺的。因为这一时代开始于一个人,他说他带来了刀剑,他说会有可怕的战争,他说他是和平之王。

因此我们可以猜想,在过去 50 年间,我们脱离了我们的或者他的时代。我所相信的就是这一点。

在以下对过去半个世纪的回顾中,我希望读者看出对我们时代的这一有意脱离。我把这一脱离叫做过渡期。因为没有任何东西是明确固定了的。人们脱离了最基本的原则,却没有用任何东西去替代它们。除非我们承认这一过渡期是一种脱离,否则我们就既没有欲望也没有能力回归我们的时代。然而,没有你我继续我们时代的欲望,我们就注定要用言行自相残杀。我们的和平将取决于我们的共同目标。使我们的时代获得新生,就应该是一切有良好意愿的人们的目标,而一切其他目标都不能不使我们相互分离。

但当然,我们的父辈、祖辈以及我们自己可不是傻瓜。我们也有脱离这一时代的理由。在批判这一脱离之前,我们得想办法去理解,为什么 1890 年之前人们称之为基督教的生活方式,此后却变得失却效力了。近郊和工厂使基督教"背景"变得仅仅是一种背景。而没有任何人会崇拜一种"背景",就像他的祖先信仰上帝、信仰大公教会和圣徒相通(Communion of Saints)那样。向刚刚消逝的过去投掷石块是无济于事的,除非我们先得知道我们不应且不能回归到哪种"背景"之下。

孩子不是成人之父

过去的基督教背景不再起作用了,因为它意味着使每个母亲都成为教会的形象,每个父亲都成为政府的形象。现代近郊使得[35]姑娘都成为艺术的形象,而工厂则使得每个小伙子都成为科学的形象。从1500到1900年,基督教改革的几个世纪,我们着眼于教会和国家;而现在我们则着眼于艺术和科学。这两股潮流都侵入了家园和男男女女的人性,激励他们做父亲做母亲、做儿子做女儿。但是,如果说基督教改革要求家庭成员首先去做父亲母亲,那么现代的侧重点则在于小伙子大姑娘、男人女人。教会国家把我们当成父母和子女;艺术和科学却把我们看作个体。

如果读者允许我就基督教改革几个世纪的成就多说几句话,那将是因我们向未来的行进而支付的股息。

基督教改革的几个世纪影响及于基督徒们的整个生命:既有罗马天主教徒,也有所谓的抗罗宗以及各小教派;事实上,这一时期开初,就在1500年之后,罗马教会所迈出的一小步,就很能说明我们此处所涉及的观点。而这一事例也像路德自己的改革一样突出。

忘记一切神学争吵,我们现在所探寻的是1500年以后所有基督徒所着力制定的生活道路:1500年以后,罗马教会开始更强调对圣约瑟的崇敬和神圣家庭的观念。与此相应的是数十万还俗的修女修士——进入一个他们不再具有任何氏族纽带的世界。这些高度个体化的人结婚后,他们就带给了新家某些完全不同于旧式婚姻的东西,在以前的家庭中,自从孩子们呱呱坠地,父母与孩子间就结成了牢固的纽带。而这些新式的这些家庭则充满了一种为氏族婚姻全然不知的个人体验。而在每一个基督教村庄和宗教改革的教区,这种两个真实个人的联合,就成了模范家庭、模范基督教之家的基础。

[36]由此,每一个父亲都变得知道应在他自己家里行使教士的职责,他的家就像是整个教众集会的翻版。而基督教改革的几个世纪则从异教手中为基督教赢得了一片全新的人类活动领域。1500年以前,"家庭"中是没有基督教仪式的。家庭仪式

由经济传承所规定。农民的儿子做农民,裁缝的儿子做裁缝。在宗教改革前所谓的中世纪,父母就像今天这样在宗教事物上无能。教士们担心民众家庭中出现的异教迷信。各修道院和大教堂是检查普通人非基督教传统的中心。晚至 1600 年,狂欢节、五朔节、巫术、寻常家庭的童话,还完全是前基督教的,而就像《金枝》(Golden Bough)中所说的,甚至很晚以后也是如此。詹姆斯·弗雷泽爵士(Sir James G. Frazer)也许会写道:无论是罗马帝国还是教会,都没有抓破寻常人一直到这一时期生活的表面。

但基督教改革的几个世纪至少开始相信平信徒家庭了。他们的确赋予了家家户户过去只有教士才能行使的一部分职责。比如说,中世纪的人常为幽灵、魔鬼所纠缠;而这些则是前罗马时代的遗物。只有在被祝过圣的教堂建筑中,一个 1500 年以前的人才会觉得很安全。宗教改革在家居、谷仓、庭院和大路上追剿这些精灵的残余。路德与魔鬼的斗争和他的婚姻,乃是一体两面的。而符滕堡州罗滕堡市(Rottenburg in Wuertemberg)罗马教会的主教——他 1925 年在一封教牧书信中充满感激地回忆起孩提时每天早餐前人们给他读圣经——则赞颂这一新的更体己的亲近基督教日常生活的道路。因为每一个家庭如今都已被浇筑成一个灵性的整体,而以前它只是个家业传承和经济的整体。在平信徒家中,通过读圣经、唱赞美诗、用母语做共同的餐前祷告,[37]这些家庭获得了一种新的力量:它们能够对其成员维持其控制力,哪怕他们选择了新的职业。在过去的四百年间,自由选择职业的风气扩散至全世界——这一点我们看作是理所当然的——乃是这同一家庭力量增长的必然结果。因为,尽管一个儿子成了律师而他父亲仍是个农民,他也还会认他父亲为灵性上的长者。生命的核心真理,儿子还得从父亲那儿学习。家庭的忠诚如今已超过了父子活动的质料同一性。他们会在灵性上相互承认对方。

现代父母正在他们子女面前迅速丧失这一地位。他们奔向了学校和夏令营,灌输给他们的是时代的精神。在工业革命之前,父亲会当着子女的面下跪;他歌唱、阅读、讲述他的信仰,而因为他的工作也是当着他们的面干的,他的信仰和他的工作就相互交织在一起,因此基督教家庭这一说法,也就名副其实了。孩子们心中则产生了这样的悖论印象:他们应该以远远超出其父母的世界的方式前行,但他们最初走上完整灵性的道路却依然是多亏了他们的父母。

孩子们不会忘记在我们的制度塑造下他们会忘记的东西,即孩子们一开始是乱撕乱抓的,就像一头小动物。而孩子们若没有达到其父母的水平,就谈不上什么进步。最初将一个孩子提升至责任和奉献之高度的人,可以是来自任何一个社会阶层。然而,他将是个真正的为人之父。19世纪的诗句,"孩子是成人之父"(The Child is Father to the Man)①,还必须补上相反的意思:能够使我们身上的动物变成人的父母,才是一个孩子的父母。孩子不是成人之父。父母是那些唤我们的名,并以这名的力量让我们行动言说的人;当他们的爱将这名赋予我们,我们也觉得我们配得上这名,我们觉得心安。[38]身体上的繁衍与为父之道毫无关联。后裔和为子女之道,完全是两回事。

至关重要的是,读者应该看到这四个世纪的基督教家庭生活,而不必在乎任何的教派偏见。②

宗教改革的社会—经济实在就在这里,在此基督教的内在自由能够体现在日常生活之中,在此活生生的信仰变成了实实

---

① 西谚,含义近乎中国人所说的"三岁看到老"。——译注
② 见作者的《教会之祖》(Das Alter der Kirche,与Joseph Wittig合作),页677以下、805以下,以及作者的《出于革命》,页427。

在在的成果。一个臣民自然要服从其君主,但他作为一家之主和神意感召的追随者的行动,却只消对上帝负责。

在那些年代,家庭是个既制造又消费的典型的经济单元,而不像如今的风气,只是食宿之地。比如说,如果一个人是个工匠,家也是他的作坊,围满了他的学徒,他们与他在同一张桌子上吃饭,一起参加家庭祷告。孩子们就在这每日里同歌、同祷、同食、同戏、同工的完整的小世界中成长起来,而他们教育中最稳固的那一部分也得自于此;而如今,他们所学到的每一件事几乎都在家庭以外,在学校里或在大街上。这样的一家之主是由新教生活方式哺育起来的典型的基督教人格,基督教的教诲首先就是向他传递的。通过对其家庭成员所负有的个人责任,管教他们,他也获得了成熟。

这样一种背景结合了工作与崇拜,这就是真正宗教生活的精髓。在每日的祷告中,一家之主的行为就像是个家庭牧师,而经由他而抵达其他人的圣言(Word)则通过工作与伙伴关系的人伦氛围而得到彰显。《圣经》、赞美诗和祷告向心开口,因为它们不是在真空中言说的。

打断了有形教会特有的神圣性,[39]路德前所未有地使基督教精神进入了家庭中的工作与崇拜。

将圣言的圣事移植进每家每户,使父亲行使牧师的职责,宗教改革的几个世纪就将此前只是自然世界的一部分基督教化了,这一部分亘古以来都以它自己的方式运行着。但它达到这一步,靠的不是某种意识形态计划的煽动。通过使生活成为能打动人心的榜样,它改变了所有人的生命——基督教历来就是这样做的。

如果我们转回到我们自己的时代,我们一下子就能看到,基督教家长已丧失了他在日常经验中的立足点。道德自由的整个领域——对应于外部的法律领域——已让位于工业体系的严苛法则。人不再在私人的志业而是在工业功能中谋生。家庭不再是个经济单元;现代个体不再通过家庭责任成长为人;工作与崇拜分离了。多亏了工厂以及它所蕴含的一切,人的劳动已与他的传授权无关,这种传授权曾经是一个师傅此世生命的最高价值。

如果新教价值天平的一端变成了零,另一端就会倾覆。当经济领域不再是个体自由的领域,国家就有变成吞噬一切的利维坦之虞。以前,通过维持教会与国家的二元性,基督教世界(Christendom)获得了独一无二的人的自由,这是其他各种文化所不知的:每一座世俗之城中都至少得有一座建筑物,它不是源于民族;当人们从国事堂(State House)走到教徒聚会所(Meeting House),他们看到的是两个世界,一个是民族的,另一个是神圣的,这这种忠诚之间的选择使他们免于为他人所奴役。

人们造出"国家"一词,用来表示一种行使于一定领土之上的权力,它则缺乏创造本地崇拜(local cult)的权利。哪怕是最专制的国家,也只是有一个建制教会,而不是一种维茨利普茨利(Vitzliputzli)或沃坦(Wotan)的建制宗教。国家的多元性,[40]对应于教会的普世性,乃是基督教对政治生活的独特贡献。如果只存在一个国家,那我们可就连气都喘不过来了。在基督教以外,"国家"是神庙的附属物;它们该被叫做"庙宇国家"(temple-states),而非国家。"国家"则是减去了神圣层面的领土层面。

以前,作为经济单元的家庭既是教会也是国家的基础。现代社会的状况瓦解了家庭经济,国家则欲成为一个喂养每个人的超级家庭来取代它。就其所成功的取代而言,它也将不可避免地融化教会,因为已不再有任何的私人经济以支持教会对抗国家。这样,我们就到达了德国和俄国的极权主义体系,它们融合了三种政治体:教会、国家和家庭。要是我们规划一个世界国家(World State),那它就会既有经济上的严格控制和政治上的自以为是,不久之后,领导它的就会是个部落首领,人们就会崇拜他,因为是他喂养了他们。当我们走向越来越广泛的经济一体化,我们就必须注意到,经济边界不可与政治边界相一致,以免丧失自由。而我们一切的教育活动,须强调支配我们此世生命的各种权力的多元性,以对抗经济超级国家的紧密的部落主义。

　　在先前的这几页文字中,我要指出的是,为什么任何仅仅想要重新肯定以往的新教价值的努力是注定要失败的。人格自持自主的时代已经过去,因为其现实中的经济基础已崩溃。现代的个体——外看是无家可归、慵懒无能、没有担当的流浪汉,内在上则是个犬牙交错的神经冲突迷宫——恰恰是基督教族长的反面,1500年以后基督教福音就是向这些族长们传达的。他太虚弱,不能独自站立。他不能因信而使自己称义,因为他是个天生的不信者——不仅是在宗教事物上,而且还在与他自己的关系和日常生活中的本能和决断上。[41]想要使他按照传统方式皈依,并让他开始忏悔他的罪,将是桩无望的行动。只有当我们卸去其孤独的重负,并通过一种与他的伙伴们分享希望的生活体验使其自然的信仰能力复苏,我们才能指望在他身上复活基督教信仰。初步的希望体验,而非信仰的核心体验,必须在新时代起主导作用。这样,罪的本性就改变了。基督教开始时,罪隔绝了人们。如今,它则越来越多地使人们禁锢在社会的监督之下。我们时代最大的犯罪者不是个体,而是群体。个体要克己无私得多;但由"他们"所构成的群体则渴望权力、需要权力、行使权力。作为各国的公民,我们有理由识别我们直接间接所从属的世界大军的宗教含义。因为世界就是一支露营的军队。再顽劣懒惰的孩子,至少大扫除的时候也能调动起来。当我们移开近郊和工厂温情脉脉的幕帘,是不是说战争就是我们所从属之地、我们的家、我们的地狱?不管怎么说,战争共同体和正在交战中的各共同体必须被包括在我们对我们自身本性的思考中。从前景上看,我们似乎能够靠艺术和科学、靠教育和制造而生活。但我们因召唤而生,听召唤而死,又是谁在召唤呢?

许多好人都厌恶不诚实,厌恶多重忠诚(divided loylty)。因为和平主义,他们变得既否认国家又否认教会。他们希望诚实坦白;而他们却看见了矛盾对立。他们脱离了我们的时代,这一时代以为,战争是不可避免的,破坏只是短暂的间歇。我们安慰他们说,我们并不是渴望回到天主教或清教主义(Romanism or Puritanism)。我们向他们承认过,先前的基督教"背景"已经过时了。但如今,脱离我们时代的人来攻击它时,也不能说它是不公正的。他们对一个可怕的两难困境给出了一个可怕答案。就算有这个两难困境,他们也还是[42]背弃者。而他们试图做出如此厚重的近郊装饰,透过进步教育的天鹅绒帘幕和地毯,连战争和革命的隆隆声也听不到。

东方对我们的入侵

现今,在1940至1945年,交战状态和和平主义已攀登至新的高度,有骑警和突击队,也有良心反战者的宿营地。人间杀戮是大批量的,而藐视战争者也组织有序。

数不清的好人身体上卷入了战争,但心灵上的和平主义气质却挥之不去。一个未被打破的勇敢战斗记录,对一个国家是一种什么样的冲突!但一千多年来,中国人却多么习惯于轻视当兵。可是,如今,中国正投入其头一场热血沸腾的现代民族战争,而很多的美国人却认为战争热情是可鄙的。他们甚至鄙视自己也身处一个人们依旧互相射杀的世界。前几十年中最悲观最达尔文主义的诗人,杰弗斯(Robinson Jeffers),则鄙视美国人卷入了这场战争。在他事实上粗鄙不堪的诗集中,①他说

---

① 《对太阳发火》(Be Angry with the Sun),纽约,1943。

美国是个正在衰亡的帝国,他还说,对于这种命运,他以前还把它想得太好。他的例子证明了,对战争的蔑视,已远远超出了美国有组织的和平主义的范围。这样一种形式是欧洲人很不熟悉的,在欧洲,人们惧怕、憎恨、诅咒战争,却从不蔑视它。

这么说来,可能是东西方互换了角色?

我并不是说是有意识地交换某种纯粹实物,就像做生意或者在艺术或思想中某项有趣的东西,甚至像神智学会(Theosophical Society)为了激励我们的灵感而引入佛陀、老子、孔子的思想,或者日益增长的[43]中国文学热。与它们相伴随的是贸易、传教、工程和教学。它们并没有撼动我们社会的基础,而是对它有所贡献。能让我们说"东方入侵我们"的过程,并没有贴上"东方制造"的标签。比如说,和平主义拄着人道主义的拐杖而四处播散,或者它得到了登山宝训(Sermon on the Mount)的支持(虽然我也仍然得在这里边找到某个和平主义词句)。我的意思是说,神智学会进口至美国的东方思想,还不及实用主义所引入的百分之一。

约翰·杜威

实用主义者杜威,进步教育的主保圣人,将我们的近郊心性从受教会或国家役使的状态中解放了出来。他已经变成了西方世界的孔夫子,教育圣哲。他的崛起,取得对我们教育体系的影响力,令人印象深刻。更令人印象深刻的,乃是因为他自身教养以及其生活所体现的信念的原则,属于基督教改革的时代;而他的活动和影响则属于过渡期的美国,属于对我们时代的脱离。

生于1859年,杜威成长在佛蒙特州,完全是在基督教遗产的影响之下。父母们依然带着对上帝的敬畏,带着他们自己的信仰,带着爱好,教育他们的子女,而出于这一热烈的信仰,还打起了一场战争:美国内战。拓荒者们每天成打地建立定居点(communities)。教友集会通过上教堂前后喂喂马,①从生活的方方面面来教育民众,并由此开始好友们哼着曲调值长夜的民主过程。就这样,几个世纪宗教改革的纪律就沁润到他们的心中:无私的兄弟之爱和全身心地奉献与他一生的工作。就像一个工匠或老式手艺人(他常[44]让我想起这一点),杜威从来没有经历过过度劳动、对周遭环境漠视、居住区与商业区分裂这一类的非人格化的影响。而我(我曾经遭受过这些灾难),看得很清楚:这些东西并没有摧残过他。我对杜威的异议乃是,他太不在乎他所获得的这健康的遗产,他认为这些性质是这人的自然,而它们却是我们时代——这1900年的成果,还有,他由此出发,就好像没有任何东西能损害这一所谓的人的"自然"。对那些赋予他强劲、统一和整全的种种力量,杜威从来没有说过一句感激的话。在他30岁时,正赶上关闭边界。此后不久,芝加哥大学创办了。而杜威心中感到,芝加哥大学召唤这样一个人:他清楚地认识到,拓荒者群体的教派主义(sectarianism)——有着强烈的群体信仰,以及强烈的宗派教育和传教意识——已经不复存在了。广袤的48个州需要的是一切个体的社会整合,不论肤色、种族和信仰。就这样,在其隐秘存在的基督教标准的根基上,杜威建立了一个不可知论伦理和道德的完整体系。

而这,正是孔子体系的伟大之所在,他也同样对神灵之事三缄其口。

中国思想的基本面貌通过杜威来到了我们这儿,神不知鬼不觉,因为甚至在他从中国寄给其孩子们的信中,②他也没有承认过这种亲缘关系,但这种引介却是大规模的,也极具劝导性。

---

① 见以下页258。
② 纽约,1920。

他和他的追随者们——这些人实际上就是如今美国的教师们——所设想的理想社会乃是一种

> 科学的
> 民主的
> 非人格化的
> 合作的
> 功能性的

机械论(mechanism,一译机制),在这一社会中,一切同意这一机制的个体,[45]都由他们所谓的社会智能(social intelligence)而团结在一起。① 杜威深切地感觉到,他的方法是全新的。当希特勒开始威胁到他的世界,杜威在他的《自由主义与社会行动》(Liberalism and Social Action)②的结尾呼喊道,"走了千百万年的弯路之后,社会智能已发现其自身作为一种方法,它将再也不会迷失于黑夜之中。""千百万年"这一奇怪的定量修辞——就像埃及的法老们一样——乃是他会允许的唯一虚夸。不幸的是,这句话毫无意义。要不然,他就会避免作这一强调。因此,对于那些只有当我们觉得是新性质时才有生命力的真理,对于上述那些传承给他自己的精神遗产,他从来不置一词,因为个人牺牲、崇拜、奉献、蓬勃成长,在他的过分直白的风格中没有展现的余地。杜威与他的追随者们对他们自己的动机三缄其口。他们必须对神灵保持沉默,因为他们已经在他们的语言中涤除了一切强调的因素("千百万年",一种纯粹定量的说法,代

---

① 1945年,我的一个朋友,一个杜威主义者,告诫我们要重申文科学院(Liberal Arts College)的"精神价值"。他提议这样做。在他做这一提议的演讲中,一上来就说:"学院的教育 *mechanism*……"没有人对他的术语矛盾提出异议。
② 纽约,1935,页39。

表着上帝)。这种缺失也出现在孔子那里。他对宗教弃置不顾,犹如对待一片石化的森林。有人这样评价孔子:"出于人类的荣誉,我们得说,除了在中国,再没有其他地方,一个像孔子这样彻底令人讨厌的家伙,能够成为人性的古典榜样。"①这句话的作者既正确又错误。对于我们的时代,从土耳其到中国,杜威产生过,也仍然在产生着深刻的影响,其原因与孔子一模一样:他们俩都令人讨厌,但他们又都使非人格化、"螺丝钉"式生存这类的讨厌之事变为值得敬重。他们能够成为非人格化这一点,使他们受置身于非人格机器的人们的敬重。

与成功争辩没有丝毫的用处。孔子对我们西方的影响[46]是一个事实。我们的家园被古典时代的中国所占领。且让我们看穿实用主义和教育的辞藻。杜威服务于什么样的社会,谁又是他的神?杜威自己只是个基督教自由派,对他的信仰避而不谈。但他的追随者们却有这样的信仰:

1. 社会是上帝,此外没有召唤我们的名遣派我们来到世界的神。
2. 因此,人类的言语只是件工具,而不是一种激励;是一套言词,而不是一种火的洗礼。
3. 社会包容一切的人,而不管他的邪恶品格。每个人都可被教育或再教育。政治体不需要自我净化。
4. 永远没有权威 ipse dixit(自说自话)的份。冲突可通过平等者的协商来解决。

这是 1890 年出现的那个美国的完美哲学。这个美国,在英

---

① 罗森茨维格,《救赎之星》(*Der Stern der Erloesung*),第二版,法兰克福,1930,页 98。

国海军的保护下,一个世纪里国境线向西移动了三千英里,越大越好,外交政策没必要。这一没有外来危险以及只有作为进步之证明的单纯空间上的滚动的令人难以置信的境况,如今已经终结了。拓荒者的孩子们还在听那时的童话,但他们中的许多人现在活得像是工业上的螺丝钉。必须教导和提醒他们:他们也该过上美好的生活。

因此,杜威的成功也是理所当然的。当我们在所探索的世界之内定居下来,就需要这样一种对儒家模式的适应。孔子的伟大恰恰就在于这同样的特性。他是非人格性的、功能性的、对上帝存而不论、没有什么侧重点、在教育上持民主态度的,而当中国从上百个部落结合为一个帝国时,他就走上前台了。孔子会认为,政治就是教育,因为那个时候,每一个人都身处一个帝国的中国城墙之内。

[47]当人从针对混沌的基本斗争中显露出来,当无政府状态消退时,当人、兽、丛林被教化了,杜威和孔子就到来了。他们有关人是某一特定社会中一种功能的学说,对应于他们的同时代人在这一方向上的现实行进。这种蜂窝式的观念倒也完全适合其成为一种教条。无论是否研究过猿猴、蜜蜂、昆虫或鱼群,它们都会被我们所模仿。教条主义的人是如何形成的,我在 1940 年公民保守团(Civil Conservation Corps,著名的 CCC)教育顾问大会上听到过。在普遍同意的情况下,我们被要求记下这一公民定义:"一个公民就是一个以可盈利的方式雇用的人。"我则徒劳地争辩道,一个公民就是一个能够或者建立或者(在紧急情况下)重建一个城市或一种文明的人。这些坚定的功能主义者以为我在开玩笑。为了对此表示反对,我们创立了威廉·詹姆斯营,罗斯福总统还批准它作为一个公民军人领导才能的训练中心。① 在战争

---

① 见页 84 以下。

中,我们不得不将再造合众国的任务托付给千千万万的人。这是新的历史。但人们的思想总是落在事件之后。大量受过教育的人,不会为1940年的定义而感到吃惊,那种用"可盈利的雇用"来说明的公民身份的定义。他们自己的儿子也许会为了一种新秩序而战死疆场。可他们的教育观却依然不包含英雄主义和(国家)缔造者们的素质。我们的孩子们,他们会匆匆忙忙地去找工作。但教育者和士兵们对其自身现实行为的视而不见,却抹煞不了这一事实:搭救平民百姓的是军人们。这么说来,我们所能承认的乃是:把人当作昆虫或蜜蜂来对待,在和平年代还是很有成效的。

我们得出结论:如果思想的功用无非是向人解释他自己的顺从和趋向,那么孔夫子—杜威大师倒满可以做我们的社会圣徒。

[48]不幸的是,思想若非抵御潮流,它就毫无意义可言。真理远比大多数人满意的东西要大。通常是,伟大的真理要被人憎恨,被钉上十字架。这一事实就驳倒了实用主义。于杜威而言,我们不仅在社会之中,也在社会之外、之前、之后这一事实,乃是不可设想的,至少也是他所不愿意的。于他,"整合"(integration)就是上帝。但是,在一个坏的社会里,我的责任就是用思想进一步砸烂它。十字架说的就是这个意思。有时我们在内部,有时我们则必须承受被放逐者的命运。当我们的社会醉心于速度,我们就得坚持古老的价值,这时我们就显得像基要主义者那样落伍。我们也会不得不走在我们时代的前面,那么我们也会同样不幸。十字架解释了战争、革命、衰败与瓦解,也解释了为什么必须用某种牺牲来沟通起因人们对自由的滥用而不断变宽的鸿沟。

自由的人们必须将他们的忠诚从团结和功能性的"内在",转向反叛、崇敬和牺牲,按照人们必须最急迫地加以抵御的各种恶。

换言之,我们必须在内与外、传统与进步之间重新划界。比如说,当我们坚定了,我们必须投入战争,我们的敌人的行动就使得我们对于人身上的旧亚当和有待创造的新亚当变得不确定了。

每一场战争都创造了一个新时代,因为交战的各方试图将我们天性的某一特定部分推向地狱。战争不是由一些个体打起来的,打起战争的乃是人类天性所由之成长的各种模型。在战争中,敌人展现了会威胁我们自身发展某一方面的一种秩序。威胁也许来自他们作为一种陈旧落伍或者过分超前的秩序的捍卫者。在俄国仍然以代表未来的唯一力量而自居的时候,我们就在与它建立外交关系上谨慎。而当德国在反革命过程中将时钟拨回到它原本已不再与其有任何关系的蛮族时代时,我们也就与德国断交了。战争分开了过去与未来。[49]和平则与此相反。在和平年代,我们的贸易、生产、探索,向自然世界拓宽了社会的界线。在战争中,人自身的天性(自然)是靠不住的。

和平和战争表现了我们紧紧抓住的实在的十字架,变化的世界中变化的天性。于是,我们将社会秩序的陈旧落伍的阶段送进了地狱——战争就是地狱——而当我们处于和平状态,我们则将自然的新元素,诸如电和无线电,引入家庭。在这两种时候,我们都冒着人类生命的风险。要说工业革命没有以人的生命为代价,那是不正确的。与自然作斗争的和平,也有其风险。人与人之间的战争,则以大量个体受害者的生命为其代价。

这两种斗争都不会消失。我们所能做的,只是更均衡地分配这些能够改变人类的力量;我们可以为人发明出自然中那构成爆炸马达的东西;如果每个个体都单凭他自己去上战场,那么我们也许能够为一场大毁灭发现一种道德等价物。十字架一直都要求人们像个战士那样生活。但人性中的不断改变就像工业中的变化那样不可或缺。

所有这一切都是孔子或杜威所不能接受的。他们的信念就是在一个世界内部起作用,在这世界中,人就是他所是者、在闲谈者、与他人交易者,就好像不会有疯狂、堕落与邪恶将人们排除在闲谈之外。对于他们,我们已经生活在这宇宙之中,以此为家园,这一点乃是不可更改的事实。这是与接受以战争与和平为表现的两种斗争不相协调的。杜威与孔子并不承认:在战争中我们被造就而进入一个新的历史时期,而在和平中我们则在为我们所拒绝的世界和为我们所教化的世界之间划定了新的界线。因为他们认为,没有任何东西没有任何人在这世界之外。他们对为斗争所需的英雄主义抱以容忍宠溺的微笑。杀死大龙的圣乔治(St. George),对于他们只是个神话。笼中的鸟、园中的瀑布以及闺房香案上的龙(中国文化的极致):[50]自然是被驯化了的。甚至是混乱(chaos)也被社会所容纳,犹如在纽约的摩西健身园所容纳的空地。在卡茨基尔①做广告的是一切都带有西部风格的"西部牧场";这是种驯化了、有利可图的原野。这一原野已丧失了其作为具有无限挑战性的严肃特性。与其无限性一同消失的,是全面的风险,也只有这风险才能使我们充分成长,接上第二第三口气。一种能使我们充分成长的混乱必定依然是一种恐怖,会使我们惊慌,而自然——无论是人还是宇宙的——的大灾难,则必定会使我们感到震慑。这一内战——在其中我们被自身黑暗的深渊所包围——被投以微笑,被当作幼稚的错误,不切实际也缺乏智慧。

孔子和杜威都极具智慧、极其老练、极端仁慈坚忍、对身处世界内部极富信心。因此,审慎、正义、节制、勤劳、自制,乃是他们的德性。杀人者难道不会改过自新,恶劣者难道不会启发智端,战争难道不会被消灭?而革命则能够避免。因为,他们相信,人尽可以确信这一点,大灾难落到他头上时,他大可不必激动。它们不必使我们不幸,因为它们不必存在。通过预期存在于每一事

---

① Catskills,美国纽约州的印第安人保留地。——译注

物之中的确定性，我们的目光就可以略过它们。对于他们，进步就是进入。他们意思就是，始终都有越来越多的人进入依然熟悉的内在秩序之中。进步并非某个迄今不为人所知的传统的革命性开端，而是已知性质的扩展。进步是无痛苦的，它不是硬结为传统的先前的进步与由进步开始的未来传统之间的令人心碎的冲突。对于相信我们是受造物的人，我们自己昨日的成就就挡在下一个成就的前面，因为老传统是由已作出的牺牲而得到神圣化的。但杜威说，千百万年来智能走了弯路，如今才发现其自身。在千百万年的框架中，哭泣任何失落的祖国、忠诚、怀旧之爱，都是孩子气的；我们应该保持微笑，杜威就是这样告诉我们的。

[51]杜威不能被驳倒，因为他代表了其时代的需求。这么说吧，从1890到1940年，美国就不得不成其为美国。原野就变成了黄石公园。大峡谷也开化了。美国的招牌挂出来了——在家里。

可是，这是个过渡期的美国，杜威则是它的接生婆。但是，其中年实用主义哲学为杜威所揭橥的那个人——威廉·詹姆斯——却知道，这是个过渡期。因为，在过渡期上，美国作了一份抵押：其传承信仰的抵押。人的兄弟之爱、好伙伴之间的自由讨论、在实用主义领袖带领下年轻人对学院学分、课程成绩之智慧的信任、用理性去解决恶的希望、这一个对上帝内在于良好社会之中的信仰，所有这一切信念均由英雄们所赢取并具有意义，只因为他们创造了民主制，并建立了他们能够施展的那个内在世界。宗教和战争使人进入内在，这就是那抵押，如今我们必须以人和世界性质的未来变化为这抵押付出利息。哪种力量会使未来的人进入"内在"？信经必须传授给新出生的人。远在他们有知识之前，他们就必须相信，要听从老师、尊重父母、服从法律。自从日本人1904年在旅顺口①闯入西方世界和1905年波

---

① 此处当指在中国土地上爆发的日俄战争。——译注

将金号水手兵变之后,过去的40年间就有一场革命。这场革命证明了,并不是每个人都认为他是在内部的,并且其他在内部的人则处于被驱逐的危险之中。

这就驳斥了杜威主义的信条,即关于一种科学的

> 静静地行使职责的
> 包罗万象的
> 合作的
> 非人格的
> 无痛苦的

秩序,在这种秩序中,没有任何关乎生命的东西要靠强力来解决;永远没有任何疯狂的东西会降临各国,没有要救世界于毁灭的个人决断。

[52]对于杜威的信条,唯一的保障在于日复一日与混乱作斗争的男男女女们崇高的信念、信仰、希望、牺牲、决断。以下这些——它们中的一些——乃是事实:搅乱了实用主义的宇宙:1.没有哪个年轻的国家,包括美国,曾经靠讨论来解决过关乎生命的问题。圣奥古斯丁说,讨论适合于那些不涉及必然性的问题。在民主制中,我们可以讨论每一件事。但我们却不能与那些拒绝讨论的人讨论任何事。2.德国青年全盘抛弃了一切教学权威,却跟随一个没受过教育的元首(Fuehrer)。元首拒绝杜威和学院教师们视作理所当然的一切理智权威。3.斯大林主义消灭了成千上万的受害人。4.希特勒杀害了数百万犹太人。5.探索了一百年,美国也还没有找到解决黑人问题的合理办法。6.我们的精神军队必须靠大胆的决断去赢得主动权。

这些都是政治教训。对于个体也一样,任何一个偏执狂的精神错乱,都需要要将他送入某个机构的他的亲人时不时地作出决

断,一种非常大胆的决断。各国的精神错乱的治疗也同样需要勇敢大胆。同样,针对任何一代人(无论长幼)的愚昧,教育都不会抹掉其自身。我们也许可以让孩子们相信,他们自己发现了真理;事实上,即便在让他们相信这一点之前,我们就必须有权威。针对阶级仇恨,管用的只有牺牲,是具有一种完全非理性特征的牺牲,是不能预先讨论而只能靠其象征性力量施加影响的牺牲。而所有不可解决的难题,诸如不幸福的婚姻、种族冲突、不公正,需要的不是推理,而是三种非理性性质的永恒结合:对作恶者的宽恕之爱、对受侮辱者的热情援助、敬畏不为人管窥蠡测的天意。我们对比人类智能更强大的力量的信仰、一种比任何社会智能所保证者都更强大的爱、以及对战胜最坏的邪魔的不屈不挠的希望,激励了那些人,他们通过其个人决断和[53]牺牲,使得孔子式的我们能够通力合作并生活在某种秩序的外表之中。

精神权威、牺牲、创造性的丰沛、投票赞成、出神狂喜、受苦,正在创造一个"内部"的参照系,杜威的教师大军只有在这种参照系中才能有所作为。

的确,在这参照系之中,科学、民主、合作、智力作用、实用主义的计划,都各得其所。但是,它搭接在社会的不负责任之上,对社会的框架,权威、决断、信仰、爱、崇拜的横梁不加审察,却不知这些横梁到处都在喀喀作响。

我们的士兵、飞行员、水手,各行各业的人们,都已将自己投入了实用主义所留的裂隙。他们都是构成这框架的活生生的血肉之躯,杜威对这社会的框架不加审察,在这框架之内,他还很可以保持其微笑。在你个人必须自己去死的时候,你就不可能是非个人(位格)的。

孔子像杜威一样怡然轻松。而我们要想抛弃杜威,不亚于让中国抛弃孔子。而孔子则必须变得无伤大雅。如果我们想要逃脱由实用主义所创造的无助状态——对战争、政治混乱、腐败衰退束手无策——我们就需要一帖解药,靠着这贴药,过渡期的美国也许能整合进我们黑暗心灵和真实荒漠的真实世界之中。

达尔文

我的许多读者也许会对我前一句话的措辞感到愤恨:黑暗心灵和真实荒漠。就像一个朋友所表达的:在美国,每个人最终都会上天堂。杜威哲学的彻底成功,最清楚不过地体现在这一事实之上:我们的批评能够——也许——被接受,但是,我对"黑暗心灵"的兴奋却是很不合适的。这些词留给台上的演讲者。实用主义之胜利,主要是作为一种风格,远不是其内容。在现代世界,伟大的真理只能以无所侧重不偏不倚的态度加以对待。我曾经听同事们谈论起[54]上帝,就好像是在讲一双鞋子。冷漠和优越感的粘糊风格,甚至都征服了那些不持杜威主义立场的人们。只有那些因唯恐其心灵有所欠缺的人们,才会谈论黑暗心灵。感到自己濒临溺毙的人,会大声呼喊。我们的知识分子总是远离他们的问题,站在风险海洋之外的坚实土地(terra firma)上。

因此,在这一点上,用理智批评来继续我们对过渡期美国的分析,没有任何用处。当我说"黑暗心灵"时,我就在理性批评家面前丢了脸面。批评家会耸耸肩膀,因为我不够科学。因此我邀请读者进入第二回合。我们时代的第二个偶像,比杜威的教育信条地位更高的,乃是信息(information)。理智上的好奇是由我们一切高等学术机构所正式培养的。① 若信息是靠好奇去探索的,信息就是科学的死敌。

因为,好奇会导向一个像杜威—孔子的社会图景那样扭曲

---

① 有关这点,可参阅内夫(John U. Nef)的优秀评论,《美国与文明》(*The United States and Civilization*),芝加哥,1942。

的世界图景。孔子说,人的神圣命运就是在平滑运转的社会中寻找他自己的职能。好奇的心灵将外部世界看作是没有任何意义的,看作是个战场,在这战场上确定最能适应的幸存者。

自从印度教徒将世界设想为无穷无尽沉浮不定的斗争之涡旋以来,那些好奇的心灵们就是,也始终是达尔文主义者。

他们能看到的唯一事物——而纯粹好奇的本质,就是它隔绝了"看",并使眼睛的凝视孤立于其他一切洞见或评价之外——就是创造人类之前盘旋了亿万年的宇宙尘雾。① 在时间进程中,尘雾偶然地获得了各种形状,[55]纯粹是凭着机遇,服从或然性法则,这些形状可是表现出意义来。

要想摇撼我们的那种世界图景——所谓的世界观,它在1859年随着达尔文的书而变得风行起来——习惯性的自鸣得意,需要某种特别的陈述。因为,人们常常忽视了,这种世界观全然不同于柏拉图的自然秩序,我们的自然科学家们自文艺复兴以来就相信这种秩序。到了1859年,宇宙不再有秩序了。柏拉图被替换了。达尔文的生命观是一片不断冲突的丛林。如今,这一进化图式已深入人心。今天它充斥于市场。它被叫做科学的世界图景。然而,它却只是个科学家们对世界的假定。科学家假定:所给予的无非是我们心灵之外可观察的事实。为了使他的观察能够完全不偏不倚,个人的情感就得作出牺牲(Attachments are sacrificed to enable him to make his observations with complete detachment)。一旦作出这一假定,我们就观察不到任何事物,除了持续不断的外部运动。以冷漠超然(detachment)的方式去看待生命过程,它们就呈现为运动。因此,要是说达尔文主义证明了世界是无情的斗争,那是不正确的。而正确的乃是:当我们为"科学"放松了缰

---

① 杜威,"走了千百万年弯路以后",见《自由主义与社会行动》(Liberalism and Social Action),1935,页93。完整的引文见页45。

绳,世界就只能表现为丛林。

作为众多倾向之一,科学已将其观察推至极限:墨索里尼拍了一部齐亚诺(Ciano)被处决时的影片,我们可以看到我们的部队在诺曼底海滩上登陆,所有这些都是铁石心肠的观察的胜利。在这些事例中,我们知道,这些事件并没有向摄影机揭示其全部意义。我们附加上了道德评价。然而,进化论的胜利则意味着,道德评价丧失了其与感官知觉材料相等的地位。我们被要求,将自己严格限制在可观察的事实上,却没有人告诉我们的孩子,这些感官材料只不过是真理全体的片断。科学家的世界被当作是整个世界,而广为推介。

柏拉图曾试图"窥视"美、善和真的世界。[56]但这,比起承认我们的感官只能感受尺寸、重量、广延、运动的量,逻辑上要差一点。观察绝不能证明人、自然、宇宙的统一性。

"我想,宇宙不过是点和跃动,没有统一性,没有连续性,没有融贯性或者有序性或者任何主导爱的性质。的确,要说有一个世界存在,那无非就是偏见或者习惯。"经历了 80 年的"纯粹"科学之后,罗素(Bertrand Russell)可以上述的经典方式,来表述其世界观。达尔文之后的科学抛弃了统一性;杜威抛弃了作为我们理解世界之基础的苦难。试比较王尔德(Oscar Wilde)的话:"苦难真的是一种启示。人能够看清他以前绝不会看清的东西。"出于统一性的理由,我们已将基督之后我们的全部历史,造就为一项所有皈依这个一统(Oneness)的人们的共同事业。而出于由苦难而得启示的理由,我们已确立了一种价值的等级秩序:按照一个人所受苦难的程度,我们倾听他所启示的内容。

达尔文和杜威所要说服我们的,则是其反面。我们越少受苦越好。而我越是不想着使我们自身向某个东西皈依,宇宙就能越好地实现其目的。

我们现在可以概括一下现代精神那令人惊异的力量。这一精神有一种双重的能力：它将不会在任何事物上产生激动或痛苦，因为它认为，文明就意味着不使用任何暴力。毋需激动我们就能认识每一事物。但这同一种精神，又将把世界感受为一个斗争、战斗、贪欲和盲目激情的丛林。

我们已经知道现代人得以发展极端自制和极端怀疑主义这一双重特性的外部环境的类型。人的创造性狂喜（creative ecstasies）惹来的是微笑，认为它们是不存在的，而宇宙的美的意义则译解为波长。仅仅通过生活在近郊和工厂[57]，现代人就日复一日地在其不冒犯他人的、实用主义的孔夫子式生活风格中得到强化，微笑、工作、窃窃私语，对他人的蠢事抱以同情。

对这样的人，未来总是会像一个彻底的惊奇而到来。如果未来是有激情的、教义式的、奉献的、雄辩的生活的结果，怎么能不惊奇？对于现代人，政治革命是一种冲击——多么不文明。斯大林主义是一种冲击——目标还挺好，可多么暴力。希特勒是一种冲击——一个疯子，而我们大家不都是神志健全、有头脑、有理智的吗？我觉得这样的一个现代人就像是个最见多识广的人和最大惊小怪的人的最奇特的结合。公众知道每一件事，却对所发生的任何事都不理解。因为，他们称之为知识的事实，所对付的是生活和生活水准。但事物之发生，不是通过生活，而是通过生与死。"生活"只是生命的一半，可重复可预知的一半。另一半则是濒死和临生的痛苦中创造和创造性痛苦。

凡是想要不太因世界的痉挛和暴怒而惊异，下一场危机来临时不那么措手不及的人，都必须面对这样一个简单的问题：未来是如何被创造的？它能如何被创造？什么时候单纯的生活变得不如将要获得生命那么重要？

在你的心灵接受这一问题之前，你将不会抛弃近郊的参照系。而在你开始因生命的回归而敬畏之前，你将不会遇上基督教源初的问题。

第二部

当时间脱节

现代文明最重要的特性,乃是为当下而牺牲未来,
而科学的一切力量都为了这个目的而出卖了自身。

威廉·詹姆斯(1842—1910)

第三章 未来的创造

[61]一个有关基督教未来的问题可能提得不太得体。"未来与基督教"不像是"驾车的未来"或者"欧洲的未来"那样是词语的偶然联结。基督教是未来的缔造者或托管人,也是缔造和它的真正过程,并且,没有基督教精神,人就没有真正的未来。

未来意味着新颖、惊奇;它意味着往昔习性和成就的生长。当一份工作、一项运动、一个机构所允诺的无非是思想和行动上沿袭成规单调重复,我们就说,"它没有未来了"。

在对基督教是否还有未来的表面上的怀疑中,人们在近些年中所要求的乃是拯救基督教免于毁灭——并拯救的还有文明和几个邻近的宝岛。但"拯救"基督教是不必要、不受欢迎、不可能的,因为这种行为本身是反基督教的。基督教说,想要拯救其灵魂者,应该丧失它。我们的最高需求并不是要拯救我们自以为拥有的,而是要复活我们几乎已丧失的东西。真正的问题是:我们有未来吗?

基督教信念的核心是对死和复活的信仰。基督徒们相信世界的终结,不是一次,[62]而是一次又一次。这种力量,也只有这种力量,才能使我们抛弃旧的习惯和理想,离开过去的陈规陋习,将我们已死去的自我抛在身后,起步跨入真正的未来。① 这就是为什么说基督教和未来是同义词。

到了希特勒执掌政权之时,现代世界几乎已经遗忘了基督教到底意味着什么。它有那么多的礼物都已不知不觉地渗透进了我们的生命中,我们对它们已习以为常,对其给予者浑然无所知。与异教徒的冲突,使得早期的基督徒真切地感受到他们所捍卫的是什么;但到了1850年,已不再有公开的异教徒存在,好让我们的心意识到这种冲突——除了在那些遥远的传教地,在那些地方,轻蔑的"土著"一词就暗示了,他们不会被当作基督教世界的威胁而受到严肃地对待。与此同时,一种乔装改扮的异教精神却在学术传统和民众对物质进步的吸收中如鱼得水般蓬勃兴旺。但如今,那种赤裸裸的异教精神又再一次喷涌而出,所以,我们就必须复原基督教的意义,如果我们还想继续生存的话。

异 教 的 征 服

纳粹的种族理论与实践也许能够在我们心中唤回一种久已黯淡模糊了的记忆:基督教来到的是一个忠诚分歧的世界——种族、阶级、部落、国家、帝国,一切都只为它们自己而活着。基督教并不是要将这些忠诚全盘清除;那样会使人们陷入虚无主

---

① 早在1942年,当我们的汽车工厂转产军需品时,《时代》杂志评论道,汽车产业"过去彻底死了,现在正在复活"。这整个故事就是穿上现代服装的基督教寓言,警告人们要关心时间之中的死亡,以免最坏的死亡落在他们头上。

义,让先前的创造工作化为乌有,而耶稣不是来否定而是来成全的。还不如说,凭借其真实未来的赠礼,基督教在人们的各种忠诚之中植入了一种力量,它是从时间之终结返回的,它拉动他们一步步走入统一。

如此,则异教精神就意味着——如今依然意味着——人类的不统一和分歧。[63]无论是在历史上还是在地理上都是如此。有很多部,而不是一部异教历史;每一部都开始于时间之中的某地,比如罗马城的创立或者公元前776年的奥林匹克竞技会,也以类似的方式结束:克洛诺斯神(Chronos)吞噬了他的孩子。所以异教思想几乎普遍地将人类的生活描绘为从过去的一个黄金时代堕落至未来的终极毁灭。超出这一点,它就不能想象任何东西,只是同一个圆环的无意义重复,直至永恒。① 希腊人并不相信进步。②

---

① 在知识界时兴贬低基督教与犹太教的独特性的年代,有人在主张一个琐罗阿斯德教(Zoroastrianism)的例外(参见哈斯廷斯(Hastings)的《宗教与伦理学百科全书》(*Encyclopedia of Religion and Ethics*),艺术,"世界各时代"中的讨论)。但更晚近的学术界则已推翻了该论点所依据的前提。琐罗阿斯德(Zoroaster)生活在公元6世纪,而不是如先前所假定的10或11世纪。表达了一种与犹太教和基督教相似的历史观的最古老的琐罗阿斯德教文本,其形成不早于公元650年,当时,在伊斯兰教的高压下,琐罗阿斯德教徒自然地就变得更能接受犹太教和基督教的观念;因此,它就不能支持琐罗阿斯德教独立形成非虚幻历史观的主张——更不能说,像犹太人和基督徒那样,它也以该历史观为生活基础。琐罗阿斯德仅有的早期史料,《颂歌集》(*Gathas*),只是像赫西俄德那样,讲述了有关人类四阶段的寻常神话,对于历史的中段或终结,则只字未提。参见赫兹菲尔德(Herzfeld)和雷曼一豪普特(Lehmann-Haupt)在《帕里纪念东方研究集》(*Oriental Studies in Honor of Corsetji Eradiji Parry*),牛津大学出版社,1933)中的论文。该教祭司达拉(M. N. Dhalla)撰写的卷帙浩繁的《琐罗阿斯德教史》(*History of Zoroastrianism*)很不符合历史。参考赫特尔(Hertel),《萨克森研究论文集》(*Abhandlungen Saechsische AdW*,莱比锡40 1920),页192以下。又见史密斯(Maria W. Smith),《扎拉图斯特拉〈颂歌集〉句法研究》(*Studies in the Syntax of the Gathas of Zarathushtra*,费城,1929,页18)。

② 诺克(A. Nock),《皈依》(*Conversion*),1933,页133。

循环思维真是异教徒心灵中挥之不去的强迫观念。① 巴比伦的大年(Great Year)及其在印度教、佛教、柏拉图主义、斯多亚派教义中的回响;波利比乌斯(Polybius)给出经典表述的不可避免的政体流转论;维科(Vico)和斯宾格勒(Spengler)的文化循环论;墨西哥神话;定期出现的日尔曼的"诸神的黄昏";[64]希特勒对历史的"整个太阳系"的扫除——他宣称历史将要终结——所有这些都是例子。这样一种思想形成了异教的德性:它以审慎和勇敢面对世界;它植根于经验的事实之中。但它是无信、无望、无爱的思想,因而它也就没有未来。中世纪的《尼伯龙根之歌》(Song of Nibelungen)结束时疾呼:一切爱都以痛苦和悲恸而告终。

的确,无未来的生存类型就是圆圈式循环的,永远地被禁锢在无意义重复的轮盘上,已知最早的循环式思维的史料是巴比伦的占星术,这不是偶然的。异教所信仰的是太阳历的自动性,并为其铁石心肠借入了天体所具有的持续时间(duration),在圆形、椭圆型和本轮中盲目地运转着。

对这种毁灭感,异教所知的唯一的疗治之方,就是将它掩藏在神话之中。如今我们听到许多神话,它们的有意兴起就是异教复兴的明确迹象。我认为,异教最好被理解为初民对死亡恐惧的回应。所有的人都出生于某个家庭、种族、祖国之忠诚的独特网络中。但一切有限形式都必定会死亡,而如果没有任何东西能提升我们超越这些出生的偶然性,那当我们死的时候,我们就会彻底死亡。我们被钉在我们的出生使我们扎根的一小块土

---

① 有关希腊思想在循环问题上的透彻研究,见蒙道尔夫(Rodolfo Mondolfo)(如今在阿根廷),"对希腊人思想中无限概念的研究"(Studi sopra L'Infinito nel Pensiero dei Greci),《博罗尼亚学院学报,精神科学类》(*Memorie dell'Istituto di Bologna, Classe di Scienze Morali*),系列三,卷六(1931/2),页67—116,尤其是页73。

地上，因此，我们的灵魂就永远要受到无情毁灭的折磨。

神话是一种伪装成不死不灭的心智生命形式；其实质就始终是将心灵固着于某一瞬变之物，并借此使其不朽化。这世上没有什么是好的或永恒的，神话却把它装扮成如此。在这一由神话所造成的人类的异教分裂中，每一共同体都禁锢在一个私有的时空中。每一个神话，从埃及的奥希里斯（Osiris）到瑞典的奥丁（Odin），都试图在其所有人和宇宙之间建立起一种直接的联系，而将他们这一特定区域和族群与其他人区别开来。公元8世纪，教皇吃惊地发现，Lindfairne列王满足于将自己的祖先追溯至大神奥丁，开始于大约公元340年！

[65]神话之产生，旨在掩藏死亡，既在过去，也在未来。任何一个城邦的创立者都心怀忌妒地切断他与过去的根系。罗慕洛斯（Romulus）必须成为王；所以雷姆斯（Remus）就被杀死了，因为没有人可以在他兄弟面前成为王。古代的部落和城邦都丧失了共同的记忆，因为它们起源于血亲残杀。因此他们的神话就建立在一段被压抑、无可名状的经验之上，是一道避讳的鸿沟——希腊人称其为ἄρρητον，不可说的。一切世俗社会都有其不可外扬的家丑。甚至是家谱，也常常会遗漏丢脸的祖上，代之以童话故事。

另一方面，基督教则认为丢脸（unpleasantness）是天经地义之事；不是从神话般的祖先那里来的世系，而是从亚当所传下来的原罪。因此，它坚决地开始于时间之中，而不是神话般的迷雾中。它反对以未来生命为代价的不死的神话和无望的循环，而是将死亡接纳到我们的生命之中并克服它。这就是基督教的最高赠礼；它表明，对死亡的恐惧不必将人逼迫进任何共同体的狭隘循环之中。取得异教之分歧的是，它为人类创造一个普遍的世系，它超越了一切局部的目的和开端，并从时间之终结来衡量历史。

但如果以色列没有预备好道路，建立起人类起源的统一性，向神话开战，基督教时代就没有辉煌的勇气去走向其目标。《圣经》就开始于凯旋的呼喊:"起初上帝造了天和地。"这些话是对这样一个世界说出的:在这个世界上,各种天神用各种当地的神话为使大地的分歧得到神圣化;在这个世界上,天与地、国土与国土、民族与民族的分离,是个普遍接受的现实。不是那激励神话英雄的成千上万个神,而是唯一的上帝。但犹太人并没有将其缔造者树为神话英雄;他们依旧是人,是不显眼的,围绕者他们的是[66]他们与其他人打交道的各种故事。他们撕破了局部的、异教的面纱,揭露出一连串不可说的罪行——如该隐(Cain)杀害亚伯(Abel)——这些罪行破坏了人类的统一性;而在这一切背后,他们则发现了唯一的上帝,他并不具有人为的分歧。在他身上,人类的目的——在和平中团结一体,犹如一人——变得为人所知,正如在创造亚当的过程中已得到保证的统一性。

因此,毫不奇怪,如今在德国,在迫害犹太人的阴影之下,基督徒也遭受着迫害。神话编造者们知道谁是他们的首要敌人。犹太人便是那真理的活的见证;只要编造神话,就要压制这一真理。也许有一天,人们会编造一切美洲人都具有红种印第安人(Red-Indian)特性的神话。如果是这样,犹太人就将再一次遭受迫害,一如他们今天遭受日尔曼人种情结的迫害。

以以色列的成就为基础,犹太人创造了人类的未来。这一成就就是要建立天地、男女、兄弟、父子的统一性。通过开启一个新的维度,耶稣完成了人类历史的这一统一化取向:让外邦人和犹太人都能继续生存,从而创造出一种新人。这就是为什么耶稣是完美的人,是第一个完全的人。通过其一生而成全全部人类特有的法则(即只有通过克服旧亚当的死,克服古老的忠诚,开始新的生命,人类才能从分化走向完整),耶稣就战胜了人类的分歧状态。荷马、伯里克利(Pericles)、恺撒诚然都是伟人;但他们当中没有一个人有过完美的生命,没有一个人能够像他这样以如此极端的方式摆脱民族、部落和城邦,使这一过程成为其全部生命的主题,并使其他皈依者像他一样获得成功。耶稣所做的就是这样,借此他证明了:每一个目的都可以也应该转变为一个开端,甚至是绝对的失败和死亡也能够产生丰硕的成果。由此,灵魂的最后一道边界也被征服了,而其完整的领域如今也可以开始展开。通过[67]克服我们的异教式的在精神上对死亡的恐惧,耶稣在我们一切人身上开启了使我们自己和每一个其他人相接触的大道。死亡就变成了灵魂之间的生命传递者。①

先行体验死亡

因为耶稣是第一个使人类走向统一的人,所以耶稣就是历史的中心。② 他是阿尔法(Alpha)和俄默伽(Omega),是开端和终结:一切过去和一切未来都在他身上相遇了。他不仅仅是未来事物的预言者,如施洗约翰(John the Baptist)。他也不是唯心论者,如柏拉图。他是头一个"终极的"(final)人,头一个从时间之终结回到其自身时代的人。

切斯特顿(Chesterton)出色地表达了基督教时间观的悖论性质,在其《白马叙事曲》(*The Ballad of the White Horse*)中,他写道:"世界的终结已是很久以前的事了。"基督徒在其身后有世界的终结,有他自己的世界;开端和终结互换了位置。异教的

---

① 见页 147、190。
② 参见蒂里希(Thillich),《历史解释》(*The Interpretation of History*),纽约,1936;多德(C. H. Dodd),《历史与福音》(*History and Gospel*),纽约,1938;又见《使徒的教训,附论终末论和历史》(*The Apostolic Preaching, with an Appendix on Eschatology and History*),伦敦,1939。如今人们在很大程度上将人类历史之统一性视为理所当然——如同空间那样原本就存在的东西——如果说在之统一性之中心有什么事件,他们就倾向于认为这种说法是毫无根据的夸大之词。然而,在基督徒眼中,耶稣是历史的中心这一陈述,任何在他之后的人若背离了,就必然会使其世界陷入彻底的黑暗。

自然人开始于出生，在时间中活着，走向死亡；基督徒的生命方向则相反，从生命的终结走向一个新的开端。在克服死亡的过程中，他重新发现了在他之前的创世的第一天。他走出其旧的自我的坟墓，进入真实未来的敞开状态。①

在一个现代基督徒的笔下，鲁弗斯·琼斯(Rufus Jones)解释了[68]从时间之终结开始生活的含义：

> 他并不打算推迟实践那上帝国的原则，直至它最终在其最终的凯旋中到来。如果那一过程一直进行下去，那就绝不会有那上帝国。使它到来的方式就是，只要人能够揭示它，就勇敢地使那国开始实现。不是将它推迟至某个天国般的畛域或者千禧年的破晓，相反，他勇敢地承担了这样的任务：开始以那国的方式去生活。②

在生命中展现上帝国，从时间之终结将它带回，并使它在此时此地得到某种体现，这就是在耶稣之后人类有意识地参与其创造活动的过程。人类被纳进他的命运。他接受了在上帝最深刻的智慧中的合作关系：什么时候放手，什么时候说再见，什么时候结束演化的一个章节。在异教文化最灿烂的时代，他已表明他是辉煌的创造性开端的主人；通过基督教，他表明他是创造性终结的主人，他自己及其一切事业之终结的主人。如今能够说出是和不这双方，能够部分死去部分存活，如此他就成为了整全之体，并获得了上帝的孩子们的完全的自由。

要拯救其生命的，应丧失其生命，而为基督之故丧失其生命

---

① 从现在起，"世界的终结"应该成为一个技术术语，表达一种看待人类的一种特定的观点，即终结已近在眼前。见我的论文，"处于世界之终结的教会"，载《我信教会》(*Credo Ecclesiam*)，埃伦堡编，1939，Guetersloh，页 161 以下。

② 《希伯特学报》(*The Hibbert Journal*)，卷二十三，39。

第三章 未来的创造

的,将得到其生命;死亡悖谬地就成了获得永恒生命的钥匙。学会先行体验那异教所竭力避免的终结,人类就夺走了死亡的可怕力量。先行体验了那最坏的情况,他就能埋葬他的时间中的死亡。一个异教徒完全能够在身体上从容就死——为了他的家庭、神殿、行会、民族或种族——但他是把这些东西当作是不朽的,因而是完美无暇的。他不可能接受,当时间来临,这些东西也得死亡;于是一切都一起完蛋了。

当人们对社会自身的稳定性不仅仅是怀疑,当人们感觉到世界的终结已然临近,他们就创造了未来。通过自由地先行体验[69]其心灵、理想、陈旧的忠诚的死亡,他们就征服了强制的彻底死亡,这种彻底死亡像复仇女神(nemesis)那样对异教徒一直穷追不舍。因此,"在对敌基督的先行体验中,中世纪教会就发现了衰败的最细微的症候。通过对终极威胁的先行体验,任何社会形式都能够获得不朽"。"对我们文明所面临的末日审判的先行体验,乃是治疗其不可避免的衰落的最佳药方"。[1]

对世界之终结的信仰,或者叫做"终末论",就是基督教的本质。然而,一直到最近,现代世界实际上已经遗忘了它。几年前在哈佛神学院(Harvard Divinity School)作讲演时,我问在场的每一个人,是否相信末日审判。每个人都笑了。对末日之事的信仰只留给了像切斯特顿这样的丑角了。[2] 所谓的"自

---

[1] 罗森斯托克-胡絮,《出于革命》,纽约,1938,页561。参见罗森斯托克和维蒂希,《教会之祖》,三卷本,柏林,1927,卷一,84以下。
[2] 像在"耶稣教训的《启示录》因素"(The Apocalyptic Element in the Teaching of Jesus)(《论文与演讲集》[Essays and Addresses],页132)中的冯·许戈尔(von Hügel)这么审慎的宗教观察者,在1919年,居然没有意识到,正因为这种忽视,尼采、马克思以及其他一些人才获得权力。他干巴巴地评论道:"有关世界之终结的教义似乎只产生了很小的影响。"事实的真相乃是,这一教义如脱缰之野马,变成了独立的因素,激励了法西斯主义者,因为在基督教中,它已退化为耶和华见证派(Jehovah Witness)这种类型。因此,末日也就很快到来了。

由派"神学,从 18 世纪的启蒙运动中继承了某种剪去终末论的"自然基督教",而兴趣则主要围绕宗教"哲学"和对耶稣生平的研究。只有 1892 年之后的 50 年,神学才慢慢地恢复了其被抛弃的终末论立场,至少是在有关耶稣本人和早期教会的研究中。① 但像雷克(Kirsopp Lake)这样的顶尖学者,却全然真诚地由此得出结论:原始基督教已永远与有理性的现代人相脱节——因为,一个有理性的人怎么能够相信世界的终结呢?

然而,与此同时,在欧洲却"实现了"终末论,作为日常生活中明明白白的真相。在描述法国的沦陷时,一位[70]外国通讯记者写道,"当你看到一个伟大的民族分崩离析,你就会感觉到世界的终结已经到来。"接下来的那个复活节,我接到天主教教会史家维蒂希寄来的一份历史性文献。那只是一封简短的信,请我查阅尤文纳尔(Jouvenel)的《教父集撮要》(*Enchiridion Patristicum*)之 10、83、1771,并且说,这些文献就是欧洲人民的现实关怀。它们是《十二使徒遗训》(*Didache*)16,3;西里尔(Cyril)的《教理问答》(*Catecheses*)15,11;以及奥古斯丁的《上帝之城》(*De civit. dei*)20,19,4:有关末日审判和在各时代之终结的敌基督的最严肃最强烈的描述!

所以说,这位历史学家就活在现在,当下的实在中,通过格兰特(Grant)的文章向美国的——用基尔克果(Kierkegaard)的反讽语句——"钉上十字架的教授们"所介绍的东西,作为一千九百年前的洞识。终末论的真理并非是一个有待从科学上重新发现并以书本的形式放置在我们书桌上的理论命题。

---

① 参见格兰特(Frederick S. Grant),"已实现的终末论"(Realized Eschatology),《基督教世界》(*Christendom*),1941 年春季号。

第三章　未来的创造

它是一个有待于针对信仰且通过信仰始终给人带来威胁的事件。我们不得不爱这个世界，因为它始终处在其终结点上。"那自杀了的一个民族的尸体"，坦普拉（Templar）将军这样描述德国。对于理性而言，这还不足以构成"世界的终结"吗？

启蒙运动对基督教终末论的颠覆产生了巨大的反响。没有对某一事物最终胜利的信仰，没有一个民族能够活下去。所以，当神学沉睡了，人民就到别处去寻找有关终末事物的来源。学者们脑子里转着各种稀奇古怪的念头时，人民还能怎么办？人不能靠最新的科学新闻而生活。他需要完整的信、望、爱。于是，当自由派神学遗忘了人类生命中如此极端力量的存在，像马克思和尼采这样的思想家就使终末论的火苗继续燃烧着。马克思用世俗的话来传达旧约的终末论，向有限的资产阶级世界呼喊无限的社会伦理。而尼采——不管他教导什么——却生活在一种无限的信仰中，一种像新约那样疯狂的信仰（在当代教会人士眼中看来是疯狂的）。

[71]终末论的本质就是其无限性。它要求人向事物的实存秩序之外的某物而完全放弃自身。它以这种方式劈开了你和世界的同一性。世界有一个命运；你没有。世界会死，因为它是可计算的；你会复活，如果你是不可计算的。世界正处在终结，是昨天，而你会是一个开端，是明天。

因此，基督的第一次来临，只有从其第二次来临中才能获得其意义。基督教根本没有存在过，它只是一种幻觉，如果它没有启动通往时间终结的运动的话。新约里最后的话——除了末尾的祝福——完美地表达了第一次来临和第二次来临的关系。那是一篇祷词："主耶稣啊，我愿你来！"这祈祷被说出之后，人的终末故事就开始了，并在两代人中被讲述；但《圣经》的结尾就如同每一件事仍将来临。那意味着，那发生了和将要发生的事，都是

历 史 的 意 义

通过其对未来的创造,基督教便授予人——个体的和集体的——以拥有一种生命历史的力量。有意义的历史取决于有一个开端、一个中途以及一个终结。如果我们的材料不是以如此的时间单一极性为取向,那历史就变成了纯粹变化的目录,"1066年,如此而已"。在循环的、异教的历史观中,阳光下没有任何新事物;我们所做的每一件事以前都[72]发生过,还会再一次发生;没有任何恒久的价值能够达到;只有变化,没有开端或终结。相反,基督教则表明了"人何以在运动中成为永恒,何以能够毕其功于一役"。② 正如一位法国学者所写的:

> 希腊思想和基督教思想间不可克服的深渊,乃是基督教对独一无二和在时间中的事件的修复。对于每一个哲学的或者说希腊的心灵,道德秩序是普遍和抽象的。在基督教中,每一个人的时间都在其最小的片断中获得了一种更高的性质。③

---

① 神学家深为这一早期的期待而烦恼,后来就推迟了第二次来临[的时刻]。这一争论是不得要领的。对于一个从时间之终末开始生活的人,期待和基督来临的推迟相结合,乃是基督徒赖以生活的矛盾(《彼得后书》3:8—10),是一种张力,这张力正是基督教的悖论般本质。通过先行体验死亡,我们实际上是推迟了它,并由此启动了独一无二的历史过程,那就是基督教的救恩故事。冯·许格尔(Von Hügel)的《论文演讲集》(*Essays and Addresses*),1924,页132以下,以及我的论文,"处于世界之终末的教会",载《我信教会》(*Credo Ecclesiam*),1930,页161以下,探讨的就是这一事实。
② 《教会之祖》,卷一,页108。
③ 让·吉东(Jean Guitton),《普罗提诺和圣奥古斯丁中的时间和永恒》(*Le temps et l'éternité chez Plotin et Saint Augustin*),巴黎,1933,页359。

在其行进于时间中的每一时刻,人通过将他整个的人格投向生命的一边——这生命如今应该绽放出来——从而给予他的活动以一种永恒的,也就是说"一了永了的"意义。但他之能够选择什么东西应该绽放出来,什么东西将使一个时刻成为独一无二的时刻,只是因为在他走向未来的每一步,一个时间的终结都像磁铁一样吸引着他的心。现在的独一无二性来自终结的独一无二性。于是,只有当历史是统一的,我们当今的活动才会有一了永了的意义。

　　如今人们想象着,人和他的历史是统一的,但所有的事实都与他们的想象相反。统一性不是给予的,它不是一个自然事实,而是迄今大约99代人的一项共同课题。[①] 但是,在一个遗忘了它完全依赖决心的世界中,任何一个想要破坏这一统一性的人,在任何时刻都能做到。

　　纯粹世俗的各种历史绝不会达到统一性。它们提供给我们成千上万个相似的片断——艺术史、或者经济史、或者美洲史、或者现代戏剧史——但是,只要它们的作者不能把他的故事与一个更广泛的、超越于它的故事相联系,所有这些片面历史的意义顷刻之间就会烟消云散。比如说,无论是"现代"还是"戏剧"都不能[73]脱离现代与中世纪,以及戏剧与古希腊以及教会神秘剧的联系。或者说,如果世俗历史试图成为百科全书式包罗万象的历史,它似乎就得是一个最具外延的参照系,一直追溯到洞穴人——但这样做是徒劳的,因为原始种族没有与世界各部分相合作的迫切需要,更不要说融合。

　　耶稣作为历史之中心的意义乃是,人被分裂为如此之多的样本,相互之间的统一性受到了威胁,因此,人的最底层——不是恺撒·奥古斯都(Caesar Augustus)而是马槽里的一个孩

---

① 从这种眼光看,常被人轻视的新约第一章就迸发出了意义。

子——必须被造就为一个普遍统一性的基础。我们现代乐观主义者们——从爱默生(Emerson)到马克思,从贝拉米(Bellamy)到斯特赖特(Streit)——能引以支持人类的一种普遍意义或统一课题的东西,都取自基督教纪元。①

基督教的未来和基督教中的未来,如今都已被千百万人抛弃了。纳粹、法西斯、国家主义者和日本人拒斥历史的基督教取向,就足以预兆这一点。但是,真正的威胁乃是看到,在我们当中有教养的人们已经不假思索地把基督教纪元抛弃了。1941年春,在佛蒙特我的小城俱乐部聚会上,有人朗读了一首诗,其中提到 B. C. 和 A. D. ,②没有任何的区别:根本就没有基督教纪元这回事!③ 当这样一套说法能够在佛蒙特公开宣扬,事情必定是已经走得很远了。在同一此聚会上,一位演讲嘉宾声称文明显然已到了终结,但也算不了什么坏事:黑暗时代(Dark Ages)不也盛行了好多个[74]世纪吗,而后才迸发了辉煌的文艺复兴? 演讲者忘了加上这样一句:人能够在黑暗时代活下来,靠的是他对未来、对一个时间终结、对末日审判、对最终的道成肉身的信仰,而这一炽热的信仰在一代又一代人中催发了重生:在方济各会士中、在新教徒中、在清教徒中、在至善村运动的成

---

① 自 1200 年的约阿希姆(Joachim of Floris)之后,每一场革命,都是针对基督教纪元所发起的。尼采将最后纪元[的开端]定在 1888 年 9 月 30 日。也可见我的,《出于革命,西方人自传》(1938),就是围绕这一万世一统(one era for all)的问题的,其中也包含了各种特殊的纪元。
② B. C. 是英文 Before Christ(基督之前)的简称,A. D. 则是拉丁文 Anno Domini(我主纪年)的简称,中文统译为"公元前"、"公元后",丝毫不能反映其中的基督教含义。——译注
③ 正是基督教神学自身的"战斗疲乏",才使基督教纪元向各种革命投降的。第一个这样做的人似乎是奥维贝克(Franz Overbeck),那是在巴塞尔,为了反驳他,《宗教学报》1945 年四月号印了我的"夺回我们的纪元"。奥维贝克在上世纪 70 年代的立场,如今已扩散至大众。它表明了神学在"科学"面前的投降,并且是欧洲自杀的一部分。

员(perfectionists)中,甚至也在广受仰慕的文艺复兴运动本身里。

没有公开受到过询问、挑战和失败,那位诗人和那位演讲者轻率地抛弃了其信仰和希望的珍珠。他们轻巧地在其自身的文明之外踏着步子,"好啊,看来一切都要结束了",然后邀请我们在彻底的黑暗中再等上几百年。这样一种态度是如此的任性,它动摇了一切对历史意义的信心。我们很难设想,由于抗罗宗新教徒运动,基督之后自查士丁尼(Justinian)到宗教改革的10个世纪就因腐败和迷信而被一笔勾销了。但如果我们现在就把两千年的基督教历史全盘推翻,那我们就必定会丧失在整个时间中的方向,像一个在森林中迷路的人一样不停地打转。一种人性,如果没有开端或终结,就会堕入施宾格勒式(Spenglerian)一上一下无意义的循环,或者索罗金(Sorokin)所说的波动(fluctuations),或者帕雷托(Pareto)所说的交替残留(alternating residues)。文明、黑暗时代、复兴,相互追逐着。我们开始于无何有之处,而我们又结束于开始之地。如果两千年都走了歧路,我们就根本不能指望历史有进步。

进步:基督教的还是现代的?

足够奇怪的是,"进步"一词很容易被用来概括一个现代读者对这几页的论证所作出的最常见的反驳。自从历史的曙光初现,不是始终有一条虽然摇摆不定但又不可否认的进步路线吗?人类理智的成就,不是显然越来越好地在利用着他的外部环境吗?不正是这种天生的智力,是我们对未来之希望的最好保障吗?

[75]进步和未来的确是不可分离的,但它们的依赖关系却正好相反。恰恰是因为基督教创造了未来,所以进步是基督教

纪元的赠礼,①而随着我们脱离这一纪元,它也就相应地消失了。当然,在某些特殊的情况下,人在基督面前的地位也会有所提升,但那仍然是零星偶发的,因为它们受异教历史循环特性的支配,这异教历史再一次吞噬了自己的孩子,最终什么也不会有所添加。而只有在基督教从时间之终末统一了人类的历史之后,人类前基督教的成就才能从诸神的黄昏(那是它们的末日)中得以拯救。比如说,当罗马像巴比伦一样衰亡之后,如果没有教会去保护其遗迹并开始恢复古代学术(自12世纪以来这一直是我们的光荣),希腊的科学和哲学又会变得如何?

进步的观念并不是在1789年或1492年创造的。耶稣就允诺过,他的追随者会比他作更大的事(《约翰福音》14:12)。早期教父们维护着做为基督教观点的进步,以反对异教对命运循环的信仰,以及认为黄金时代处于过去;他们宣告了生命和爱在苦难之后且通过苦难而复活,由此上帝自身在有信仰者心中造就了进步。② 在12世纪,佛罗利斯的约阿希姆(Joachim of Floris)预言了在下一世纪中教会之外有形的、此世的进步,而且以这样的[76]方式他预示了我们这一千纪中的一切社会改革和革命。③ 但他的教会之外的进步观念,其背后却以教会的存在为

---

① "在基督的教会中会没有宗教的进步吗?无论如何那是最大的进步。有谁会如此嫉人憎物,试图禁止这一进步呢?然而,这进步必定是那被称作是我们信仰的进步,而不是改变。""基督宗教的应该恰当地遵循这些如何造就进步的法则。"米涅,《拉丁教父集》,卷五十,页667(莱兰的樊尚[Vincent of Lerinum],公元434年)。

② 如今可在雨果·拉纳(Hugo Rahner)那里发现的材料:"相信圣父者的心中诞生了上帝"(Die Gottesgeburt in den Herzen der Gläubigen nach den Kirchenvätern),《天主教神学杂志》(Zeitschrift für Katholische Theologie),1935。很可能第一次明确的对进步的讨论是莱兰的樊尚写于公元434年的《劝勉录》(Commonitorium),但在第一部伟大的基督教历史哲学著作,奥古斯丁的《上帝之城》中,进步便是其核心观念,虽然不那么明确地表达。

③ 参见《出于革命》,页586以下,页699。

第三章 未来的创造

根据,故其立场依然是基督教的。① 一个大年的任何倒退或循环,在中世纪都受到了明确的批驳。②

明确属于现代的进步观念,几乎不晚于 18 世纪,当时的人们,像孔多塞在其《人类精神之进步》(Les progrès de l'esprit humain)③中,摆脱了前几个世纪的宗教连续性,建立了一个此世俗之外的人道主义理想。④ 人类的精神取代了圣灵。从基督教传统中的解放,在当时似乎就允诺了无限的可能性——但对于任何这样的假定,其保障的缺乏都是自那时起直至现在所有世俗历史哲学所不可避免的。

进步的世俗化只是开始于孔多塞。他仍然使用着精神——如果说是人类精神——的术语。毕竟,法文中的 *esprit* 是一朵很特别的花;它能够证明其价值——在于勇气的愉悦——哪怕是处于物质传统的衰落中。1789 年的法国人都意识到了,通向他们所谓"各种进步"的步履是多元的,因此,有许多个精神,结合为一个单一的精神。如今的麻烦乃是,这一区别被遗忘了。今天论述进步的人,甚至都没有提及这一令人惊异的事实:在其整本书中,孔多塞从来就没有用过单数的进步。[77]无论是封面还是内页,始终都是 *les progrès*。对于这种复数的改进,没有人会有任何反对意见。炸弹始终都在改进。但这改进根本不决

---

① 基督教进步在医学中的美好应用,可见《帕拉切尔苏斯集》(*Paracelsus*)(1494—1541),Sudhoff 版,卷十一(1928),页 26。

② "*Non est regressus secundum naturam.*(按照自然,不存在倒退)。论谴责大年(De Reprobatione Magni Anni)",《伊西斯》(*Isis*)卷 31(1939),页 71。

③ 该书完整的书名透露了这一进路的新奇之处:《人类精神进步史表纲要》(*Esquisse d'un tableau historique des progrès de l'esprit humain*),1792。

④ 参见贝里(J. B. Bury),《进步的观念》(*The Idea of Progress*),伦敦,1920,以及因格(Dean Inge)在 1920 年以同样的题目所作的罗曼尼斯(Romanes)讲座。同一位作者在其《偶像的倾落》(*The Fall of the Idols*)中有一章论述"进步",伦敦,1940。又见施瓦利埃(J. Chevalier),《人类进步基于什么?》(*En Quoi Consiste le Progrès de l'Humanité?*),巴黎,1930。

定进步。我们所有人的单一的进步要想得到保证，只有当炸弹——虽然改进了——不被使用。对于这一不使用我们自己的小机巧，孔多塞没有讲过，因为他认为我们大家当然都会同意这一目标。他希望把教会和国家中已建立的原则，运用并扩展于艺术和科学中。这，唯有这——才是他那本书的论题。他确信，在提升了人的心灵和理智之后，进步如今能够成倍地发生。从前朝圣者在一个萧条的世界中缔造进步，而法国人有能力把这进步传递到我们的外部环境，传递到世界。

而正是出于这种将某一已知性质传递至外部领域的理由，他的笔才会始终使用复数的 les progrès，指的是一切科学和一切艺术。Le génie，他写道，semble avoir plus que doublé ses forces（页151）。天才所拥有的，将不止是双倍的力量。

英国语言无法表达法文中扩展到新领域的多重进步观念。由基督教纪元所确立的灵魂的进步，与将观念运用于艺术与科学的新领域的 les progrès 之间的差异，被英语中词语的模糊性抹去了，这种现象绝非罕见。孔多塞著作的英文译者、伦敦水晶宫的万国博览会以及芝加哥进步世纪，都在使用单数的进步一词，因而将宗教性起源和技术性运用混为一谈。

到了这时期的结尾，我们的知觉已是如此迟钝，故而我们通常都不注意这一单数进步与复数进步的根本差异。我担心读者会嘲笑我作这种区分是在卖弄学问。但他能忽视这一点吗：[78]在鱼雷、枪炮、毁灭方面的一切"进步"，都是在特殊领域中的进步（复数），说到底它们会阻碍人自身的进步？复数的进步并不能保证（单数的）进步。它们也许伴随或装点它。但我们首先要厘清什么是进步，然而才能将它运用于各种技术改进。人类进步的伟大的观念，并不能靠特殊科学或机巧中的十万一千种进步来保证，因为后者已导向我们时代整个文明最快最强烈的毁灭。如果我想要理解从封建国家到现代国家的进步，那么，观察埃塞俄比亚、尼泊尔、巴拉圭以及利比里亚这样的国家,根本于事无补,它们真的没有把这一进步揭示给我。它们都只是应用了现代历史中心所确立起的原则,而在这些边缘的国度,那原则仅仅是在扩展。

这是进步原则的一个简单事例:在古代,单个的神祇隐退了。整个古代都在忍受这样的呼喊:更大更好的神祇。几乎没有一座神殿是为一个神而建造的,而一场新的民族性大灾难又使他们再建造一座更新的神殿。新的神祇总是立即把旧神打发到塔尔塔洛斯①。这种不断的"蠕动",你说它什么都行,但绝不是进步。它是一场猎鹅游戏。一种明确的心灵转变,乃是这一有关神祇事务中真正进步的先决条件。只有一了百了地承认上帝是独一无二的神,世界才消停下来。

一个更贴近家庭的例子是婚姻。如多妻制,允许娶两个乃至更多的妻子。这就阻碍了妻子的进步。她不知道她还是不是完全意义上的妻子。因此,她必定惧怕现实的倒退。因此,这种婚姻不是进步的。没有为新的课题而释放出力量,无论是对她还是对他。他依旧在追逐着[79]更美妻子的观念。对其关系之最终特性的希望和恐惧,对他们的婚姻状态造成了破坏。

这两个事例揭示了进步所赖以为基础的法则。进步必须是清楚明白的。作为一年中的四季,我们总会遭遇循环。但进步要求一个我们明确说出承诺。除非我们结束单身汉的状态,否则我们就不会进步到已结婚者状态。这就是进步与循环的区别——循环是我们所凝视的外部神话,而进步则是我们创造性信仰的活动。一个新踏入美国的人,用他的活动重新书写了他的整个过去。假定一个欧洲人,在欧洲时他梦想过某个未

---

① Tartaros,相传是地狱的最底层,克洛诺斯和提坦神被打败后,便囚禁于此。——译注

来、某种事业、某座有待建造的房子等等。后来,他来到了美国。通过他的脚步,他有关未来的梦想现在成为了过去。这就是对进步最好的描述——哪怕是未来,昨天面对过的未来,如今也变成了过去的一部分。他在欧洲时聊以自娱的对未来的憧憬,如今则在他美国土地上深深地耕犁为肥料。进步取决于我们给予自己以力量,把昨天似乎还是遥不可及的某些方面,叫作"过去"。①

使某个活动明确地基督教化、明确地埋葬过去、一个明确的承诺、以及一个独一无二的回应,乃是进步的先决条件。只要人们还没有这样说,他们也许能一同睡觉、吃饭、工作,但他们还根本不会结婚。他们还没有切断不这样做的可能性。我们现在获得了对真正进步历史的深刻洞见:从孔多塞到1850年的水晶宫博览会,艺术和科学的进步被看作是整个人的进步在更多应用领域的扩展。到了1850年,应用是唯一被考虑的进步;中心倒塌了。

1850年之后的这一世纪,第一次发明出常规的方法[80],以推动发明,由此产生了有组织、自动化进步的观念,所依靠的只是人的聪明才智。源初的基督教观点使得进步依靠脆弱然而活生生的人心,愿意去死并变成上帝的出生之地;无死无生的现代"各种进步"的机制,逻辑上就拒斥心,把心看作是不可依靠的、令人厌恶的东西。一个机械式的心的创建者,向千百万美国人装出一副英雄的样子。

如今我们已经知道,当人类生命的某一方面声称自己是不死的,那它就变成了一种神话。自动进步神话的幸运符号是一条直线,代表着在某一方面不断的改进,既没有明确的开端,也

---

① 这一洞见很好地表达于一个瑞士日内瓦的教授1940年致其美国朋友们的一封灵修书信:"来自这一欧洲大陆的问候,在它身后有一个光荣的未来。"

没有明确的终结。但正如一个迷路的人,总想一直向前走,而事实上却在转圈子,同样,自称是线性的进步,拒斥了基督教罗盘所提供的通向开端和终结的取向,总会粗心地落入反复循环的圈套——这正是异教的诅咒。因此,对自动进步的信仰,则断绝了进步。

诚然,把一切重复都看作是坏的,兴许也是错误的。生命本身就在于重复和创新的平衡;前者是我们固定资产的投资,后者,在任何一个时刻,都是在我们选择、改变的自由范围之内。除非过去的成就一直与现在的新创造一同发挥着再生的作用,否则它们就会仅仅是变化,而没有任何一种积累性的增长。①

但生命的自然倾向——如果由着它自己——乃是会从初创时放松到常规状态,并因而颠覆过去和未来的平衡。这就是为什么自动进步的观念是错误的。社会中的每一群体,因为纯粹惯性的作用,总会倾向于一直向前走,并且,不管其内心所确定的是什么,都要求它越来越多:更短的工作时间、更高的利润、职业的特权、社会的优势、已定型的方法。但"更多同样的东西"则意味着进入了一种俗套,一种恶性[81]循环,因为单纯量的扩张就意味着质的重复。俗套使我们彼此分离,并切断了我们与未来的联系。而当生命丧失了统一性和未来,当它分崩离析并被囚禁于过去,它也就死了。②

那种认为文明按照机械论公式固定不变地向前向上运动的观点,对于任何真实的历史观察而言,显然是一种神话。因此,为了与严重衰退的证据相妥协,克罗齐(Benedetto Croce)提出,我们应把历史看作是螺旋式上升,在这螺旋线中,也会发生衰

---

① 参见《出于革命》,页 464 以下。
② 有趣的是,我们能看到,世俗进步的观念一直在重复着异教的典型特征:分化和重复循环。

落,但紧接着就会有更高的上升。但螺旋式进步同样是自动进步,因为它并不依赖你我去创造。它规避了十字架,这十字架穿过了我们的心,没有任何一种曲线的可预言其的形状。螺旋线被许多学术界的教授当作理解的基本原则而加以接受。"生命如螺旋线一般向上游历",杜威这样告诉我们。① "一切进化都沿着一条上升的螺旋线",则是一位好人的另一个新近的陈述。② 这些话很好地证明了一条古老的格言:这世界是用贫乏得可怜的脑子来统治的。因为,这一郑重其事加以倡导的螺旋线"象征",并不能在任何可衡量的尺度上满足其尺度者的目的。③ 他们必定从来没有分析过它。说到底,它之所以被选为他们的象征,是因为在他们面前已然有了基督教的进步观念和异教的循环观念,以及黑暗时代的历史或个人经验、战争、压迫、罪行等等。挫折总会发生;前进总会发生;生命不断地在循环。这些是我们所拥有的三个事实。

[82]螺旋线能传达这三个事实吗?我没看出来。一桩罪行、一种全民族的偏执狂,将时钟拨回到过去,而这堕落是如此的深,我们只能恢复微不足道的体面,远少于我们过去所拥有的。在恢复公众体面已丧失之水平的过程中,我们也许会上升得更高,并最终进步到一个新的高度,但除非我们首先承认有深刻的堕落,否则这一进步便不可能发生。

于是,进步就包括了以下的步骤:1.某种水平的公众体面在

---

① 这句话是他《托马斯·杰佛逊活生生的思想》(*Living Thoughts of Thomas Jefferson*)中的警句,纽约,1940。
② 施滕策尔(Julius Stenzel),《柏拉图辩证法研究》(*Studien zur Platonischen Dialektik*),莱比锡,1931,页171。
③ 以下是宗教文献中的一个例子:"灵性生命曾被比作一座螺旋上升的楼梯,在这楼梯上,我们绕着更高更深的同一个点在攀援。"在后面的重迭中,"高"和"深"就展示了比喻的不足。引文出自斯彭斯(Maisie Spens),《那些不可撼动的事物》(*Those Things Which Cannot Be Shaken*),伦敦,1944,页39。

某一时间内被接受为"自然的"。2. 堕落到野蛮状态,一个个体或群体的一切标准被弃置一旁,这使我们感到震惊。3. 我们重新思量我们的人性状态。我们理解不了这样一种深刻的堕落,便试图更深入地探究到我们人性的秘密之中。我们发现我们先前的正义观有某种缺漏。4. 堕落之后的下一个和平状态,反映对人类真正本性的更完整的洞见。它以这样的方式将我们组织起来,使得下一次我们不至于堕落得这么深。

于是,进步就可以一种否定的方式来加以表达。它意味着越来越成为真正的人性(我们的创造者召唤我们具有的人性),而对这一回应的责任则不要偏离或堕落。我相信进步,是在这样一个意义上:即我相信,自开端以来,我们纪元的每一个世纪,都偏离得越来越少了,并且人类变得越来越自然,越来越完整地成为他所应是的。

如果说"进化"使得我们靠自己的力量提升起自己,则进步使得我们越来越停留在我们创造者的手心中,而越来越少地偏离出他的手。

螺旋线象征那蛇一样的后弹之所以无用,就因为它试图在向下看的观点和向上看的观点间作妥协。它假装要调和它们,而事实上对双方都作了损害。它遗漏了那导向寻求任何象征的体验。

以下是对螺旋线的驳斥:1. 我们的尊严的[83]最大高度,当我们使用进步一词时,就已经是我们的了,否则我们就不能用一个标准来衡量一个个别事件。但螺旋线却上升到一片空洞的空间,与任何已知的事实或价值都不可相比。空间自身没有"高度"——就该词任何定性的意义而言。2. 导向螺旋线观念的历史事实,的确显示了事实上的高度丧失、事实上的堕落或偏离。螺旋线却假装从来没有观察到这样的堕落。因此它打消了我们的警觉。3. 螺旋线对于持怀疑论立场的历史旁观者而言是一种安慰,他们已然决定要从历史之外来看戏,而不想参与历史自身的剧痛和凯旋,一如桑塔亚那(Santayana)这样的人。这样的一种心灵希望拥有一种套式。4. 这螺旋线,就因为它告诉众人可以站在历史之外来看戏,就为下一场堕落作了准备;因为,怀疑论者的缺乏参与,就削弱了进步的力量。

人不是为了"认识"进步的过程而被创造的;他只被允许去相信它。蛇最大的恶,就在于混淆了我们所能认识的和我们所能相信的。可以这么说,螺旋线就是那蛇——就其标本的外形而言。旁观者心灵之选择这一毫无意义的象征,就证明了我们愿意不惜一切代价,只为了成为历史这出大戏中的观众。在任何环境下历史都不是螺旋线。在任何环境下人都不是历史的观众。

现在我们就能够明白,为什么历史既不是线性的也不是螺旋线的,而是十字架般的。未来并不会自动地等待着向我们敞开;它必须靠我们自己内在的死与复活,来加以重新开启。不是在某一个方向上现成的运动,而是不断的重新定向,打破旧有的常规,这才是进步的公式。一切的成规、生命中一切的次要形式,甚至我们身体中一切的器官,都会衰落——当它们不起作用的时候,当它们没有因新枝叶的萌发而得到刺激,这种刺激就是那样一个步骤,走入未知和看似不可能的领域,若我们问自己我们真正的心到底在何处,我们就能体验到这样的领域。基督教乃是那[84]开启和关闭循环的力量;因此它就不是循环自身,而是能够包含众多的循环和周期,螺旋线和直线。

科学和基督教纪元

前面的讨论可以用科学来加以说明,科学通常被看作是现代进步最成功的例子。进步的确是科学的命脉。但是,科学之所以在我们的时代取代了巫术和迷信,只是因为它从基督教中继承了对进步的信仰,和为一个敞开的未来而与精神习性中各种恶性循环作斗争的力量,以及那通过苦难而改变我们心灵的力量。

不仅是外行,甚至太多的专家,也都错误地把科学进步看作是线性的,就好像它仅仅是把正确的旧方法越来越多地应用于新的材料。"在你的科学中怀疑,绝不要怀疑你的科学",这是一位优秀的大学校长有关成功的学术事业的反讽般的秘诀。但最好的科学家并不仅仅是个寻求答案的人;他也是个修正其问题的人——根据新的经验、新的情感、新的信仰重新修正其问题。这就是为什么诸如达尔文、弗洛伊德、爱因斯坦这样的创新者,在其自身领域中,不得不与正统科学家们顽固且常常是不乏恨意的反对意见作斗争。也许是现代科学最伟大的奠基者,帕拉切尔苏斯(Paracelsus),如此得遭到其人文主义敌人的迫害,直到如今,大多数学者还认为他只是个冒牌货。[1] 因此,他说:"真理产生憎恨。"

一个纯粹科学进步的神话,骗科学家们相信科学能够独自前进,而无视他们所从属的社会,甚至相信他们的具体科学能够独自前进,而丝毫不在乎作为整体的科学哲学。在此,线性进步观再一次落入了异教式分裂的地狱,正如不断增长的专业化威胁要使现代精神成为一个巴别塔。而真理却恰恰相反:每门科学都依赖其他科学,[85]而科学之整体又依靠社会的其他部分,获得其支持和再生,使我们免于陷入成规。的确,近几十年来欧洲所发生的事件,应该被清晰地写在墙上,以印刻在最迟钝的心灵中。如果那将科学家们整合进社会的共同信仰丧失活力,社会将不能维护科学家。[2]

---

[1] 参见《教会之祖》,卷二,页729以下。
[2] 见我的《我们的唇舌之果》(The Fruit of Our Lips)中"希特勒与以色列"一章,印行于《宗教学报》(Journal of Religion),1945。

各类专家们如今都把其生存归于这几个世纪,在其中对科学的信仰和善良意愿在整个西方社会产生。西方思想中至少一半的能量都不得不被用来以一种共同的哲学来不断地熔铸一切当代人,这种哲学乃是一种弥散性的信仰:全人类都生活在一个由普遍法则所统辖的自然中。在公众某种程度的一致同意所规训之前,或在一种新的哲学教导公众要尊敬科学之前,那种新的对自然的学术探索几乎就没有成功的机会。否则,就不大会有对特定科学实验或重要问题之选择的合作或支持。科学若没有哲学,就好比是轮辐没有轮毂:整个轮子就会破碎。而在欧洲,这种破碎就在我们眼皮底下发生了。失落了它们的中心,各门科学就被独裁者们破坏和滥用了。

　　将离心的科学和向心的哲学熔铸为一体,这是那样一些人的任务,他们经受着苦难,为的是使人类端坐起来,并且具备对科学的敬重、信任和耐心,哪怕是在科学家犯了大错或者让我们等待了几个世纪的时候。从笛卡尔到杜威,心理学、地理学、经济学、历史学、化学的各个世界和其余的世界一道,由哲学家们维系在一起,他们告诉社会中的每个成员——不管是专家还是常人——自然、人、社会是什么,并且在建造未来的过程中上述三者如何通力合作。通向一个目标的善良意愿和合作精神,必须一次次地靠我们来产生。

　　近来在这一方面的不足和失误,导致了[86]我们如今所经受的动乱,而对于这些动乱,我们科学中所复活的异教精神也有责任。学者们自满于肢解启示的树干——他们的科学其实只是其枝叶。拒绝承认他们对未来(一个一切人共同的时代)的设想有赖于基督教纪元的遗产,他们就丧失了方向和定位。科学并不提供方向和定位;它们倒要以此为前提。时代的支柱是靠活的生命,而非理论来确立的。

　　在我的记忆中,有关科学家与基督教纪元相脱离的最富戏剧性的例子,乃是詹姆斯·布雷斯特德(James Breasted),著名的埃及学家,最友善的人,我说的是1934年美国历史学会会议之前。① 他声称:"感谢上帝,四千年的启示总算结束了。"他指的是以色列和基督教;富兰克林·罗斯福也可以把社会进步直接从埃及的伟大法老那里算起。

布雷斯特德代表了一批杰出的学者,他们出于对各自学科中重大发现的钟爱,坚持认为这些才是历史的中心。他对埃及"社会理想主义"及其所确立的"个性的时代"的赞颂,说明他并不想理解埃及的偶像崇拜是什么,以及何以它必须被启示所克服。异教精神的缺陷并不在于它缺少个性,而是有太多的个性,以及为了社会,有太多的活人献祭!是埃及学家们最早组织起的领地——这是一项不朽的成就;但他们所付出的代价则是,将此世的统治混同于天国的律法:法老并非我们意义上的王,而是"拉神(Ra,太阳神)的住所"。以色列的先知们明白,沙漠里的生活也比这种太阳下的法律更可取。

当各门科学清除了其基督教基础的最后残余,它们就不可避免地落入了精神死亡的陷井,其形式就是恶性[87]循环。对荷马诗歌的批评倒退到沃尔夫(Wolff)之前:巴塞特(Bassett)这样稳健的心灵都回到了荷马风格统一性之类的主题——而这,对于古希腊语文学界将要逝去的英雄维拉莫维茨-莫伦多夫(Wilamowitz-Moellendorf),最晚至1927年,就已经是个令人厌恶的论题了。历史学回到了编年史,因为它变成了"社会"史:它只讲述事件和风俗的前后顺序;没有了真正的时代演变。意识禁止一个全新的故事开始。也就没有任何东西完成了。坚

---

① 参见《美国历史学杂志》(*American Historical Magazine*),卷四十,页427,以及《理性主义者年刊》(*The Rationalist Annual*),伦敦,1935。以及同一作者的《意识的曙光》(*The Dawn of Conscience*),纽约,1933,页 xv 以下。

持纯粹科学态度的历史学家,他们既不询问,也没有能力询问何以信仰会缔造一个时代,它如何结束又如何开启;因为这些东西我们只能从我们对未来的信仰中学到。而一切活的历史都将过去与未来相联结。但由科学历史所创造的过去不是把过去看作是我们未来的结果,而是现在的原因。我们未来的过去也许会有一个终结;而我们现在的过去则没有终结。它的的确确是没有终结的,而描述无终结性的唯一形式则是循环。每个恶性循环之所以是恶的,是因为它并不包含其自身的溢值,它的谜。唯有未解决的历史问题,才能组织起已解决问题的无穷材料。

完全恰当地说,一切循环中最简洁的循环,被证明是在圣经批评的领域中。1906 年,史怀哲(Albert Schweitzer)出版了一本最初从 1770 年开始到他那个时代有关耶稣生平之研究的历史著作,① 在其中他表明学术研究已经兜了一个圈:每个可能的论题都已经历过提出、反驳、替换的过程。一个像史怀哲这样伟大的心灵看到了,基督教世界从不断无意义的兜圈子中不可能得到进一步的光明。他不再研究耶稣的生平,而是重新发现了基督之死,并且到刚果去行医传教了。

[88]通过史怀哲,我们可以估量出进步与恶性循环之间决断的意义。一个人若发现其精神活动被某种异教式的循环所攫取,他就会奋力挣脱这循环。我们的大学不能让任何一门科学陷入这样的陈规旧习,因为它会摧毁学生的忠诚。犬儒主义、暴力、逃离,便是灵魂对这种愚蠢游戏的回答。灵魂的侵蚀已经产生了。

---

① 《对历史上耶稣的探寻》(*The Quest of the Historical Jesus*),伦敦,1922。《圣经》批评一个世纪中众多论题之一是便是将约翰福音的年代确定为更晚。相信别的任何年代都是"不科学的"。翻开 1945 年的《圣经文献学报》(*Journal of Biblical Literature*),我发现这循环也在那儿完成了,其中也有一篇论文讨论的是约翰福音更早的年代。

第三章 未来的创造

另一门被恶性循环所危害的科学——虽然你很可能想不到——是经济学。因为经济学处理的是不断变化的材料（它们将我们与此时相联系），则处于它思维中心的便是变化。同一条面包我们不可能吃两次。很难相信这样一门不断变化的科学会倾向于成为循环的，但是有许多证据表明了这一点。在一种精神疲惫的打击下，许多经济学家公开滔滔不绝地对我们说："钟摆又荡回来了，我们又回到了重商主义；我们又回到了作为道德哲学一部分的经济学。"经济学理论中160年进步的涤荡如今已消散。只有为经济学理论提供一个新的出发点，才有可能阻止其重新回复到循环之中。这只能是精神革命，科学中（一如其他任何领域中）一切进步赖以可能的死与复活。这一出发点是显而易见的。过去几十年产生了许多有关失业理论的宏篇巨著，但所有这些著作都犹如普通经济理论的附录或赘生物。在陶西格（Taussig）的经济学教科书《经济学原理》（*Principles of Economics*）中，起初失业甚至都没有单独的一章。① 渐渐地，这一越积越厚的失业问题，就变成了现代思维方式的一个痈疽。在本书最后一章中，我们将获得有关经济学理论这一危机的实践上的结论。在此，只消[89]指出，涉及真正的进步，则这一科学也依然受到恶性循环的威胁。

我所看到的最令人沮丧的乃是如下的事实：这些领域中的人根本没有因这一处境而感到激动。他们认为，说到底这只是个术语或表达的差异，对你如何呼唤或组织你的思想没有什么关系。我有关重新思考的说教，在他们美好良知的棉花堆上消失得无影无踪，可他们科学的生命力也同样消失了。你自己认

---

① 庇古（Arthur Cecil Pigou）新近的《失业理论》（*Theory of Unemployment*），伦敦，1933，依然只是古典理论的一个注脚（尽管扩充为一本篇幅浩大的专著）。但它没有新的基础。

为是不重要的任何东西,都不会产生任何影响。科学家如果不是觉得真理是最该关注的东西,那么真理在民众的精神风貌中就不再成为可关注的东西。如果科学家说:我们现在回到了1750年,那他就把科学的进步一笔勾销了,而这正是进步把科学变成了各国的财富宝藏。如果我们现在再一次接受重商主义,那么显然,当初使得亚当·斯密拒斥重商主义且倡导自由贸易的原因,又将再一次起作用。在这种一再发生的循环中,将没有科学的位置。有的,只是一次次发生的同样的盲目运动。如此,说着"我们回到了……",经济学作为科学就自杀了。

科学的朋友们也许忍不住想要如此来逃避我上论述的挑战:把它们解释为对科学有敌意的,因而固执己见的攻击。但这种攻击其实不是针对科学,而是针对对科学异教式的滥用。正是出于对科学的爱,我才反对它的疾患,并呼唤一个使科学能够进步的社会。在一个丧失方向的社会里,进步是不可能的。

信 仰 的 间 断

还有最后一个反驳,我们都很熟悉。如果事情如今已是如此糟糕,岂不意味着基督教本身也破产了,因而也被驳倒了?是的,如今基督教已经破产。但它没有被驳倒。基督教曾经一而再再而三地破产。破产了,它又再一次开始;它的力量就在于此。

[90]基督教的故事——无论是在基督徒个体生命还是全人类生命中——不断地重演着其缔造者的死与复活。唯有通过他的呼喊:"我的上帝,我的上帝,你为什么离弃我?"耶稣才变成了我们的兄弟。我们所有的人都不时地破产;由于为了这一时刻而交出其精神的力量,他就为全人类创造了平等和一致。一千年以后,坎特伯雷的安瑟伦(Anselm of Canterbury)用一种相似的呼告创立了新的神学科学:"你的仆人,如此地远离你,该做什

么呢?"①而在最近的过去,伟大的基督教智者冯·许格尔男爵(Baron von Hügel)不厌其烦地宣告:信仰是一种间断式的进步。基督教就建立在这样一个发现之上:我们的心灵是必朽的,犹如我们身体的细胞。信仰不可能活着,除非它保持其间断性:这一苦涩的真理接受了属于我们信仰的死亡,带来新生命的死亡。

这样,每一基督教共同体或运动,都是共同流淌的泪水的结果,都是心灵在团契中面临破产又克服破产的结果。在现时代死与复活的新形式要求我们做什么,我将在后面几章尝试着加以讨论。未来潜在的基督徒将不会沿袭任何已知的基督教生命模式,而在讨论他们时,我则诚惶诚恐——这些新类型的阿特拉斯(Atlas),他们将再一次在大地上擎起天空。

但是,基督教与未来的一般关系,是一个"地中海式的"问题,它就存在于每一个基督徒灵魂熟悉的海岸之间,在教父们有关这一论题的教诲之外,我还不得不多说几句。有关上帝的时间(它既是终结又是开端)激励并守护人的努力的每一个开端和每一个终结的观点,给了我们[91]以重新开始的力量。今天,一如每一天,他的灵要求我们回答这一问题:在我们思维的恶性循环中依然未完成、未创造、史无前例、未妥协的是什么? 而我们将始终发现,基督教的未来就在此时此地,只要有两三个基督徒相信这一点,并且作出回答。而他们回答了——这些可怜的有生有死的受造物——通过使时间与一个最富成果的信仰与爱的点相契合,并且在这一契合中,世界之终结的突然性和最初开端的无穷性合二为一,共同为我们起源和命运的无时间性作了见证。

---

① Quid faciet, quid faciet, iste tuus longinquus exul? Quid faciet servus tuus longe projectus a facie tua?(如此遥远的这个你的放逐者,该做什么,该做什么? 被放逐远离你面容的仆人,该做什么?),《宣道集》(Proslogion)卷一。试比较对上帝缺席的抱怨(《沉思集》[Meditatio]卷二十),以及有关探寻和再发现上帝(《沉思集》卷二十一)。

第四章　对活的上帝的信条

[92]"上帝死了!"尼采叫道。我们的已分殊化之宗教的教士们——他们就像是活在一个不再惧怕为上帝所抛弃的世界——将这一陈述仅视作精神错乱的渎神;但它却是对他们以及他们的时代的真正指控,而且,很可能在1870至1917年间,没有人比尼采为在人们心中重新唤起上帝做得更多了。那一时代遗忘了人类有关上帝的古老传统:他死去而又复活,他被其崇拜者杀死而他本是可以再生的,或者他被钉上十字架而他本是可以使我们大家复活的。

人类对上帝之死和复活的信仰,犹如一条红线,贯穿于各个时代,将弗雷泽(Frazer)的《金枝》(Golden Bough)中的初民和最启蒙的新教仪式联系在一起。在基督之前,人们认为诸神会在命运的末日或部落的迷狂中死去,就像阿多尼斯(Adonis)、塔木兹(Tamuz)或者奥西里斯(Osiris)。但基督教——开始是上十字架,后来是天主教的弥撒和新教的圣言仪式(Service of the Word)——却表明,上帝死于那些本该分有其复活的人们的不洁的手、心灵和唇舌之下。耶稣之宽恕的全部意义乃是，我们仍然是上帝的孩子，尽管在各个时代我们都在心中杀死了他。

上帝是如何为人们所知的

上帝在战胜死亡的全部力量中，为我们所知，而从最早的时代，人们就将这种[93]力量叫作神圣的力量。以此定义为指南，就让我们来考察一下对上帝的知识的增长过程。

在人们活在部落中时，人们把在该部落现有成员都死去后仍能使部落得到团结的力量视为神。当战士们为部落献出生命以及人们祭献牺牲者时，这一力量变得尤其为人们所知。在这一层面上，上帝就等同于部落祖先的精灵，而他单凭否认就克服了死亡：祖先们并未"真正"死去，只是移居至一个幸福的狩猎场。

这样就有了异教的城邦和帝国。对于他们，上帝便被看成是永恒的宇宙秩序，透过星辰而得到启示，通过为崇拜它而建造的城墙、庙宇和金字塔而得到模仿。在埃及传统中最古老的术语是"千百万年"，然而初民们能够精确计数的，却不外乎一百或一千。在这一层面上，上帝克服死亡之事实，不是通过否认它们，而是通过来到它们周围，进而忽视它们：太阳神和它的神庙享受着无死亡的漫长持续时间。

犹太人发现，上帝是这样一种力量，他，创造了天上和地下的秩序之后，能够使他的人们折消一切有形事物的消逝，并等待着他在未来作为弥赛亚的来临。在此，死亡既不是被否认的，也不是被忽视的，但它也还是只有消极的意义。它是某种需要忍受的东西。

克服死亡之过程的高潮，因而也是人认识上帝之过程的高潮,乃是基督被钉十字架以及复活。通过他,最后,死亡作为一种积极的因素被包括在生命之中,由此它最终也彻底地被克服了:死变成了通向未来、通向新生的一道大门。① 进而,耶稣已交出了[94]他的心灵、他的精神、他的气息,一如他的身体,但他复活了。如此,部落精神就不再萦绕不去了,各国、各文明的高墙也就可以倒塌了,因为上帝已战胜了人们的心灵,正如他掌管了天上地下的一切:死亡已其丧失其力量。

这样,由耶稣所启示的活的上帝,就必须永远与哲学家们的纯粹概念的上帝相区别。人们否认上帝,因为他们在错误的道路上寻找他。他不是个对象,而是位格,而他所有的,不是个概念,而是名字。把他作为理论讨论的对象而讨论,那从一开始就打消了探索。没有人可以看到一个作为对象的上帝。上帝看着我们,在我们张开眼张开嘴之前,他就已经看着我们了。他就是使我们言说的力量。他将生命的言词放在我们的唇舌之上。

如果在我们的生命中,神圣者作为征服死亡的力量而变得

---

① 赖岑施泰因(Reitzenstein)学派试图将基督上十字架归纳为古代无数神秘仪式中的一种——在这些仪式中,诸神被杀死——就像其他学派在我们的医院中通过观察心理病症来"解释"我们的信仰。当然它完全是另一条道路。我们都是萌芽状态的基督徒,然而是不完善的基督徒,还经常会在半道上岔开或停下。的确,神秘仪式会由如何群体境遇所激起,会有神魔来去,而我们胸中的神灵以及我们民族的一致性,也会以无常莫测的变化,往来其间。神秘仪式解释了,一切"时刻"都会死去。神之子的提坦之战(titanic struggle),以一切参战者的精疲力竭而告终。神秘仪式使人相信其特定世界之终结的这一惊人的谜团。但在此却没有传道的因素,要求信仰者去寻求他们自己的十字架,并无限期地继续这一故事。神话将他们限制在一个有限的框架内,不能获得普遍性。当耶稣在法庭上被审判之后以非常亵渎的方式被钉上十字架时,他就使他的一切信徒出离了神话,走上宽敞的大道,这大道始终带领他们走向这真实世界的终结,既是空间中的、也是时间中的终结。

第四章 对活的上帝的信条

为人所知,那它就只能是在某一特定时刻降临于我们头上的东西;它是作为一个事件,而绝不是作为一种本质或一个东西,而为人所知的。而只是在生命之中,当死亡以某种方式——丧亲、精神崩溃、绝望——落到我们头上之后,它才走近我们。所以,基督教没有在亚里士多德、柏拉图或某个现代无神论者①(他设想出一个有关第一推动者、世界灵魂或第一因的概念)意义上的上帝。我们对上帝的信仰没有其他的权威,而只是[95]人的活的灵魂,它在第一个完人的复活中才得以圆满。虽然是不完满的,但每一个孩子却从其生命的第一天,就相信救恩,远胜于相信其自身。

典型的哲学家开始于空间的世界,因而绝不能真的摆脱它。对于亚里士多德,上帝可以是个逻辑的必然,但他绝不能是个被经验的和能言说的实在,因为哲学一直试图成为无时间的。涉及你我,第一推动者不会知道任何东西,也不会提供任何东西。

然而,对于神圣者,亚里士多德却比现代哲学家们理解得更好,因为他是希腊人,而希腊人给予创立其城邦的英雄们以神圣的荣誉。每一个人和民族,都曾经体验过决定、创造、设立价值的力量。亚里士多德给予其第一推动者的,仅仅是"思维思维"(thinking about thought)的抽象实存,但他分享了那神化言说、统治、立法之人的文化。② 在我们的时代,彻底的社会分工,以将为历史中的神圣事件做辩护的工作留给了教士们,而哲学家所强调的则主要是非神圣的逻辑和机械过程。

---

① 尼采很明确地感觉到他拒斥"上帝"。然而,在1886年,他写道:"被拒斥的,只是道德上帝",而那是个既不言说,也不予人以启示,仅仅是个观念的上帝,如伏尔泰的道德上帝。
② 据说亚里士多德曾有两次把朋友当成神来祭献(阿默兰[O. Hamelin],《亚里士多德哲学体系》[Système d'Aristôte],巴黎,1920,页12)。所以,这就是他的"言说的神"。

当托马斯·阿奎那（Thomas Aquinas）主张调和亚里士多德和基督教传统时，一位拉丁阿维罗伊主义者，布拉班特的西格尔（Siger of Brabant）却表明那是不可能的。西格尔因鲁莽反对他那一时代的学院偶像而被谋杀，从那时起，西方人的心灵——无论是对于天主教徒还是对于人文主义者——都教条主义式地接受了亚里士多德的"理性"，把它认作是人类"自然的"认识上帝和生命中最高价值的样式。这种自然的理性真正是不成熟的理性，就像是个还没有生活过就开始思考的神童所作的哲学。孩子必定是用外部世界的，物理的术语来思考上帝、科学或者忠诚的；因为他还没有生活得足够久，[96]能够通过同情，借助人类经验的更成熟的层面，来确定他自身。不可能在自然理性的层面上遇到上帝，因为，根据定义，要在我们试图将世界思考为一个体系之后很久，上帝才穿越我们的生命小径令我们认识。年轻人背靠着上帝，只有成熟的人才必须面对他。

那种力量，那种迫使我们回答生与死的问题——以及"世界的任何一部分：太阳、地震、危机、革命等问题的力量，当我们感觉到它就是向我们提出问题的力量时，就会变成一个神"——这力量，始终是我们的上帝；"使无神论者为无神论而战斗的力量，就是他的上帝"。无论是问题还是回答，都不必是言语的。"上帝的问题，通过柔顺却不可抵抗的心和灵魂的力量，走向我们"，而它们要求我们的，是我们的献身，而不是口头的侍奉。① 一个彻底不信神的人，将不得不成为一个不承认任何高于他自己的力量的人，因而，事实上就会冒充他自己的创造者；总而言之，他自己就会冒充神。我们认识上帝，首先是因为我们知道，我们不是神，而是会与神相像的人。②

---

① 《出于革命》，页 723、725。
② 在柏拉图的对话中，特阿格斯（Theages）说每个人都想成为神。

第四章 对活的上帝的信条

现代人并不如此彻底不信神,而是多神教式的,因而是种异教的。他的生活为许多神——或者越来越时髦的,叫做"价值"——所分裂。"艺术、科学、性、贪欲、主义、速度——我们时代的这些神,彻底吞噬了它们的崇拜者"。"有很多问题,也有很多答案。这些多元神祇中,没有一个……能够征服我们生命中的一切因素。……科学作为一个神,对于孩子们太严苛。维纳斯对于老年人就不再有权威。主义使 60 岁的老人感到厌烦,而贪欲则很难为年轻人所接受。诸神终结了。当个体明白它们的终结,明白它们不断的改变,他就会皈依上帝——那邀请我们时刻服从 unum necessarium(唯一必然之事)的上帝。这个人[97]就会发现他的彻底自由……因为我们未来以及我们开端的上帝,高于他在我们有意识努力的一个短暂时期放置在我们周围的诸神。"①

耶稣完成了活的上帝的启示,因为他创造了真正的未来。上帝是活的,只有当他超越了通往将来的时间之流,一如超越了过去的时间之流。"太初有言"(In the beginning was the Word),但言照亮太初,只有当它得到来自终结的称颂。上帝的言,始终是自未来返回,讲述给各个时代的,它召唤我们走出过去,在独一无二的现在,成就那唯一必要的事。

当人们将上帝视作仅在过去才是我们的创造者,抛弃终末论(eschatology)和对上帝之未来的信仰,那他们对上帝之现在的信仰也将消失。所以,发现了一种缺乏对终末之事(Last Things)之信仰的基督教时,尼采便叫喊:"上帝死了。"尼采想要成为上帝,由他自己来接管未来,但他的生命,不管他自己怎么想,却使他相信更宏大的事物。他,正如任何一个机械论者,

---

① 《出于革命》,页 725、727。参见《教会之祖》(Das Alter der Kirche),一,页 103 以下;二,页 713—717。

必须得相信那支撑着他的物质世界的统一性,相信那需要他所倡导的一切目标和方法的人类的统一性,相信妹妹、母亲、朋友、印刷商、读者以及如今将他的言词四处传播的所有那些见证人的合作。这些前提表明,在我们的世界上,没有一个人能够张开他的嘴,如若他没有对一种意义之同一性的信仰:对于在过去被创造的世界,对于那邀请我们去面对的时间的终结,以及对于现在一同对理解那终结的机会。而对这一意义之同一性的信仰,对于死、生以及意识,亦即对于终结、开端、以及我们处于这两者之间的现在,就是对活的上帝的信仰,他每时每刻都给予我们以新的命令,然而,从一刻到一刻却是从永恒到永恒。只有他才能满足人最深层的需要,引导人过一种有意义的生活。

成年人和信条

[98]上述三位一体的信仰,无非就是《阿塔纳修信经》(Athanasian Creed)所表述的信仰,于是我相信这信经就是正确的。它的三个信条保证了我们对自开端以来创世之统一性的信仰(父神创造了头上地下的万物),保证了我们捐弃我们旧的自我(由上帝之子给予我们,他通过像人一样活着、死去、尔后又复活,从而将神性自身植入人性之中),还保证了圣灵的启示,他使得我们能够与后代相交流,并在此时此地开始同伴关系。

在我们这个时代,时髦的是贬低宗教中的信条,就连神学家谈起它们来,也满是歉疚之意。那是因为不成器的知识分子,只愿意传播和平主义或社会福音,而不是福音书,而我们的神学家们,遗忘了《约翰福音》14:17①,以纯粹世俗的方式对待信条,就

---

① "就是真理的圣灵,乃世人不能接受的。因为不见他,也不认识他。"

第四章　对活的上帝的信条

好像它是异教哲学中的定理,而不是传递其生命的溪流。

基督教的教义,并不是一种理智的公式,而是一项生命的记载和允诺。它并不为我们的心灵提出去征服的观念;它告诉我们实际的事件,这些事件能够征服并改造我们,正如它们征服和改造了原始基督徒。它并不仅仅是一个思想论题,而是精神健全的前提条件。它是基督教的 *a priori*,基督教的范畴表,信仰者据此才能生活。

原始基督徒经历了全新的转变历程,当然,亚瑟·布里斯班(Arthur Brisbanes)告诉我们说,这在那个时代是不存在的。基督徒们知道,我们心中的"世界"——落在种族演化这新一步之后的人性或我们自己的一部分——或者就是绝不承认这种新体验,或者就是一次又一次地遗忘了它们(《希伯来书》5:11—6:7)。所以,唯一的保障就是,邀请这世上的各族,接受这些真理,至少也要像是陈列于他们面前的。[99]外邦人大批皈依时,这一点就实现过了。洗礼并未使个体的眼睛睁开,但它的确为他们的求索奠定了方向,能带领他们重新发现原始基督徒的生命体验。必须——如今也依然如此——向每一代人介绍这一再发现的痛苦过程。

所以,教会的活动就像是一块巨大的海绵,吸收进一切孩子气的通往理解的努力,而又不制止任何一个有信仰的、在路上的以及依然活着的人。只要群体或个体依旧与那完满的真理及其守卫者——教会——相交通,任何异教的、土著的、初民的第一步都没有受到指责。结果,理想主义者们——他们是如今我们"世界"的一大部分——能看到教会的这一海绵特性,却看不到它所吸收的前基督教之相似者所迈向的中心真理。所以,理想主义者们将基督教仅仅归结为各种早先来源的简单拼接,并《信经》中完全成年的信仰等同于其理解过程中这种那种幼稚的阶段。

然而，真理只是那样一些能够以各种不同的方式在各个不同的时代所表达的体验。即便是在数学中，同一个真理也会有新的应用，会有极不相同的表述。所以，像圣诞老人这样的传奇，也不是谎言，当我们向孩子们讲述，告诉他们要理解圣灵在我们当中的工作——只要这传奇期待我们再一次讲述，在适当的条件下，向青少年、向成年人、向父亲、向社会领袖传述，它不是谎言。排除真理的传奇性形式，就是压制真理。作为一个人，我需要传奇、神话、仪式、诗歌、定理、预言、见证、布道，每一个都需要。四部福音书是这条法则的范例，同一个真理必须以不同的方式，在生命中不同的时间，而加以表达，而完整的真理，则必须在这不同的层面协同作用时，才能够传递。四部福音书在教会生命的不同阶段，表达了同一个真理——某些东西对于马太必定是真实的，他试图向犹太人证明它；[100]对于马可，他和彼得生活在一起；对于路加，他教导未来的一代又一代人；而对于约翰，他是在耶路撒冷沦陷之后写作的，当时圣言——托拉（Torah）——已不能在有形的所罗门圣殿为人所铭记，因此，人们可以理解为什么说"圣言必须成为肉身"。

所以教会始终都允许幼稚者以幼稚的方式去看事物，却禁止聪明人嘲笑幼稚者的信仰。但它也同样坚决地禁止孩子们去玩弄成年人对《信经》的理解。有一回，伍德罗·威尔逊①的小女儿无意间到她父亲说，"地狱是一种心灵状态"。她跑下楼，告诉她姐姐，"父亲丧失信仰了"。孩子们很自然地会认为天堂和地狱都在空间的某处，因为他们只能按外部世界的方式来描绘他们还没有经历过的东西。但威尔逊的话严格说来却是正统的，无论如何都不是现代主义者的谎言。耶稣既说过他的王国

---

① Woodrow Wilson，美国第 28 任总统(1913—1921)，曾主持第一次世界大战后的巴黎和会，倡导国际联盟，获 1920 年诺贝尔和平奖。——译注

第四章 对活的上帝的信条

不在这世界上,也说过它就在我们心里。而奥利金则在公元250年以前写道:

> 我注释过主祷文"我们天上的父",为的是消除那些人有关上帝的粗俗见解,他们将上帝安置在天空中。不能允许任何人说上帝居住在某一空间中。①

而如果"天上的上帝"不是指空间中的某物,那"地狱中的魔鬼"也不是。

将孩子与成年人对《信经》的理解相混淆的做法,因宗教改革后盛行的对孩子的重视,而变得更加严重了。在16世纪,教会已变得如此世俗化,就像一个世俗国家,所以路德就将天主教的教会国完全扔到了世俗生活的一边,建立起一个既超越教皇权威也超越君主权威的基督徒良知的王国。在这一革命之后,在诸如梅兰希顿(Melanchthon)和耶稣会士(the Jesuits)的领导下,通过发展年轻人的宗教教育,无论是在新教还是天主教一边,教会都使自己得到了革新。从那时起,直到现在,学校——主日学校、教区[101]学校、教会大学——就成为教会活动中重要的一部分,而成年人在教会内则越来越没声息,因为他们的精力都投到了教会以外:政治、生意、职业。② 所以,毫不奇怪,如今的成年人会觉得被对《信经》的解释所矮化,从历史上看,对《信经》的这种解释就是为了适应孩子们的需要而形成的。

既然活的上帝是在我们的生命之中,在我们死后,以某种极

---

① 参见鲁埃·德·尤文纳尔(Rouet de Jouvenel),《教父学撮要》(*Enchiridion Patristicum*),条472。
② 参见作者的《政治演讲集》(*Politische Reden*),柏林,1929,页44以下。

端经验①的形式,才降临于我们,那就让我们试着用成年人的经验来理解《信经》吧。大部分人在寻常生活中,认识到责任,通过的是为人父母,孕育生命;像母亲或士兵那样维护其他人的生命;像作家、教师、朋友那样影响其他人的生命;或者像技师、科学家、管理者那样增进其他人的技艺。上述每一种经验都涉及与"世界"本身的某一种断裂,紧随其后的是一个新的开端。男人必定要离开他的双亲,与他选择的女人结合。一个管理者,当他在其工作中作出一项重要的创新时,就必须打破业务中的陈规陋习——就像我们如今在战争中所看到的。一个好家长或教师,必须清理许多心灵中的废物,并重新塑造他的子女或学生,为他所关心的下一代选择真正重要的东西。而在每个时代,父母或领导,都不得不忘却自己,为其所需照料者而战斗,就像母狮为其幼崽而厮杀。

基督教教义只是将这些成熟的经验,总结为各种原则,它们不仅用于个体抵达其生命顶峰的道路,而且也适用于这世界上的一切顶峰。既然我们知道我们生命中的新开端,那我们就能理解,上帝起初创造了天和地,全世界有一个创造性的源头,而不是出于混沌的偶然或出于相互抵牾的诸神(就像太阳神崇拜者希望我们相信的那样)。知道了[102]为他人的生命而斗争,我们就能理解上帝多么爱我们。因为我们自己的灵魂曾经逃脱过习俗和先例的禁锢,我们就能明白,灵魂能够幸免于其任何社会情境的约束。因为在教导时我们曾不得不遗忘和选择,故而我们知道,言词能够在我们的学生们身上予夺生命。而我们能够相信最后的审判,是因为我们已经看到过,这最后的审判历经普鲁斯特(Proust)的法国、拉斯普金(Rasputin)的俄国、威廉二

---

① 正如希腊人所知道的,厄洛斯(Eros)乃是我们与死亡的最初相遇。开始了爱,就开始了死。

世（Wilhelm II）的德国、以及哈定总统（President Harding）美国。总之，这信仰要求于一个基督徒的乃是，成年时的他比童年时的人，对生命的基本过程有更多的了解。哲学也许会忽略开端和终结。一个植了一棵树、赢了一场战斗、生了一个孩子的人，必定会一次新创造这一事实置于中心位置。于他，这就像2加2等于4一样确定。他知道，对于一个创造性或英雄性的活动，"为什么？"的问题是个孩子式的问题。

基督的神性

也许此处允许做一次个人忏悔。我以前一直希望成为一个基督徒。但20年前，我觉得我正在经受一种真正的十字苦刑。我被夺走了全部力量，近乎麻痹，然而，我又获得了生命，成为改变了的人。拯救我的乃是，我能够回顾耶稣生命中那至高无上的事件，并认识到我的小小苦楚融入了他那巨大的苦难中。这就使得我能够有充分的信念：在我自身的生命体验中，紧随十字苦刑的，必定有复活。自那时起，怀疑那原初的十字苦刑与复活的历史实在性，就显得很愚蠢了。

十字苦刑是我一切价值的本源，是巨大的分水岭，由此，各种最为真实的作用流进了我的内在生命，而我对我们传统的最初回应乃是：对我日常生活参照系之源头的感激。所以，我们的公元前（B.C.）和公元后（A.D.）的纪年法，于我就有了意义。于是，某些新的事件发生了，不是作为这世界一部分的人，而是作为那个人，他给予世界、天堂与地狱、身体与精神以意义。[103]当一个新娘获得了她丈夫的姓，一片新的疆土被创造出来了，她的一切活动都归于此。与此相似，以他的名，我们加入了一个自由的国土，这自由是仅作为后嗣所不能获知的。

人类历史上的每一种价值，都由某一特定事件所确立，它给出自己的名,并为以后的事件提供意义。每一个"一"前面,都有一个创造性的"此"。① 我们见到过许多被叫作"十字军"的运动——如美国1917年进入(第一次)世界大战——但它们的名字,如果说合适的话,则来自第一次十字军,它在西方燃起一种新的观念,并使我们以后的生活形态产生了深刻的变化。

现代人(包括教士)的缺乏信仰,首先是因为无视这一原则。言语已丧失了其关乎生命的、富有创造的、代价高昂的特性。他们不理解,为了将某种价值置于生命的王座,必须付出代价。他们将言词用于宣传或广告,甚至对先烈也不说声"谢谢",而正是先烈们将这些言词提升为高超出众的神圣价值。比如说,他们觉得,只要考察57次十字军,然后取个平均值,就能抽象出十字军的一个定义。但是,一个人如果不是已经知道了十字军是什么,他又如何能挑选其十字军样本呢?在事物的世界中,整体可能是建立在许多细节上的,但价值却不能以此方式产生。那独一无二的那个事件,必须先于其他众多事件。因此,十字苦刑(或者最后审判)②和复活[104]就不会在我们的生命中作为日常

---

① 见罗伯特·勃朗宁(Robert Browning)的"卢丽亚"(Luria)中提布尔奇奥(Tiburzio)最后的演讲:

> 民族无非是众人想要
> 提升至一种更圆满生活的努力;
> 而那些为大众之生活典范者
> 均比他们全体更具价值。

② 在十字苦刑中,连带着相伴随的黑暗,那最后将要发生的事件:圣殿帷幕的撕裂等等,都已曾经发生了;而对于信仰者,基督作为审判者的再次降临,其实在他第一次来临时就开始了。十字苦刑审判了我们全体,因为我们知道我们的表现就会像彼拉多或者迦玛列(Gamaliel)或者彼得或者犹大或者士兵们。最后审判将使众人了解到那些与其长兄(First Brother)一同死去的人每日里已经体验到的是什么,知道我们的创造者也始终就是我们的审判者。

常事件而为我们所知,如果它们不是伴随着那至大的奥秘在那唯一的一次发生过了话。

正是出于这些理由,我认为,耶稣的神圣性必须得到支持。① 作为人的耶稣只是众多人中的一个,也许很仁慈,很可爱,但也不过是"一个"人。但就他是规范、道路、真理、生命(借此我们要使自己超越自身状态)而言,则不可能叫他是"一个"人。他是"我的创造者",第一个既不是希腊人又不是犹太人或者西古提人(Scythe),而是具有完满人性的人,剩下的我们当中的每一个人,如果不是嫉妒得像尼采那样,就必定会因成为他的人而感欢欣。但他是我们用以判断自己的尺度;他的生命给我们的生命以意义;要想说明他所达到的人性完满性程度,在每一个凯撒都是一个神的世界上,"人"这个词就是极不适当的。

《信经》如今以一种与起初所阐述过的那些人相反的态度发现人。我们把对待《信经》的两种同样使人迷惑的事实并排列出,一种是否定的,一种是肯定的:

> **否定的**——《信经》如今以一种与起初所阐述过的那些人相反的态度发现人。基督教的成功已使信仰和仪式消失,教义使我们不受它们的影响。

> **肯定的**——《信经》以完满的真理说出,世界已出现过终极之人,来自万世之终极的人,就是耶稣,而他,依据这一终极,如今向我们解释了那终极之前所发生的一切事件。

《信经》中的每一个词都是真的;然而,正如它真的实现了,它也就变得不可理解了。关于耶稣的神圣性再说几句。读者也

---

① 有关这一教义的政治方面,见本书页202、214、244、293。

许或承认耶稣的启示,可为什么是"神圣的"？完整的答案将在[105]第二部各章中给出。① 请我们暂且满足于此处合乎逻辑的区分:我们叫他是完满的人,因为他自身充满了正义的精神。然而,许多人也都充满了精神。但除了他自己被启示激励以外,他也——也只有他——给了并留给我们正义的精神,作为我们共同的财产,并使孤立个体和民族的启示和激励相互敞开。他作为我们自身精神的创造者,具有神圣性。

我完全意识到,上述观点对于许多不具有上帝观念的善良的人们来说,是空洞的。告诉他们耶稣有神圣性,并没有传递什么意义。他们首先得知道上帝是谁,这需要从体验那战胜了他们的偏见的精神开始。将构成那体验的,正是《信经》的第三条,没有它,对教义的反思就没有任何意义。说到底,《信经》所反映的是,积极地参与某种对圣父的祈祷或者某种在对圣子之爱中的牺牲。所有推理出上帝的经院哲学家,都是神父或修士,他们日夜祈祷。他们对三位一体的反思,是一种真实活动或生活的道路。而另一方面,我的一个学生,在他的考卷中坦率地对我说:"我从来没有祈祷过,我也不知道什么是祈祷,或者祈祷想要干什么。"与这样的一个小伙子讨论基督的神圣性,是不可能的,也许也是渎神的。在我们提及一切启示背后的精神之前,他必须投入某种启示生命的共同体验之中。我担心,在我们对神圣性的讨论中,我们可能疏忽了不可妄称上帝之名的第二戒。唉呀,我们与他们虚妄地"讨论"上帝,兴许倒也是合适的——在他们还没有体验到上帝击中我们的三条道路时。这三条道路是:作为我们的创造者、作为我们的牺牲者、作为赋予我们以生命者。渎神的危险将教义置于我们与古人相反的位置。

[106]古代宗教人士,一如犹太人,也祈祷,也献祭,也体验

---

① 页191以下。

过狂喜。现代学生昧然无知的三种活动，他们那时都很熟悉。国王、祭司、诗人、先知，各种因耶稣获得新生的职分，他们都是知道的。唯有它们在每个人生命中的结合，才是他们认为不可能的。现代失去工作的、嗫嗫不清的、被心理分析治疗过的螺丝钉，没有成为国王、先知、诗人、祭司的雄心。在他们理解神圣性之前，必须点燃他们的这种雄心。古代的人知道许多有关上帝或诸神的故事，但从来没有听说过耶稣；所以，可以从上帝开始告诉他们耶稣。

既然《信经》既是针对犹太人，也是针对希腊人的，那它就必须对待他们每一族人的心灵。第一条站在犹太人一边反对希腊人。天和地并不是不同神祇所居住的领域，因为起初它们都是由上帝所创造的。第二条则站在希腊一边反对犹太人，就其宣称一个人成为上帝而言。对于希腊人，这就是将耶稣的名字加在上帝之子的名单上，这名单从赫克勒斯(Hercules)到阿喀琉斯(Achilles)到神圣者尤利乌斯(Divus Julius)①到他那个时代的提多(Titus)。但作为基督，作为上帝的独生子，耶稣终结了这一名单，结束了零散个体获得神圣荣耀的那个时代。而虽然耶稣与异教英雄的这一相似性足以使犹太人憎恶他，但这一教义却又使他们放心，至少他不是个基于血缘关系或任何其他方式的英雄；就他的生平而言，没有任何英雄事迹与他相联系。上帝的圣灵降临到他的头上，从一开始就把他推向他的十字架。他的每一口气都受到生命的激发，那生命必定要给予未来的人类：犹太人对弥赛亚的永恒希望，以及希腊人对他们当中神圣血肉的恒久信仰，将被那些分享唯一神圣之灵的人们的伙伴关系所代替，他们由此将为上帝所掌握，不再堕落。在耶稣之后，我们既不向上升，也不往下掉。耶稣是那上帝之子，意味着他就是

---

① 即凯撒。——译注

人的神圣性在历史中的最终实现。[107]基督教将神圣生命传递给在他之后的一切人;我们都是上帝之子——但我们的乃是复数的,发源于他的单数,是源于他那创造性的"那个"的"一个"。正如沙漏中所有的沙粒都必须通过那只容一粒的窄缝,所以神圣生命也必须传递聚集在一个人身上,然后才能由他出发传播给所有的人。这就是为什么它只能发生一次,为什么只有耶稣才是那上帝之子。他结合了神性和人性,一成永成,而要是说有第二个或第三个基督,那就是否认其成就的本质,并抹煞了由他开始的人性统一道路。敌基督(Antichrist)的态度,想要做的就是这一点。每一个基督徒都会受到弥赛亚情结的诱惑,会使他假充他那一代人中独一无二的神祇之代表;所以,当基督徒的伙伴关系衰退,每个敌基督就会出现。尼采的"上帝死了",合乎逻辑地导向德国党卫军,他们真的说,"希特勒是基督"。

有意思的是,与敌基督问题相搏斗的那个使徒,乃是耶稣的亲密朋友,是个灵性之鹰。圣约翰在他的晚年曾说,全部福音就包含在这句话里:"孩子们,你们要彼此相爱。"人们问他为什么,他给出了两条理由:"第一,因为这就够了,第二,因为主说过。"承认他的朋友是主,并因此自愿地顺从耶稣所开创的历史进程,约翰就克服了做一个基督替代者的诱惑。

道成肉身的教义——在耶稣身上,上帝一成永成地变为人——乃是我们避免堕入多神教的唯一保证,多神教总是可能发生的,于今尤烈。现代价值哲学几乎都是多神教的。① 人类价值颇多,而哲学则不可避免地要发源它们的多元性,除非它有一个关于完满之人的普遍标准。

一个人必须在一切时代正确地呼叫上帝,要不然异教[108]就会一次又一次地出现,就像启示使人的生命摆脱日常常规一

---

① 如哈特曼(Nicolai Hartmann)的《伦理学》(*Ethics*),三卷本,纽约与伦敦,1932。

样常见。耶稣克服了诸神之子之间人类的分化,在古代,这些诸神之子劫掠了世界。他们靠谋杀、强暴、战争和奴役,建立了各城邦和帝国,篡夺了将他们作为英雄而崇拜的人们的灵性力量。耶稣则是以恰好相反的方式展现其神圣性,他身上所承负的不是此世的荣耀,而是耻辱和此世的苦难。就这样,他不是利用大众的英雄崇拜,而是通过分享他的神圣性而使他们获得自由。但加上了一个条件,一个基督教的条件,即从此没有人可以凭他自身成为一个神。与上帝的交融,就变成了一人为众人,而在每一代人当中,由耶稣开始的上帝与人的重合,都为那些团结在同一圣灵中的人们所理解。这就是教会作为基督之身体的含义。

我们要造人

所以《信经》的第三条就是基督教所特有的一条:从现在起,圣灵使人成为其自身创造活动的伙伴。起初上帝曾说:"我们要照我们的形象造人。"(《创世记》1:26)由此,教会之父们将人类历史解释为使人变得像上帝的过程。他们把它叫作"冶人"(anthropurgy):就像冶金是从矿石中提炼金属,冶人则是从人的粗糙的物理材料中提炼出人的真正质料。处于历史之中心的基督,使得我们能够有意识地参与这一造人的过程中,并研究其法则。

这些法则中最伟大的之一,是《信经》中所表述的肉体复活。只有如此,人的更高形态,一旦被创造,才能在人类历史中有规律地繁衍,并由此在人的进化中取得持续的进步。因此,一种新的灵魂,一种全新的人类心灵,[109]就能在人类或民族中生存,在各时代典型的灵性演替中使自己得到产生和体现。因为的确有以前从未出现过的人类生存的新阶段,它们在某一特定时刻兴起，而如果它们是真实的，则它们就会深深地作用于人类的可塑性之上，乃至它们依次采取后世之人的身体，将它们塑造成同样的类型。

但这一点不可被理解为异教式的投胎转世，或者是无选择的、机械性的重复。新的化身并不仅仅是复制了旧的身体，也不会与之完全等同。"所种的是血气的身体，复活的是灵性的身体。"(《哥林多前书》15∶44)"败坏的身体不会以原来的形式回来，因为败坏的种子不会结出谷子。但正如种子会抽穗，同样，在我们的身体中也有一种 raison d'être(存在的理由)，出于其力量，如果身体没有败坏，那它就会以未败坏的状态复活。"①所以，只有当一种人类类型是"没有败坏的"，它才会复活。它必须得到净化，而只有那纯净的金属才能出现在复活中。

在基督教历史中，有无数肉体复活的事例。比如说，圣方济死后并没有后裔，但圣方济式的人性却开花结果了，不仅仅是在他的修会中。在《效仿基督》(*The Imitation of Christ*)中得到不朽描绘的圣方济的生活道路，已变成各教派无数基督徒——生命中每日的食粮。圣方济的生活类型引导了中世纪意大利各城市的政治生活。"第三修会"传遍了全欧洲，其成员中甚至有哈布斯堡(Habsburg)皇室的皇帝们，他们死后，谦卑地把皇帝称号放在方济会的修会标志之后。② 最后，在亚伯拉罕·林肯身上，[110]亚西西的方济(Francis of Assisi)在美国实现了其世俗的复活。当林肯作为总统和战胜军的总司令，于1865年不带护卫徒步走进里奇蒙(Richmond)时，圣方济就征服了此世的力量。在西伯利亚、在埃及，人们也许会相传，那老艾伯(Abe)③——一种

---

① 尤文纳尔，前引书，条 528 = 奥利金(Origen)，《驳塞尔苏斯》(*Contra Celsum*)(公元 248 年)5,22。
② 参见《出于革命》，页 507 以下。
③ 亚伯拉罕的昵称。——译注

新型的人——已出现了在世界上。① 在此,统治者和事奉者已融为一体。这样的人是人类历史上划时代的人。林肯和圣方济的关系,完全是无意识的。它不是模仿,而是真正的继承,它揭示了一种灵魂的力量,自从圣方济树立了榜样之后,这种灵魂就已竭力要在人的肉身中得到体现。

与此相似,基督教的天文学家、化学家、医生、传教士、画家、共济会士已遍布于世。他们预演了对我们败坏肉身的最后审判,他们出于圣灵进入肉身,以一种新生命的名义,实现了一种暴风雨般的自死亡中复活。古代的迦勒底(Chaldea)占星术士化身为现代的天文学家。希波克拉底(Hippocrates)式的医生——按照其传统,苏格拉底临终时要求人们拿一只公鸡替他去献祭——转变为现代的科学医生,以活的上帝的名义,不被地域偏见所败坏。② 按照有关最后复活的核心教义,我们看到许多部分复活已经实现了,恰恰就是这一点,而不是别的任何东西,就是我们命运的伟大安排(Great Economy)。

于是,基督教的冶人活动,就在我们的眼前延续着,也还将延续下去。这些可见的过程就是我们的信仰在此世的投射;它们预演了我们《信经》的终极原则。以圣子之名围绕我们的团契,我们叫作教会,而因为我们信仰圣子,所以我们在一个基督教世界中得到成长。以圣父之名围绕我们的团契,我们叫作[111]自然,而因为我们信仰圣父,所以我们探究他所创造的天地万物。

总之,基督之后人类的故事,就是将《阿塔纳修信经》运用于日常生活。这一故事表明,《信经》并不仅仅是对纯粹事实的陈

---

① 参见巴斯勒(Roy P. Basler),《林肯传奇》(*The Lincoln Legend*),波士顿,1935。
② 有关这一彻底转变,参见魏茨泽克(Victor von Weizsäcker),"教育与救治(希波克拉底与帕拉切尔苏斯)"(Bilden und Helfen (Hippokrates und Paracelsus)),载《战友》(*Die Schildgenossen*)卷六(1926),页 477 以下。

述,而是在洗礼时所给予的律令。《信经》本质上描述了三件事——上帝对人的托付、上帝的自由、上帝的创造性①——命令我们接受那样一些条件,在这些条件下,我们才能通过分享这些神圣属性而造人。

在 19 个世纪中,对我们的生活产生过重大影响的那些杰出贡献者,信奉并颁布了《信经》的戒律。他们相信自己能够创造出可信赖性的事物,他们满怀希望地珍爱其创造力,他们也作为自由人而活动过。在这样的生活中,他们崇拜圣父,因他是其信靠的保证者;他们崇拜圣子,因他是其自由的保证者;他们崇拜圣灵,因他是其创造力的保证者。

就这样,我们全部的文明遗产就是由人们照着三位一体的形象而创造的,而我们在日常生活中可在以下事物中看到这一形象:飞行员,我们将自己的生命托付给他们;医生,他们在运用医学科学的最新创造;教师,他们享受着影响孩子的自由,如果我们纯粹交给自然,则这种影响绝不会发生。相应地,我们也见证了现代社会抛弃了[112]神圣属性,走向其反面:不信任、机械论、命定论——人们在战争中被杀戮,人们因机械重复而分裂,人们为独裁者所奴役。

有些人贬低耶稣,说他只是在巴勒斯坦说过些好话做过些

---

① 这些就是信、望、爱的力量,它们填平了"人"心中的深渊,渺小如我们,在各时代所代表的就是这个人。重要的是要理解,它们来自上帝,而不是人类的意志。希腊语和希伯来语中表示信仰的词,指的是对上帝的诚心和托付。我们的信仰乃是一种微不足道的反射,反映的是上帝对我们一切人的诚心。威廉·詹姆斯不恰当的用语"信仰的意志",引起了大众的反感,因为它撤去了我们信仰的支柱。当信仰依靠人的意志,而不是说上帝将我们掌握在他的手心,大众就笼罩在黑夜之中。与此相似,爱及其自由常混同于意志,尤其是被神学家们所混淆。爱和意志毫不相干,就像婚戒和大炮。意志不是自由的,因为它必须为生命而斗争;但爱是自由的,因为它可以选择死亡。有关这一将"爱"归入"意志"的人本主义错误学说的历史,其来龙去脉,见我的《产业法》(Industrierecht,布雷斯劳,1926)。

好事的好人。这些人简直连常理都不通。否则,他们就会发现,在某些条件下,他们有信靠、创造力和自由,而在另一些条件下,他们则没有。这,就是《信经》的核心。

第五章　救恩计划

[113]依然相信过去二千年真是人类救赎故事的人何其少！寻常的平信徒，甚至是神学家，会带着崇敬之情谈论耶稣的生平和教诲，可是，多多少少却觉得自那时起上帝退隐了。然而，除非我们相信，基督开启了一个生命过程，它持续地改造了我们和我们所生活的世界，否则，真正的信仰就死去了。

现代人的这一困局，无疑有多种原因，有一些我们已经提到过了。对历史的基督教信仰，有赖于对世界之终结的信仰，而基督教历史便是以世界的终结为导向的。但我们的神学家们却渐渐地抛弃了这样的信仰，时至今日，即便是最粗糙的共产主义者或法西斯主义者，都是比他们更好的终末论者。此外，现代世界在很大程度上为新教精神所塑造，而新教为证明其反对教皇制是正当的，就指控道：基督教世界被敌基督掌握了一千年——"中世纪"或"黑暗年代"的词儿，就是出于这一目的而发明的。所以，大部分基督徒不知不觉地就被灌输了思想，认为基督之后漫长的历史时期是无比腐败的，基督教无比失败。

可是新教的指控,就像对马克·吐温(Mark Twain)之死的报道,是过度夸大了的——每一个伟大的革命[114]都有所夸张——但腐败无疑是存在过的,以许多形式,有时还在看起来最崇高的地方。但丁(Dante)就描述过教皇在地狱里。这根本没有什么不正统的,人们仍然是可以犯罪的。但古典唯心论,以及对自主进步的信仰,也许已经使人们把基督教历史中的悲剧解释为对基督教的拒斥,就好比说,它若不是彻底完美的,就根本一钱不值。而既然我们时代的世界谈不上是一幅拯救的画面,绝望就驱使许多人加入尼采的挖苦:"如果拿撒勒的耶稣真想拯救人类,那他怎么还会失败呢?"要说基督教从来没有受到过考验,那不管怎么说,都不是个好的回答。

但如果我们明白,我们的信仰总不免有间歇,基督教并不会勾销罪和死而是克服了它们,以及在第10世纪和第15世纪,基督教恰如今日一样破产,而后又出现了复苏——那么,我们就会以新的眼光去看待历史,去探寻拯救的故事,这拯救的故事的确发生过。

三 个 时 代

这个故事,按照其本性,必定不是学者们的深奥的发现,而是非常简单的事情,任何一个学童都能理解。甚至一句话就可以把它说清楚。拯救的故事,就是单数胜过了复数。救恩进入的,是个有许多神、许多土地、许多民族的世界。与这些东西相反,它确立了一个单数:一个上帝、一个世界、一个人类。

相应地,这故事也包含了三个时代。首先,一个上帝战胜了许多伪神。这一过程发生于我们纪元的第一个千纪(millennium),其结果就是基督教会。因此,教会史是公元头一千年中很有趣、很重要的一个方面。在第二个时代,许多互相隔绝的国家和未发现的土地,让位于同一个地球;中国式的长城再也没有用了。我们如今就处于这一点上:地理上、技术上、[115]统计上,最终是一个地球,而整个自然世界也是如此,这多亏了基督教世界所创造的现代科学。第二千纪的伟大建制乃是:首先是作为一种普世权力的教会制,其次是在其羽翼下成长起来的领土国家体系。① 所以世界历史或政治历史乃是这一时期的主题。

今天我们生活在转向第三个时代的剧痛中。我们还有待建立人,人性的伟大单数,在同一个家园,克服种族、阶级和年龄群体的多元性。这将是未来斗争的中心,我们也已经看到了青年运动和汤森派(Townsendites)、②阶级战争和种族战争的爆发。它们提出了问题,第三个千纪必须加以回答。极权主义国家是个错误的尝试,它试图用第二千纪所创造的旧手段,去解决新出现的问题。极权主义的抽搐,乃是衰弱的一个表征;它的门徒大声尖叫,因为他们隐隐地惧怕其偶像已经死了。国家处于守势,因为它不足以满足未来时代的需要。未来历史的主题将不是领土的或政治的,而是社会的:它将是个创造人的故事。

一旦抓住了这三个大时代的序列,我们就能看到,每一个时代都对应着一条《信经》,因此,拯救的故事就是《信经》在人类历史中的实现。三条《信经》分别对应着(1)尘世、(2)救赎、(3)启示。历史以不同的次序实现它们:第二条产生了第一个时代,然后,第一条也得到了实现。如今,我们正开始的,是第三条。

在第一个千纪,教会所关心的,完全是成为基督的身体。因此,教会的中心就是《信经》的第二条:耶稣是真正的基督,他的父是真正的上帝,他的教会的精神是圣灵;相信这一点的,就得

---

① 参见《出于革命》,散见于各处。
② 当指美国医生 Francis Everet Townsend(1867—1960)所创立的老年循环退休金组织。他还促成了美国国会通过了社会保障法。——译注

到了拯救。教会是得救者的团契。

[116]第二个千纪将创造归于其创造者。在基督徒的灵魂在上帝那找到憩息所后,外部世界就可被涤除一切渎神性(ungodliness):整个地球都被组织进一个领土国家的体系,而自然本身则变成了一个普遍法则与秩序的领域——法术、精灵、各种反复无常的作用因素都被剔除了。这样,哪怕是现代科学也都是救恩故事中的一个过程,而通过它对自然的统一化过程,《信经》的第一条就变成了人类活生生的财产。

所以,我们就指望下一个千年集中于第三条,亦即致力于上帝在社会中启示这一课题。这一时代所关注的两件事将是:重新赋予单一人类种族中所有僵死的分支以生命,以及重新使单一人类生命中一切机械化的部分得到启示的激励。既然个体生命历程的各个阶段,以及工业化社会不断变化的需求,都使我们反复转换角色,那么,就必须使生命的气息一次次以复兴的力量贯注于我们,免得使生命和人类得不到启示的激励,幽暗如长夜。① 教会史和世界史将必定得配上全部人类的历史。而谁是人?谁是可被启示激励的存在?

启示的传承——意义的再生

然而,贯穿于各个时代,拯救的故事都是同一个过程:传道和皈依,早期基督徒的生命不断地传递给新的人们。这一过程构成了基督教的奇迹:这是非遗传的繁殖。当然也存在过世袭的基督教(Hereditary Christianity,一译遗传的基督教),但这只

---

① 见第三章。各时代与各条信经间的这种相互对应关系,当然只是各有侧重,而不是相互排斥的。我们信仰的全部真理,无论是在基督来临时,还是在时间的终结,都被完满地给予了。

是对此世习惯的让步,说到底是个自相矛盾的概念。基督教完全处于哲学和[117]旧宗教之间。哲学产生于闲暇的交谈(conversation)而不是皈依:它并不要求对其的确信有稳定的繁殖,以及历经各时代的有组织的传承。公元550年也许有一个柏拉图主义者,1700年是三个,1942年则会有一打。哪怕是苏格拉底,哲学的圣徒和殉道者,也只是创立了某些隐秘而又相互对立的学派。没有不中断的传统,对于哲学没什么大不了的。另一方面,如犹太人的宗教,的确力图使自己得到永生,但靠的是遗传;它们对皈依没有兴趣。基督教用参与死,来代替处于自然出生的繁殖。它允许在一代人与另一代人之间信仰上的突变和中断,①但它相信从传道跃至皈依,跨过人类自由独立之实存的薪火相传。

耶稣的问题是灵性的丰饶性,即如何使它得到永恒的繁殖力,能够自我延续。他的答案是通过失败而获得成功,这就是基督教悖论。他被钉在十字架上,体验到人所经历的最彻底的失败,然而他却成为历史上最成功的人,是在最深刻的,激励其追随者不断传承意义上的成功。如果他是在自己有生之年获得成功,那他的门徒们就变得仅仅是模仿者。哪怕他在十字架上如此成功地申明了,他们也还是想要复仇。事实上,他甘愿将他的灵魂交还到他的父的国度,并因此能够在他的门徒中间复活,因为他们感觉到自己如今已经接过了他的事业。

以其他更次要的方式,他也表现了同样的创造性放弃。如果他写过一本书,那么他的门徒们就会觉得当教授更重要;但是相反,他创立了教会。他[118]明白,作为人,他不能垄断洞察、

---

① 马可·奥勒留(Marcus Aurelius),从哲学的标准看"最好的"的皇帝,曾被他的前任所收养。他把哲学看得比灵性之源更贵重,他容许自己的血脉得到延续,这一点则毁灭了他的帝国。

预言、智慧的力量。他克服了作为天才以他的剑、他的言词、他的智力统治世界的诱惑,相反,他由此创造了一个真正天才的朝代。因为圣徒们的的确确就构成了一个天才的朝代,他们所关心的是精神向一切人的永恒之流,而不是他们个人的提升或自我表现。耶稣颠倒了天才的自然方向;他在他之后的每一颗灵魂中按照次序激起了具有创造性的永恒力量。通过为他自己的才能选择了一个限度,他表明了,到了合适的时机,精神就会回到他人身上,因为没有一个人能够过分长久、过分排他地篡夺它。

真正的精神传承,不仅仅是持久,还是传播、深化。教会只有通过传道和皈依,才能相信它自己的存在。它存在于五旬节,那时圣灵贯注于使徒们身上。当他们不理解新的传承规则,梦想着由耶稣的兄弟在耶路撒冷掌管着一个家庭式的教牧职位时,与耶稣在肉身上没有关系的保罗,却通过走了出去,向外邦人传道,从而使教会得以复兴。因此,在最初教会的十二个人和五千个人之后,出现在全世界的是数不清的教会,而在教牧人员之后,平信徒也接受了完整的圣灵。

基督徒的皈依始终涉及四件事情:(1)摈弃旧的生活道路,不再认同世界本身,因为它将我们的身体或我们的心灵禁锢得太紧密——这就是说,基督徒不属于此世(otherworldliness),另外耶稣要求其门徒要自弃(self-denial);(2)发现一种使我们新生并进入一种新的忠诚关系的力量;(3)使自己与一个新的人群(他们以前是受到忽视或者甚至是轻视的)相混合,从而证明这一经验,而这些人又能增强我们的经验,使之成为一种习惯;①(4)以及承认[119]那力量和伙伴关系发自我们信仰的创

---

① 美国实际上就是基督教国度,就千百万移民从旧世界来到新世界时体验到忠诚的改变,就旧世界的泪水成为新世界欢乐体验的种子而言。

立者。只有当新的群体围绕对基督的最好的记忆而不断形成时,基督教才能继续存在。光是效仿基督是不够的;还必须接受作为创立者之自由自觉的赠礼的这一榜样。

但是,虽然传道和皈依的意义是始终如一的,在时间的进程中它们却采取了不同的形式。在头一千年的教会中——在东方则如今依然保留着——人们漠视伪神和精怪的世界。传道形式的榜样,则是殉道者和修士或隐士。一个殉道者,正如这一名称所指出的,乃是个见证人;通过拒绝崇拜恺撒雕像或者欢呼"嗨,希特勒",他就证明了活的上帝,戳穿了市场上的偶像。曾经有一个隐士,与人们心中的邪魔,与信仰魔鬼的诱惑作过斗争。比如说圣安东尼(St. Anthony),与他自己心中的提坦和巨人、巫师和术士搏斗过。① 这样,人的超自然敌人被克服了;一个错误的占星术和巫术天国中的精怪,变成了崇拜上帝的团契成员。结果,一滴禁欲苦行之水就汇入了我们众人的生命之流。与古人相比,我们大家在工作、性生活、饮食、运动和娱乐中,多少有几分像修士。

在殉道者和修士从天空中驱逐了精怪之后,第二个千年则与世上各地的力量作斗争,以建立一个基督教的世界。"上帝的世界"。十字军和朝圣运动就是这一新的传道形式的体现。朝圣运动和十字军的公义,乃是[120]西方人第一次从当地的血缘关系和经济束缚中得到解放。② 自那时起,直至今日,随着在十字军的教会之外又出现了改革宗的教会,随着班扬(Bunyan)的

---

① 不了解异教精神中对精怪的着迷,我们就绝不能理解新约中的奇迹。它们是一个人造天国中真实的过程。巫术和魔法诱惑人们去扮演神,并且随意操控宇宙。耶稣在旷野中克服了这一诱惑。以后他所行的奇迹非常少——只够表示他也能做这一类事情,由此证明他对符兆和奇迹的蔑视是真实的,而不是酸葡萄。

② 参见《出于革命》,页 543 以下。

《天路历程》使西方人一波波来新世界定居的过程具有了某种神圣性,因而,更多的十字军和朝圣的新形式,与家庭、财产和此世法则作斗争,推动着一个走向某个更大的世界、某个圣地或者共同国度(Commonwealth)、某个"彼岸"世界的运动。结果,某种灵性朝圣的性质已渗透进了我们大家的心中。

每一种传道和皈依的活动,都为其后来者铺平了道路,也因后来者而得到复兴。在基督教能够征服伪世界(即分化的世界)之前,它必须去征服伪神。但精神要向前发展,而旧的生命形式之能够保持活力,只有当新的形式清除了因重复而产生的阻塞,从而使它们轻装上阵。到了头一个千年的末尾,教会的真正灵性的成长,让位于纯然数量的扩张,如国王们用火和剑使各国人民皈依,各部落仅仅因其头人的命令而接受基督教。这意味着,下一个千年必须与各族各国人们心中残留的异教精神作斗争——他们只是在名义上成为基督徒了——也要与从基督教世界流失的土地上的异教精神作斗争。所以,十字军运动和改革宗运动,就要对旧的形式加以补充。如今,十字军和改革宗都已司空见惯;它们因纠缠于琐碎的问题而使其扮演的角色变得贬值。但它们也会长久留在我们心中,因为基督教的生活方式不会全然为时间所摧毁;它们在呼唤由新的道成肉身而产生的复兴。

肉欲对道成肉身

只要灵魂迷失方向需要复苏,传道和皈依就将继续发生,但我们可以期望的是,在[121]下一个千年,它们的方式会比以往更贴近人性。我们时代的各种诱惑,并非出自天上的精怪崇拜,或者地下的割据闭锁。它们出自灵魂的糜烂。我们的生活为厌烦和神经疾患所纠缠;它因机械化的社会和机械化的科学而瓦解,这机械化的科学将人的生活变成了单纯前因后果的推导。所以我们就受到诱惑,去崇拜赤裸裸的生命力、感觉主义、好死不如赖活着等事物和教条。①

传统的塑造或皈依模式又能向这样的人提供什么呢？没有任何东西能让他们离弃这些诱惑。它们太虚弱了。嗓门最大,最有诱惑力的疗法,就是活力论,或者部落式对人肉欲的崇拜,将其阶级、种族、信条、肤色或民族之源奉为偶像。也许我们可以从这一崇拜的广为传播中找到一点线索,因为我们必须与之竞争。

基督教始终要和江湖郎中竞争,他们宣称能提供拯救的方便法门。在向外邦人传道时,基督教就遇上了灵知派(Gnostics)的竞争,后者还很大的成功。灵知派用头脑的消遣(diversion)替代了心灵的皈依(conversion);你只稍构想出一个宇宙体系,就能免去顺服历史启示的麻烦。灵知派认为,真理无处不在,只要去认识,而基督徒则知道,真理只能因他而活。在第二个千年,在维京人(Vikings)当中则有假冒的十字军,他们很快征服了格陵兰,却不知道该怎么去治理;而人文主义者又以相似的理由胜过了宗教改革派——伊拉斯莫胜过了路德,培根胜过了加尔文,柏拉图的榜样胜过了圣保罗的榜样。一个柏拉图主义者是个理想主义者;一个基督徒则经受十字苦刑,舍弃他的自然理想,因为只有当他放弃他自己的精神,他才能重新得到它,并[122]必定要在此时此地得到体现的神圣启示的激励之下。人文主义者认为,无论如何生命总是好的;而宗教改革派则知道,他自己必须把好作为他的允诺。我们时代的江湖郎中是肉

---

① 如今,哪怕是人的贪欲和恐惧也都变成可敬的东西了,因为它们证明了他的生命活力。"生命力、活力、强力、激动、刺激、兴奋、惊悸、悚动",都是现代人为之折腰的勋章。它们真是侮辱。比如,说一个演讲者很刺激,那就是彼拉多在我们当中获了胜。这意味着真理不再重要了。

欲主义者和部落主义者。他们承诺永恒的生命,如果你是无产阶级或者德国人,或者如果你吃维生素 B_1;基督徒则知道,生命会再次堕入野蛮状态,除非我们自己使它成为一种新的创造性之言的道成肉身。

请注意其顺序:灵知派认为,生命有其真理,无需历史性的启示;人文主义者认为,生命就是好的,无需十字架;肉欲主义者认为生命是美的,不要道成肉身。这样,所有这些江湖郎中都使用同样的诡计,因此,毫不奇怪,今天的部落主义者就用人文主义者自己的武器去打击他们。在过去的四个世纪中,古典文明的崇拜者们竭尽全力摆脱基督教。他们执著地相信,生命就是好的,无需启示,无需十字架。所以他们就以人性的神话来替代上帝,背弃了基督教时代。我的古典学同行们,依旧和学生们一起读色诺芬而不是圣保罗,读恺撒而不是圣奥古斯丁。虽然他们的拉丁文希腊文学生已几近于无;他们却看不到他们有多么滑稽。很自然,如果没有基督教取向,他们对古典范文的挑选就显得完全是任意的,因而也就没有能力抵御部落主义者,那些人的模范则追溯得更远——一直追到尼尼微残暴和巴厘岛的舞蹈。

只有用不含灵知教和人文主义合金的钢剑,我们才能战胜以生命活力为其神祇的新兴游牧民族。那把剑必须由全体人(受造物)来铸造,而不仅仅是由思想家。在工业社会的血汗劳工中,我们必须找到某个位置,以安置使人复新的精神,安置人的神圣源头。道成肉身必须战胜肉欲。部落主义者很有活力,只是以损害其他部落为前提。基督教寻求一种人的广泛的道成肉身,包含其所有的[123]分枝,借助共同的劳作和苦难。我们的下一个皈依形式必须要允诺人类大家庭的诞生。

肉欲和道成肉身的反差,只是恒久的此世性(worldliness)和来世性(otherworldliness)二元对峙的一种新形式,这种二元对峙乃是基督教皈依的核心。在新近的年代，这一二元对峙常被误解为仅仅是否定性的。比如说，尼采就将基督教等同于虚无主义，是对生命的彻底否定——然而在他的超人观和生命的永恒克服中，却给出了一个真实的基督教来世性的世俗版本。

这一对基督教的误解，很大程度上是因为异教的顽固或者理解《信经》的幼稚方式。甚至"来世性"、"超自然"等习惯表达，也反映了这一点。孩子们首先是以空间的方式来思考的，他们的心灵将天国描述为"高于"此世的另一个世界。但正如基督教的本质是历史性的——它是人类拯救的历程——所以，做基督徒就意味着首先是以时间的而非空间的语言来思考，正如《圣经》中喜欢用的词，"将要到来的世界"。基督教创造了真正的未来，正如我们已经看到的。基督教的来世性实际上是基于介入这个世界的"来世权能"（the powers of the wold to come）（《希伯来书》6:5），正如已经发生过的。

以同样的方式，我们也不能认为超自然乃是某种与空间世界中的电或重力相对抗的魔力，而是进入敞开的未来，超越过去的力量。自然以循环的圆圈和向下的倾向运动；它没有说"不"和上升到摆脱熵与惯性的自由。但人却不仅是自然的动物，因为他可以违背他的自然：Ecce homo（瞧，这个人！）。他的心灵可以阻止社会习惯和物理原因对人类生命的影响；它可以迈出进入未来的第一步，从而使未来得以成长。异教徒的行动依据先行的惯例，基督徒则却保持其不可预知性：他们自己先行。

[124]耶稣来到世上，不是要否定生命，而是要更充沛地给予生命。基督教并不是为了死本身而崇拜死的颓废形式，它乃是一种发现：最完整生命的秘密就是将死包含在生命之中。①即便是基督教来世性的极端形式，隐修士们，也在其生命中体现

---

① 参见《教会之祖》(*Das Alter der Kirche*)卷一，页83—91。

了这一真理。在他们身体死去之前就舍弃了一部分世界,他们将死作为激励置于生命的中心。他们证明了,死是生命基本要素,事实上是生命中最锐利的成分。但同样来世性也还有更多的形式。① 任何父亲、经理、教师,都必须放手让年轻人去做他自己能够做得更好的事,从中使他得到学习,因为他知道,有朝一日他会死去,他们必须接他的班。新约充满了英雄般的辞让;耶稣放弃言说许多真理,第二代或第三代基督徒需要自己去发现。所有这一切都出于超越的来源,不是出于我们自己的生命本能,而是出于我们关于死的智慧。人作为一种机体,其生命从出生走向死亡,但是,作为灵魂我们早就知道他会死,他是通过从其终点回顾来塑造其生命的。

也许,来世性的旧的形式会被误解的另一个理由乃是,如今需要新的形式。正如人经过两千年的基督教已渐渐去自然化了(de-naturalized),所需要的就是不那么尖锐不那么黑白分明的形式了。自弃的基督徒所面对的是彻底非基督教的世界;他们常常对世界彻底保持冷漠并预言其迅速到来的灾难般大结局,才能使他们有效地传播他们自己的消息。所以圣徒和殉教者们都一起离开了这个世界。在第二个千年,朝圣者和十字军穿越一个世界,这世界始终是个部分的基督教世界,需要重新进入,需要改革,需要超越部落和地方的束缚。在从现在开始的第三个时期,基督教必须进入我们这个寻常的世界,使圣灵得以体现,[125]以不可预知的形式。因为人的日常生活已变得如此非自然,如此不纯朴,如此地操心忧虑和苦闷,而同样却又混杂了基督教各时代的点点滴滴,所以,此世生命和来世生命截然对立的老办法就不适合了。不必否定此世:混沌(chaos)自己就否定了自己。现代人已经经受十字苦刑了。他所需要的拯救,乃是

---

① 参见本书作者的《社会学》,柏林,1925,页197 以下。

自其日常劳作和闲暇中获得的启示。对于我们,此世性和来世性的区别就在于,前者是已然由过去所创造的有限形式,而后者则是来自敞开的未来吹拂到我们身上的圣灵的无限气息。来世就在此世,作为人的命运、人的意义。

匿名的基督教

发现了基督徒和异教徒、信仰者和非信仰者不再像起初那样相互分离,而是在每一个人的灵魂中肩并肩地存在者,我们就受到了一种挑战,要在基督教的演化中去实现一种更进一步的创新。没有人可以声称是百分之百的基督徒或百分之百的异教徒。皈依者和使他人皈依者,将不得不生活在同一个人之中,就像我们呼吸的两种运动,就像我们信仰的持续的垂死和复苏。

在这种情况下,我们也许不得不承认,人类灵魂各种各样的需要是不可计算的,与此相对应的皈依形式也将是多种多样的。我们可以在以下事实中可以最显著地看到这一点:某些具有深刻灵性洞见的教牧人员已经明白,有些人事实上需要的皈依,乃是离开教会。我有一个朋友,在他的教区里有一个女人,她整天忙着阅读神学,使他人皈依上帝,她在宗教事务中沉溺得非常之深,把自己变成个让人讨厌的人。有一天,他和她严肃地交谈了,告诉她,宗教已成为她生活秩序中的癌症。"切掉它!"他突然大叫道。她呢,[126]当然非常惊讶,但服从了他的命令,离开教会,过一种彻底世俗化的生活,成了个很有上进心的女骑师,到处都受欢迎。我的朋友解释道,只要她还使用单调传统的宗教术语,那些东西到了她的嘴里就变成了批判或攻击其邻人的武器;只有彻底剔除教会语汇,她才获得安宁。于她,组织化的宗教必须削减到最低程度,才能在她心中重新激发起宗教来。

而正如她听从牧师的权威,她就为活的教会作了贡献——从这件事上可以看到,活的教会有许多大厦。

这样的例子可以有很多。我们竟然能够理解那离弃我们的皈依和倾向,这就是基督教历史上的一个新事件。它表明,我们的世界被人们觉得是个远胜于苍白的官方基督教的统一的基督教世界;我的朋友不会把他的教民送出教会,如果这样做就意味着将她罚入彻底的异教或犹太教信仰的话。基督教的种子如今既在教堂的长椅上,也在世俗的生命形式中发芽,而某些灵魂将需要与完整的基督教意识之光保持一点距离,生活在其边缘,环绕他们的只是基督教的间接成果。舍弃了嘈杂的忏悔形式主义(confessionalism),他们倒可以添加某种新的信仰告白。

这就意味着,我们必须牺牲我们的教派标签。因为信仰者和非信仰者都嘈杂于我们每个人心中,所以哪怕是使用异教徒或基督教这样的名称,也都可能排除一个真正属于上帝的灵魂,或者就是把我们未驯服的心灵中的异教徒灵魂也包容在内。但基督教所指的,始终都是牺牲。早期教会要求所有的人,出于对基督的爱,进入教会时要放弃他自己的、氏族的和民族的名字:在头一千年中,基督才是教会中唯一应该提及的名字;每一件事都是只以他的名字做的。如今,名字的力量已变得如此虚弱,故而我们很少能明白,在外邦人成为奉他之名的人民时,到底是出于何种敬畏,他们才牺牲其身份的。[127]在宗教改革时,所作出的是一种新的牺牲;在此人们所抛弃的是有形的大教堂和圣迹的确定性以及教士的圣阶制;在世俗世界的暗夜中,他们将自己奉献给了对上帝的爱。

今天,召唤我们的是,要牺牲掉确信我们是基督徒的自负。"我希望能有信仰",在机械时代的社会之复杂和混乱中,这也许是所有最具正统信仰的人所能说出口的。所以,对基督的爱和对上帝的信,如今必须通过对圣灵的望而得加强。

第三种基督教,希望的基督教,开始于基督教的受难日(这一名称叫得正好)。受难日就是我们信仰的中心,但现代各教会,沉醉于"文明"之中,觉得既安全又体面,却不能自愿地展开受难日对其的意义;他们惯常反对自私的讲道并没有其自私行动(一如在讲道的外衣下所掩藏的各种利益)那么雄辩。所以我们今天被欧洲和俄罗斯发生的真实的受难日的恐怖景象所环绕,在那里,基督教不是被否定就是以犬儒的方式加以处理。因此,我们为基督教所该作的事奉,就是将无信仰的大众引入一种新的希望之中,因为希望就是我们与他们自然的接触点。信仰也许会失去;而希望则给我们时间,等待信仰归来。除非人们有希望,否则他们就不会有足够的耐心去倾听。

虽然我相信,基督教是神圣的创造,《阿塔纳修信经》是真实的,但我也相信,在未来,只有通过无名的或匿名的事奉,教会和《信经》才能给予生命以新的租约。圣灵的启示激励,将不再只停留在有形的或讲道的教会的高墙之内。必定得有第三种形式——倾听的教会——将信仰者聚集在一起,结成不分教派,不贴标签的群体,一同劳作,一同受苦,靠着希望生活,打破旧崇拜模式的束缚,由此等待和倾听一种新的慰藉的到来,使现代人的生命从分裂和机械化的诅咒中得到解脱。通过这种苦修,我们可以希望挽救我们的赞美诗和《信经》[128]以及有着历史传承的教会,免得在未来的时代中被毁灭。基督教自身也许能够从死亡中复活,如果它如今抛弃其自我中心的话。

言的死和复活

旧名称、旧言词、旧语言的磨损,乃是在基督教处于消逝过程之中的危机中,最为人们广泛而又深刻地感受到的事实,这就是为什么我们今天要抛弃它们。一位杰出的瑞士耶稣会作者甚至走得更远,他声称,"'上帝'之言已经消耗殆尽,我们大可不必为了它而与尼采争吵"。① 那可真是无名的基督教。

基督教语言的问题,并不是个有关宣传技巧的肤浅的问题。基督教认为,言是人之母(Word is man's matrix)。② 我们会说我们的"母语"而不是"母亲的语言",因为语言本身就是母亲般的,是时间的子宫,人在其中被创造,并始终不断地得到再创造;我们所使用的几乎每一个词,都可回溯几千年,而一切真正的言说则使倾听者和言说者都得到了重新塑造——这是宣传家们所不知的一个事实,他们以为可以掌握他人而自己却不被掌握。唯心论、实在论,涉及语言在人的创造中的位置,就必然无望地陷于窘境;它们憎恨它,因为它使我们的心灵自身成为一个造物。但神学既不是从物也不是从心而是从言开始的:圣哉、圣哉、圣哉,以及那审判、祈祷、歌唱、命名、祝福和诅咒的声音。创世的故事告诉我们,上帝通过言语使"混沌空虚"获得秩序:"上帝说,要有光……"万[129]物都由言所造,且出自言。起初既无心也无物。圣约翰的确是第一个基督教神学家,因为他为一切有意义事件之发生均出自言这一点所震慑。

世俗心灵的语言,或者是普遍的、抽象的,就像数学,或者是具体的、特殊的,就像南方方言。"2 加 2 等于 4"对所有人都成立,但它是抽象的;"马里兰,我的马里兰"是具体的,但并非

---

① 巴尔塔萨(Hans Urs von Balthasar),《德意志灵魂启示录》(*Die Apokalypse der Deutschen Seele*),三卷本,萨尔茨堡和莱比锡,1939,卷二,页 3790。亦见前,页 7—10。

② 在本书不可能在这一点上花费很多篇幅。我知道这是不够的,并且我只能说请读者多多包涵,一本比本书篇幅大得多的书,论述语言的起源和因圣言而使之得以康复,正有待出版;虽然有人告诉我说那本书不可能出版,我却没有放弃希望。

对所有人都成立。但基督教灵魂的语言,却同时是普遍的、统一的,而又是个人的,能赋予言说者和倾听者之目的以具体独特性。① 只有在一种结合了普遍有效性和此时此地之情境的具体性的对灵魂的言说,灵魂才会苏醒。耶稣的话语全都很简单,但它们变得永远是重要的,因为它们是恰当的时刻言说的,"当时间圆满"。他为一切人而死,但他的行为,又是在此时此地,全心全意的,其言词是对他的邻人在这一特定场合所言说的。

耶稣的使命就是在生命的一切方面修复言与行的关系。他的命令、他的歌词、他对自然法的简短表达,是能够表达实在的各种不同语式的完美范例。"成了"。他并不是在十字架上作演讲,就像现代政治中的烈士们那样。他也不是为做论文而陈述观点。在此,他没有观察事物的心,没有主观地探索另一个灵魂的灵,也没有在宣告一个福音。通常没有被人提及的乃是这句话的意义:言就是行,而这些行则是生命过程本身的各个阶段。在完成其历程时,[130]生命最后导向了言说。"成了"是十字苦刑的最后一部分。在彻底的绝望之后,耶稣能够接上人类历史的线,接上那从亚伯拉罕、摩西、众先知一直传下来的线,并将他自己的死认作是种族生命的历史序列——这一点,就使他的结局判然有别于他两个邻人的结局。只有这短短两个字的句子,才使这一事件成为他自己的经验。

语言不能被冷藏,也不能在词典中保持鲜活。从启示到常规的衰退法则,无论对言语还是对生命中的其他方面,都是

---

① 如果说这在某种程度让人想起黑格尔的话,那是因为黑格尔反过来是从对基督教历史的研究中发展出他的哲学的。然而,作为一个唯心论者,黑格尔彻底颠倒了基督教具体性的意义;上帝并不是在我们的心灵或观念中发现的;他通过那些我们试图帮助的其他同伴而向我们言说。信、望、爱的创造性能量,并不是心灵的属性,而是人与人之间的纽带。

第五章 救恩计划　　　187

成立的。每次言说时,我们不是使言词复新,就是使言词贬值。所以,就像其他语言一样,基督教语言也会被滥用,而我们如今听到,它被"基督教"的法西斯主义者、国家主义者、和平主义者和势利鬼所滥用。回顾过去,我们能够看到,基督教语言的全部溪流,已冷却为地质岩层。圣徒、殉教者、十字军和朝圣者们的语言,不再能打动人们的心了。无论是弥撒仪式(第一千年的完美创造),还是新教圣经中崇高的迦南语言,都不足以在如今的人们中间创造和平。然而,我们也看到,当生命的食粮变味之后,它也一次次通过新的变体(transubstantiation)而重新变得新鲜。活生生的行中之言(speech-in-action)的这些转变,乃是圣灵的真正的圣事,而如果我们谦卑地行走在我们如今的破产者景况之中,也许我们就有望听到圣言再次言说。

　　圣言的死和复活,基督教信仰的中断,其生命之流的潮起潮伏,不能阻碍我们认识拯救故事本质上的统一性。生命的长青树,只有当一代代人手挽手,接续那跨越时代的精神,才有可能成长。而恰恰是为了表达同样的东西,每一代人却必须以不同的方式行动。只有如此,每一个人才能成为造人过程中完整的伙伴;只有如此,生命在结局才能像在起初一样本真。

　　[131]在上一世纪,历史学研究遗忘了这一基本真理,因此,到了如今,学者们的时髦乃是忽视各时代基督徒的基本一致性,反而使这一历史表达的许多层面相互隔绝。① 现代人认为教会在其两千年中发生过的变化乃是一种罪恶。圣保罗被叫作第一

---

① 头三代人之间教会的伟大统一性的画面,由查恩伍德勋爵(Lord Charnwood)在其吸引人的《按照圣约翰》(*According to Saint John*)(波士顿,1925)中绘就。在这一方面,同样使人印象颇深的是霍斯金斯(E. C. Hoskyns)和达维(F. N. Davey)的《新约之谜》(*The Riddle of the New Testament*),纽约,1931。

个背弃者;①尔后又是主教们,又从腐败到腐败,一直到1789年,理性主义者们认为教会已彻底是多余之物。

尽管如此,教会的角色却曾经是明确和持久的。基督教时代的含义就是,各种分裂的忠诚的时代就要终结,人类的统一开始了。在基督之后的每一个时代,创造的另一个部分在持续的统一性中找到了它的家园。

---

① 同样的不合历史的方法也被用于耶稣自己;并导致了如此致命的对立:如生命对教训、"耶稣的宗教对关于耶稣的宗教"等等。但如果我们设想,差异中保持一致的法则也能运用于一个个体生命前后的各个阶段,我们就不会试图用普罗克汝斯忒斯式的(Procrustean)概念体系去拷打耶稣了,相反,我们就会看,他生活于各种"处境"的节奏序列中——他作为一个温驯儿子的"自然的"早期生命,他获得灵性异象的时期(我们看到这一时期反映在他的登山宝训等教训中),以及最后他从异象中归来,承担其作为基督的公开职分。进而,上述每一种处境都有其特有的伦理,显然不适用于其他处境。如果孩提时的耶稣就登山训道,那他就不能履行对他父母的责任;后来的耶稣也同样不履行其责任,除非,当时间到来时,他实施第三种生命样式——一切政治功效所要求的样式:命令人们服从,有时静默有时愤怒,关心每天、捆绑和解放。我们也能看到,耶稣自己总是领先其追随者们一步,因此只有后一代人才能完整地理解耶稣在其最后的阶段所做的事情。如此,我们就能理解,圣保罗非但绝不是基督精神的背弃者,而恰恰是个真正的继承者。埃伦堡(Hans Ehrenberg)曾说,保罗照耶稣的教导去生活,又照耶稣的生活去教导;对于耶稣生命的最后阶段,即被钉十字架和复活,这种说法尤其正确。进一步请参见《教会之祖》,卷一,页111—140。

第三部

我们时代的身体

先后,向前,现在我们以及我们父辈多少个日子都在你的"今天"中过去了。

——奥古斯丁

变　迁

[135]到现在,重视实际的人也许会不耐烦地问:我们能做什么?他也许会获得某些经验——因为这就是基督教的"做"的方式——他将在我们最后一章中发现;它所处理的是我们现时代的课题。但首先必须在第六章和第七章向读者展示我们从中发现自己的那个参照系。自然之子盲目地改造着世界。我们必须问,我们能够合作的那个所谓现在的时间,到底是哪一个?只有当我们关注着同样的过去和同样的未来,读者和我自己才会有一个共同的时间。不管我们是不是喜欢,基督教各个世纪历史的整体,都会作为一种抵押,与我们一同前行。教会制造了敌人。另一方面,像亚洲这样的各个大陆,却在未来等待着我们。除非基督徒既与未来也与过去建立起一种关系,否则,他就会丧失揭示真理的特权。涉及未来,这样特定的关系应该是很明显

的;没有使他人皈依的基督徒就不是基督徒。我们改造不了世界,除非我们能生出我们自己信仰的孩子。不那么明显的是,基督徒与过去的联系也是真实的。在基督徒行动时,他们不能就把过去的罪轻易遗忘了。我们与教会保持着一种伙伴关系,"哪怕它曾犯下过许多事情"。因此,我们现在就处在我们对教会的群体忠诚和我们的兄弟姐妹们之间,他们有权利从我们这儿听到福音。若不想停留在我们私人信仰的个人主义阴云中,我们就必须做两件事情:我们必须认为教会的罪我们自己也有份;以及我们必须变得能够感受到基督教以外的人们存在。这就是第六章和第七章的任务。

第六章将考察人们也许会指控教会的最坏的危机:缺乏信仰和缺乏明爱(charity)。① 我们会看到[136],在我们自己所肯定的作为西方人的特性中,我们都是由这些罪所塑造的。这听起来显得很奇怪,但我们也许可以说,作为西方人,我们所依赖的就是这些罪。然而,即使人们能够说明这些罪已结出了意料不到的果实,我们对十字架下时代的信仰也会得以加强。因为这也许就意味着,哪怕是教会的失误也不会一无所获;虽然受到了谴责,但它们同时或至少是以后,被宽恕了,并被上帝用在了好地方。我们可以从过去学到这一点,而若不先使我们自己与这一过去相认同,那我们就不会知道,在多大程度上我们自己有行动的自由。这些罪决定了我们自由的总量,它们也解释了我们与非基督徒合作的责任。

第七章开启了广阔的未来。要从事这一工作,就必须超越现存教派林立的基督教及其习常管辖权的界限。而远东则以最直接的方式,向我们展示了一个因我们信仰的教派分歧而丧失的世界。我们需要与这一非基督教的实在相会,因为我们自己

---

① 一译"圣爱"、"挚爱",兹采纳天主教会的译名。——译注

的处境尚悬而未决。我们看到,我们的时代承负着庸俗实用主义之惯性的特征。在这一特定时刻将非基督教的元素包含进我们时代的未来,我们才能恢复我们真正的方向。排除了非基督教的世界,我们也许就会错过我们的未来。

第六章说,对我们信仰最坏的攻击、基督教组织自身的失败,也许会增强我们的信仰。第七章则说,我们的希望的最不可克服的障碍、对立的东方宗教,能够被用于重新激发它们。这样,我们的日常工作就获得了一种远景。

除非我们从失败本身和障碍中汲取力量,我们就可能找不到答案去回复那缺乏耐心者,"我们该做什么?"猎奇的心灵会随意问出任何问题,却甚至不会问一问他们的询问是否正当,或者他们自己是否有理解并给出答案的能力。信仰使我们有力量去面对整个问题,它也为我们的回应调动了我们一切的资源。要求我们作出的回应,将[137]给我们新的力量;在我们陈腐熟稔的环境中,要体验任何有价值的东西,都是近乎不可能的。但不可能之事却必须要发生。这些身边之事必定要前来,给我们以并非长久以前就变得陈腐老套的印象。

创造未来对于我们是个谜,一直如此。我们的信仰,所依靠的就是这一对未来的创造。最后一章(第八章)将是一块试金石,因为它必须谈论身边之事,美国教育、美国生活方式、美国政治。在我们能够确信我们对未来的创造不仅是个学术问题之前,这些身边之事必须恢复其辉煌。但旧事物何时能恢复其光泽?事实何时能变得有趣?言词何时重获其意义?当它们再一次显得像是将要发生的事情,像是将要实施的行动,像是将要被呼唤的名字;可以这么说,当每一件事情都不再存在,因为我们觉得,只有我们自己无限的执著才能给它以生命的新租约。

第六章 哦,幸运的罪! 或回顾教会

机械论还是弱点?

[138]教会曾引导的,并不是过一种幸福的生活。但生命力它始终都具有。它一直为之而生活的是:心和灵魂。这一自明之理我必须一开始就写下。因为,大部分人如今认为,一切大的组织,国家、公司、工会,此世一切大的力量,都是理性的、合法的、机械的,而我们还被要求进入甚至更大的组织:今日联盟(Union Now)、或无阶级社会、或各教会联盟(Union of all the Churches)、世上一切宗教的融合。它们都合乎逻辑,成一系统。而在其中心,则放置着一架打字机。然而,唯一在每一时刻都令人激动且充满惊奇(因为它也是全然鲜活的)的群体,却是彻底不成系统、非理性、反逻辑的,也是世上组织化程度最低的;它没有细则,不开年会,家庭经济学家要为其正规预算开具处方的一切努力,都落空了。我说的,就是家庭。与其色彩斑斓的荒唐事

相比，如今所讨论的种种计划，则胜在其苍白。那些大的组织24个小时之后就会死于其极端的令人生厌，[139]如果它们就像其支持者所预料的那样完美的话。我一想到这些方案的乏味，就更能理解那小妇人的叹惜："就算不快乐，可也比没丈夫强。"在家庭的中心，我们发现的不是打字机，而是一张床、一个炉子。

用抽象蓝图塞满我们头脑的好人们，真诚地相信，在社会存在的领域，我们所能指望的，再没有什么比他们的合法设想更令人激动了。家庭不可遏制的非逻辑性，让他们心绪不宁。优生学家、公共教育家，推荐着人工受孕、国立教育、婚前体检等等。在一个纯粹组织化的时代，家庭作为有机体的一种残余，使现代人的精神陷入窘境。规划家们唯一能与之分享热情和幻想之残余的人，就是他们自己。他们会将财富贡献给他们的兴趣式计划（hobby plan）；世界会说他们疯了；戴斯委员会（Dies Committee）也许调查他们。但这些规划家还是热情高涨地活着，追逐着他们的幻像。

他们的热情是对的，但他们体系化的计划，却必定是错的。活着，意味着是脆弱的，而时时刻刻都是脆弱的人，则不能期望寻常意义上的安全和幸福。除非他愿意把他的伤口叫作幸福，否则，他就必须在生活的脆弱和罐头般的井井有条之间作出选择。

出于这一理由，就像家庭一样，教会的中心也不是打字机。它的中心是祭坛。靠这祭坛，它才始终是有趣和生机勃勃的；它接纳了它的伤口。再没有其他途径，它可以证明其生机。而一位生物学家，爱伦堡（Rudolf Ehrenborg），出于同样的理由，将生命定义为一个过程，借由这一过程，尸体的产生乃是生命历程已完成的事实。活着的，就会死。一个从未活过的"系统"，则会永远萦绕不去。

旧阶段的蜕落以及在新阶段持续影响，区分了生命和机械。甚至是最中性的词"实存"（一译"生存"）（exsitence），
[140]其字面上的意思也是走出旧的形式，进入新的形式。弱小的胚胎，在其前进的道路上有无数次变化。活着，就意味着要吸收外部生命并且分泌排泄。它甚至更意味着在旧实存形式和新实存形式之间悬而未决。生命绝不是包含在一种形式中的，相反它处于注定要消亡的旧形式和克服死亡的新形式之间的斜坡上。我们的种族很久以前就知晓这一事实：死的威胁先于生的冲动。因为，尽管说一个孩子也许会认为其生先于其死，但他的父母却该懂得更多。他们相互的爱是他们个体生命短暂的第一个标志；当一男一女相爱，作为个体，他们事实上都已准备弃船。而爱则使他们能够为他们自己之外且超越他们自己的较好的身体诞生作好准备。任何两个结婚的人，都承认，作为个体他们终有一死，但他们为生命开启一个出口，超越他们两人的躯体。

有关一切生命的这一法则，教会也不例外。厌烦并不是教会历史的特性。它的斗争接连不断，令人目不暇接。它祭坛上的火燃烧着，净化着，一代又一代。

如今，东方教会也加入了批评者的队伍。东正教教会，在俄罗斯、乌克兰、鲁塞尼亚（Ruthenia）、罗马尼亚、塞尔维亚，甚至是在土耳其、希腊和美国，都起来反对西方。罗马，一如日内瓦和维滕堡（Wittenberg），或者叫作新教（Nonconformism），都衰弱了。在往后这些年里，我们会听到东方牧首们（Eastern Patriarchs）对整个西方基督教世界的奇怪指责。①

---

① "东正教教会宣布了对整个西方的诅咒，无论是罗马还是改革宗各教会。它撼动了两者所依据的基础：教会和国家恒久的对抗。"这一预言在我的《战争与革命的颠峰时刻》(*Die Hochzeit des Kriegs und der Revolution*)（Würzburg, 1922, 页 147 以下）中得到了详尽的阐述。

第六章 哦,幸运的罪!或回顾教会

这是种什么样的革命!第一次世界大战后,西方的基督徒试图援救[141]从埃塞俄比亚到莫斯科的东方教会;一个普世运动兴起了。这一过程也许不久就颠倒了。东方教会从过去40年的世界革命中学到了东西,而我们则仍然生活在战前的思维模式中。所以,谁是基督徒?以及,哪里才是教会?

对我们的自满,新的冲击来了,给我们当头一棒。博物馆展品式的"东方教会"好像已成为化石。如果40年前,有人告诉我们说,不久罗马将不再受到现代主义者或无神论者而是受到希腊东正教的攻击,我们准会大笑不已。我们今天嘲笑的东西,明天总会是严肃的事件。反过来说,读者也可能会觉得难以理解,为什么我们以前会去嘲笑。

因为,教会历史的一个恒久特征,就是它会从罗盘的一个方向,跳向相对立的一个方向。教会处于十字形的位置,而吹动其帆的风则在任何时刻都会来自任何方向。

四边形:卡尔西顿、法兰克福、佛罗伦萨、斯德哥尔摩

这个十字架般的实在可以被理解为教会的四幅画面。就像四部福音书,这四幅画面构成了一个四边形,但传递同一个真理。作为同一个真理的四个元素,我们可以分别描绘它们。这四幅画面"发生"于不同的世纪,在450、850、1440、1925年。它们在相互关联中它们阐释着彼此。

在这些画面中,我们看到,教会——那就是我们大写的生命——处于十字形的处境中。它自己的身体就处于被钉十字架的过程中。基督徒曾经且依然分化着,只要新教徒和罗马天主教徒各行其道。然而,这裂隙却在东西方大分裂中变得更深;它刺穿了教会的身体。

[142]你也许会把这大分裂看作是个历史系教科书上的问

题。但是,这场战争却是个致命的考验,你我每一个个人都处在十字架上。以下是一些事实。

一场战争爆发于俄国和希特勒的祖国(德国)以及波兰和教皇制之间。而我们则身处这冲突之中。无神论、种族主义、唯物主义、德国唯心主义,是这场战争中的战斗口号。

而作为实际战斗的背景,谁是19世纪最奋锐的基督徒?难道不是托尔斯泰(Leo Tolstoi)以及《卡拉马佐夫兄弟》和《宗教大法官》的作者陀思妥耶夫斯基?难道不是俄国人索罗维约夫(Solovyev),在1890年写了《敌基督》(The Antichrist),并且他甚至比瑞典的大主教索德伯格索德伯隆(Söderblom)更为热忱地梦想着东西方的再度合一?① 难道不是别尔嘉耶夫,这位东方基督徒,坚定了新中世纪许多西方人的信仰?

从这少数事例中,我们就能看出,在过去一百年中,无论是维护还是反对十字架的斗士,俄国人都比其他任何民族贡献得更多。教会的这一分裂的一支处于最炽烈的火焰之中。同样,迫害东方教会的那些敌人,也更激烈。既有沙皇统治也有斯大林,不是这种专制就是那种专制。换言之,在教派上我们与东正教会的那些地区分离,但从这些地区我们却获得了我们自己的某些呐喊口号和"公用钞票"。我们能够理解托尔斯泰、陀思妥耶夫斯基和列宁,因为他们维护或者反对十字架。是不是我们就变得更清楚了:虽然相互分离,但教会的我们这一支和他们那一支却依然是相互依存的? 是的,是变得更加清楚了。

---

① 因为在英语文献中很难找到索罗维约夫的预言,所以我很乐意告诉大家,如今,在读者们很少会注意到的一本书中,我们可以很方便地看到它:见洛瑞(Walter Lowrie),《圣彼得和圣保罗在罗马》(SS. Peter and Paul. in Rome),牛津大学出版社,1940,页119—139。进一步的文献见祖波夫(Peter P. Zouboff),《索罗维约夫论神人》(Solovyev on Godmanhood),国际大学出版社(Int. University Press),1945,页227—233。

[143]但是,我们的现在的讨论所涉及的是"东方"基督徒以及他们的唯心论和唯物论对手之间,而不是在西方人的心灵之间(无论是罗马还是日内瓦的信仰),这好像是天意。因为如今,全部基督教立场已判然可见,即同一种基督教心灵,反对各种自然心灵。而没有任何人可以说,这仅仅是教皇制或路德宗或清教徒或小教派的。

如今,教会的分裂,与其说是使基督徒分离,倒不如说更是使他们统一。这已经变成了世上每个基督徒真实存在的一部分。他是某个教派的成员,这是一回事;但也同样可以说,他是基督教大家庭的成员。东西方的深刻分裂还原了在十字架和非基督教心灵之间作出决断的实际程度;与教会分裂相比较,教派争吵的幼稚和微不足道,是显而易见的。而使自己和其他教派的兄弟相认同,一个基督徒就能成为一个真正的成年人,而不是个主日学校的孩童。除非他能做到这一点,否则他就长不大。

出于这一理由,教会分裂就可以理解了。教会的分裂,根本不是出于某个平庸琐碎的理由。也许,生命本身,因为它必须活着,就需要这样的伤口?斯多亚派也许会夸口他们刀枪不入。一个诚实的人,应该在其脆弱性中发现其生命的最佳主张。

在教会内部的分裂变成一个神学事实之前,400多年过去了。这些事件发生于大约公元450至850年。但他们代表了我们如今很可能会重复的行动。在考察头一千纪所发生的教会分裂大场景时,[144]读者不可拘泥于任何历史细节。我们应该关注与我们有关的两件事:首先,东方在反对西方时,遗漏了信仰,因此在自己的家园产生了集权主义;其次,西方遗漏了明爱;而这一缺乏也在西方世界产生了深远的影响。在文艺复兴的前夜,当西方渴望东正教会的再次归顺时,这些希望受到了愚弄;从这一努力中所收获的,不是希腊的教会,而是希腊的古典,柏拉图和人文主义。最后,在全球范围大灾难的压力下,当西方教会和东方的牧首们在 1925 年以及此后的普世会议上相遇时,罗马教会则缺席了。这是第二次没有获得统一,但对于各教会心灵,这一改变推动了共同事业的伟大团体。

也就是说,我们此处所描绘的四幅画面,并不是四个相互孤立的历史事件;在我们认为教会象征着大写的人类灵魂的这一背景中,每一场景都是同一整体的四分之一。而相互远隔数世纪的每一事件之间的关系,则又是一个惊人的事实,它可以引导我们进入我们短短数十年人生历程中所蕴含的我们自己的生命故事。

教会因缺乏信仰和缺乏明爱而受伤两次;它也两次试图疗治因理性主义、唯心主义、以及唯物主义动机所造成的伤口。每一次都留下了分裂。而他们合理地期待它所取得的成功,则并非裨益于教会,而是教会之外的运动。451 年的缺乏信仰和 868 年缺乏明爱,不可能因后代的审慎而一笔勾销。但它们可以为人所遗忘。

在我们自己的生活中,我们的罪不能一笔勾销,但可以被遗忘。这两者是很不同的。我常常觉得很惊讶,这一常可转化为祝福的罪感核心体验,往往被人们理解为好像是这样一种机制:我们所做过的事情,可以被当成是根本没有发生过的。它发生过了。分裂的确发生了。如果[145]它可以一笔勾销,那人就可以勾销创世活动。有许多好人,出于他们的理想主义,或者高估了强力政治,以为教会的大联合唾手可得。可这一点重要吗?每一个真正面对生基于死这一事实的人,都知道复活有其严格的法则。若没有有形世界的改变,一颗受伤的心是不可能在精神世界痊愈的。若身体依旧,就好像没有发生过任何事情,那复活也绝不会使精神得以高升。但的确有事情发生了;死亡介入了。当我体验到最最细微的复活,我就在惊异中了解到,这一法则是多么严格:我不可能像过去一样和同样的人一起在同样的地方继续生活了。并不是他们不愿意理解。不久之后,他们就看到发生了什么,他们明白,我原本更愿意将他们对新职责的恨转移到我自己头上,由此使这一机制本身得到维护。但这意味着,我们所付出的代价,也已将付出了。我也不可能回到原来的状态了。

这一将个体生命置于显微镜下的体验,正对应于东西方教会的经历。它们不可能恢复451年和868年之前的状态。但是,它们完全可以期望,随着更大的统一性得以实现,捐弃其不和,裂痕能够被遗忘。情况的确就是这样的。第一次会议——所统一的不是教会——是在人们的心灵中统一了自然观念。似乎第二次聚会的努力,有可能为我们经济组织的物质统一性方面有所贡献。

人们越是研究教会分裂,生命似乎就越是能够从教会的这一伤口传向更广大的世界。

第一幅画面:缺乏信仰

东方教会并没有像罗马、维滕堡和日内瓦那样改写历史。它像天使那样超出了历史。[146]自900至1940年(直到希特勒到来),在阿托斯山(Mount Athos)的那些修院中,事件静止了,犹如尘世的天国。推动历史的力量被排除了:没有女人进入,母鸡都不行。

与此同时,西方教会所期望的,并不是超出历史,而是作为受苦的必朽者在历史中得以幸存。东方人用缺乏此世斗争精神和推动正统基督教世界的建立,来抵御西方人。东方教会怎么会变得这么古怪?

由于缺乏信仰。它顽固地维持一种对古代前基督教秩序的依赖关系。由于嫉妒,希腊人坚持皇帝统治下的罗马帝国行政秩序。在公元 451 年卡尔西顿大公会议(Council of Chalcedon)的教会法规第 28 条——罗马不承认这一教会法规——中,东方教会承认罗马的圣彼得的教会是第一教会,但又补充道,之所以按这一次序来排列,是因为在彼得的时代罗马是帝国的首都。而在此期间,帝国已在君士坦丁堡建立了一个新首都;因此,这一第 28 条所暗示的新罗马的权利,便昭然若揭了。如果它是正确的,则各教会就是从皇帝们所统治的帝国来排定其座次了。读者们也许习惯于用个人动机来解释全部历史,而此处新首都的竞争是显而易见的。当然,没有这些个人动机也就没有历史;我们觉得这是不言而喻的。但它们绝不能"解释"历史,因为这些动机并不会改变;它们始终起着作用。

卡尔西顿的法规很尖锐,不是因为那始终存在的琐碎的竞争心理,而是因为它所使用的论据。在教会历史上第一次,将它最突出的特征,罗马的优先性,建立在一个外部原因之上。教会的全部主张就在于,它是个全新的受造物,它不是产生于人类的组织化的意志,而是由上帝所创造的。正因为如此,耶稣才舍弃了他的身体和灵魂,免得在他之前的任何非基督教的东西,进入[147]这一新的受造物。他将自己置于过去和未来之间,而肉身的耶稣则不能进入他的第二个身体——教会——这一新的秩序之中。讨论耶稣之牺牲的人们常常不能理解这一点。从起初到结局,而不仅仅是最后的那一天,他把他全部的生命,插入过去和未来之间,因此,他自己的生命就不再延续了。他自己的全部生命已在清扫房子的过程中耗尽了,为的是接纳教会的新生命,而保罗则特别强调,要区分耶稣的肉身生命和复活后的基督的生命,前者是旧时代的一部分,后者则是新时代的第一个居住者。如今已近乎不可能理解他的牺牲所揭示出的这一含义:不是行奇迹或教训或预言的事实,而是他的这一壮举——放弃授予他的一切力量,以建立一个新的时代。在公元 451 年,其成就的这一秘密陷入了困境。东方从来没有从这一败坏的论证中恢复过来。他们一直处在皇帝的阴影之下。教会的这一支,试图保持其与前基督教世界的偶然联系。但真正的基督教却破除了因果性。教会的每一个成员都被认为体验过一种极端自由的活动,一种破除、打碎因果性之链的活动。耶稣使自己全然摆脱了事物的旧秩序,也正是这一点,才赋予他力量,使他能够"将圣灵吹到"第二次造人的活动中(《约翰福音》20:22)。

东方教会在卡尔西顿的论证,将教会扔回到彻底强力的畛域,而它原本是承诺要把人从中拯救出来的。

一直到如今,东方基督教一直徘徊在从古代到现代的转变之中,因为一种过于物质性的古代元素被允许进入东方新创造的血脉之中,而西方则将它破除出了它的体系。自那时起,东方面对僭主对教会的干涉,总是软弱无力,而西方则试图走一个完全对立的方向,亦即剥夺"皇帝们"的一切尊严。罗马教皇可以让皇帝们吻他的脚,或者替他拿[148]马镫。

因为罗马帝国产生于教会的诞生之前,所以希腊人好像就想把头几个世纪教会的褴褛一直保持下去。他们把信仰的一部分,不是建立在由彼得、保罗亦即殉道者们所实现的统一性之上,而仅仅是靠希腊—埃及—罗马帝国的外在环境。他们认为,统一性并不完全依靠教会的精神,而是取决于作为前基督教之一部分的环境因素。的确,不可能有任何一个时代可以归于这样一种合金。除了卡尔西顿这例子,我们还可以加上东方教会的其他许多特征,东方教会自前基督教世界的浮现过程如化石般清晰可辨;比如,希腊的背景和埃及的经济在其教会形式中依旧历历在目。长话短说,兹不赘言。无论如何,读者在他自己生活的时代也很容易会发现这同样的问题。任何社会群体,总有一天必须作出决断,其统一性的最终根据到底是哪一个。联合国和合众国也面对着同样的抉择：是襁褓的统一性还是内在的统一性。

教会的统一性并不是现代人起初所认为的那种统一性——一个法定团体、一个有总部的组织的那种统一性。它是一种启示的统一性：在获得启示的时刻达成一致共同行动的力量。当基督的身体处于危急之中，这种共融的力量——在圣灵的激励下共同行动的统一性——是一切对这一身体之头颅的信仰的本质。这样的力量作为一种本质力量，乃是其复活的每日的证据，一如复活节本身。所以，在头一个千年，东方和西方一致同意，一切将其灵魂交付给基督的人之间的"现实的"共同教会，等同于基督教的存在。

基督徒共融的最庄严的场合，乃是"普世"（即普遍）教会大会，就像325年的尼西亚大公会议。这次会议是普世的，[149]因为受邀的代表来自基督教世界的各个教会，而相应地，会议的文件对所有教会都有约束力。在所有大公会议上，首席均由罗马主教——圣彼得的继承人——所占据。除非为罗马的代表所认可，否则会议的任何决议均属无效。君士坦丁堡的牧首必须与罗马相交流，如果他想被认作正统，而东罗马皇帝多次致信教皇，因为希腊人相信这种共融是必不可少的。

但随着东方的新罗马，君士坦丁堡，开始与那意大利城市相竞争，东方各教会也被罗马的优先性所激怒，事情就摆在了公元451年卡尔西顿大公会议的面前。希腊人并不直接否认罗马的优先性；相反，他们在其源头削弱它。希腊人暗示道，罗马获得其地位，并不是归于彼得对教会的管理以及他的殉教，而是出于这一事实：当时罗马是帝国的首都。这种方法让我们想起了现代的某种科学，它将一切事件归结为某种影响、某个起源、某个作为其"原因"的先前的动机。如果每一件事都在其过去有充足的原因，那么显然，自由、新意都是命名不当了，而在一个受束缚的自然世界中,因与果的恶性循环就会不断重复,直至永远。因为就人能够自由而言,教会乃是人的统一的灵魂,所以,现代人将明白,卡尔西顿会议所争论的正是他的情况。我们的一切行动都有两个方面,一个属于自由的方面,一个属于因果性的方面。从世界的角度看,我娶这个女孩,因为……;但我必须对我自己说,她接受了我,尽管……。除非一个人同时知道他的行动的两个方面,否则,他就不能成功地结婚。与此相似,圣彼得到罗马去,因为帝国的中心在卡皮托利山上;然而,他也勇敢地面对罗马,尽管那是最危险的地方。他的行为开创了一个时代不是因为他的各种相互混杂的动机,而是因为他直面各种会阻止他的"理由"。任何律师都知道,各种先例并不是建立在动机而是建立在决断之上的。彼得的决断创造了[150]第二个新罗马。这可以从彼得和保罗都殉教这一事实中得知,而教会则建立在对他们的纪念中,在皇帝的罗马辖区之外——就像大多数中世纪大教堂都建立在各自城镇古代异教辖区之外。卡皮托利山曾是帝国的中心,①但彼得却是在梵蒂冈果园(Vatican gardens)被处死的。因而,罗马教会并不是帝国罗马的嗣子,相反,教会却从城墙外的地下墓穴中,起来反抗它。当保罗和彼得为使罗马人皈依而献出自己的生命时,他们的行动乃是对爱的自由回应,而不是弗洛伊德式的对刺激物(罗马帝国)的强迫反应。把罗马说成是吸引他们的"原因",又把他们的献身说成是"结果",这实在太无聊了。

卡尔西顿大公会议的结果很好地说明了对信仰的缺乏是怎么落回到我们头上的。当希腊人主张以法定或自然"理由",反对使徒们出于恩典的自由赠礼,来证明罗马教会的优先性时,他

---

① ... *dum Capitolium scandet cum tacita virgine pontifex*. 贺拉斯(Horace),《歌集》(*Odes*)三·30。("偕静默之贞女,大祭司登临卡皮托利山"。——译注)

们心里想的则是继承罗马针对教会或支配教会的权利;因为,君士坦丁堡难道不是新罗马吗?无论涉及教会还是国家,新首都难道不是旧首都的继承者吗?这一杰作的最终结果,却恰恰相反:从那时起,每一个国家的每一个新首都,都可以用同样的论据转而反对君士坦丁堡。事情就是这样的:雅典、布加勒斯特、索菲亚、贝尔格莱德,都以第 28 条为根据,声称是其教会的独立首脑。它们也的确胜了。如今东正教会分裂为大约 17 个教会;它们都沿袭纯粹此世本源的国境线。罗马教会却不用效仿这些世俗事件。①

[151]进而,当罗马帝国的覆灭,罗马的态度也使西方教会成为冬眠的文明幼虫。而东方教会则僵化了,永远固定在第 4 世纪,反之,罗马教会则像一支教会军,摆脱了前基督教的痕迹,准备开赴未来。甚至早在 2 世纪,伊里奈乌(Irenaeus)就认为教会是一个全新的普世大家庭,要接纳全世界各族人们,引导他们走向其超越一切现存政治秩序的命运。教会来到世界,并在世界之中成长,而且,它绝不承认其本质特征——包括罗马的优先地位——是属于这世界的,所以,当帝国崩溃,西方教会则保持了其至高无上的地位,也[不像东方教会那样]在 4 世纪有一个君士坦丁(Constantine)可以依靠。

这样,西方教会就能从古代世界中脱颖而出;东方从没有做到,相反,它始终固着在古代的出口。"东方教会只是个为坟墓的另一边而设立的机构;而西方教会则成为既为此岸世界也为彼岸世界而设立的机构。正因为如此,东方教会仍然是灵魂的圣事之家和礼仪之家,而没有发展出法律和政治的特征。所有

---

① 教皇大格列高利(格列高利七世,Gregory VII)有关教皇制的经典表述,第一句话读起来就像是对一切民族教会理论的反驳:"罗马教皇唯由上帝所立"(补充:非由政治行为)。详见《欧洲革命》(Die Europaeischen Revolutionen),耶拿,1931年,页 132 以下。

此世历史运动都没有触动东方教会。"①"不知道东方教会之生命的这种不变性,对布尔什维克的宗教态度感到激动也枉然。这个教会从不想改变世界,从不想教导、转化、改革它。它是个旧的崇拜教会,与世无争,一任其沉浮。宗教之箭始终瞄向世界之外,绝不落回地上。"②所以东正教教士会在成为教士之前结婚,而通常此世的一切则仍维持其前基督教时代未经祝圣的秩序。在东方教会,时间停滞了。

第二幅画面:缺乏明爱

[152]法兰克福的"罗默"与城市的其余部分一同被毁灭。它曾是德国唯一的一个由教会大事件——大公会议——开始其历史的城市。但过了1150年后,它却不复存在了。可我们从卡尔西顿来到法兰克福,不是出于怀古。法兰克福挑起了东西方最后的分裂。希腊人不认同罗马在祝圣仪式中只提及使徒,而不提及皇帝。法兰克福事件之后,西方对东方已没有爱可以失去了。最后的裂痕来自罗马这边的缺乏明爱。而最初的丧失明爱,则是于794年在法兰克福的那一天显露无遗,当时加洛林王朝(Carolingian)西方的教士们攻击整个东方教会的正统性。这些来自西班牙、伦巴底(Lombardy)、阿基坦(Aquitania)、英格兰、爱尔兰、高卢、日尔曼的神学家,他们不爱东方;他们害怕东方,认为东方是包围着他们的伊斯兰教的摇篮。法兰克福的这些侍臣们,认为唯有查理曼(Charlemagne)才能保卫他们的信仰,抵御穆斯林。远在君士坦丁堡的皇帝是个女人,伊林娜(Irene)。怕和爱的情绪表现

---

① 哈纳克(Adolf Harnack),《柏林科学院会议报告》(Sitzungsberichte der Berliner Akademie),1939,页7。

② 《出于革命》,页42。

很不同,因为情绪本身会夸大差异。发生在法兰克福的,恰恰就是怕。与东方的每一点差异,都被放大了写下来。此外,在王室礼拜堂所颂的弥撒经中加入了《信经》(当时在罗马还没有这么做)。而且法兰克人所用的《信经》中还包含了日后引起大分裂的那著名的添加部分。《信经》第三条描述我们正确接受圣灵启示的过程。而在希腊人和罗马人还没有细述圣灵发出的过程时,法兰克人的宫廷则正式将其表述为"其出自父和子(filioque)"。是圣子给了我们圣灵;所以,我们可以确信,这一表述是不会错的。但是,将这一 *filioque* 加入信经中是正确的吗?

[153]对于将 *filioque* 加入《信经》中,没有合乎逻辑的反对意见。即便是一性论者(Unitarians)也从没有反对过这些词。《约翰福音》说圣父和圣子遣派圣灵来,作为另一个训慰师(Comforter)。这一争论的根本,不是关乎真理,而是关乎明爱。头一千年的教会,及其大众信仰和对殉教者的敬仰,被条顿(Teutonic)改革家们撕裂了;他们以其奋锐的态度胁迫罗马教会,对教会的东方那一半没有耐心。

改革家总是希望对每一件事情都在逻辑上实现一清二白:加尔文的《原理》(*Institutes*)和奥古斯丁的《忏悔录》(*Confessions*)都很冗长。① 但爱却禁止在任何一个基督教伙伴肩上放置太多信仰或太多行动的重负。所以,比如说阿塔纳修就踌躇了整整 40 年,才放心在《信经》上添加一个非《圣经》的,然而又是可以且必须的词。现代人很少看重这种心灵上的贞节。事实

---

① 不过,顺便提一下,加尔文本人也在抵御那种纯粹好奇的诱惑,并且,虽然他自己的神学很冗长,但那也仅限于不得不然。当索齐尼(Socinus)用一些问题不断纠缠他时,他写道:"如果你想了解更多,请去问旁人。因为,如果你想让我偏离我的热忱之所系,帮助你侵犯我主在我等知识中所设置的界限,那你是不会成功的。"(《全集》[*Opera*], Reuss 编,1549 年 12 月,书信第 1323,卷十三,页 485)

上,我们的学童被告知,应该取笑像阿塔纳修这样为之奋斗终生的在细节上的审慎。但在法兰克福,不必要地添加那几个字,却使教会受到了打击,因为当时添加这几个字的不是圣徒,而是一些心怀恶意的武士。

法兰克福的那些人是粗暴的改革家。① 他们不得不将十来个不同的部落②融合为一个教会,所以他们就想对每件事都发号施令。教义表述上的朴素节俭,对于他们一钱不值。教会头5个世纪为统一而斗争的痛苦记忆,[154]这些北方人并没有切身的感受。他们所面对的,不是无数个灵魂经由那赦罪之爱而来的皈依,他们所不得不应付的,是许多个新入教的部落,需要用步调一致的信仰加以整饬。在法兰克人和希腊人之间,教皇莫衷一是。

有一段时间,罗马主教还希望教会能够继续维持法兰克人在西方坐大之前的状态。但教会回答法兰克福的是什么?他在罗马的圣彼得教堂立了两块银表,上面镌刻着《尼西亚信经》;公开蔑视法兰克改革家的是,删除了"和子"一句!罗马拒绝与创新者为伍,这已不言而喻。可这并不能阻止它在整个查理曼王国四处流传。到了850年,似乎整个西方教会都在使用了。854年,连罗马自己都投降了。798年的异议令也撤消了。通过使罗马辖下各教会都接受 *filioque*,法兰克人就主宰了众教会之母的礼仪。就这样,罗马教会就是西方教会中最后屈服的。

---

① 有关这一特意设立的法兰克人的滩埠(Ford of the Franks——即"法兰克福"这一地名的含义——译注),见《法兰克人的滩埠和大分裂》(*Die Furt der Franken und das Schisma*),罗森斯托克-维蒂希,《教会之祖》,卷一,1927,页462—556。

② 萨利克法兰克人(Salic Franks)、里普利安法兰克人(Ripuarian Franks)、罗马化法兰克人(Romanized Franks)、勃艮底人(Burgundians)、阿基坦人(Aquitanians)、西哥特人(Visigoths)、图林根人(Thuringians)、黑森人(Hessians)、巴伐利亚人(Bavarians)、弗里西亚人(Frisians)、伦巴底人(Langobards)、萨克逊人(Saxons)。

君士坦丁堡牧首对罗马屈服于法兰克人一事大加指责。他与罗马有了过结。他抓住 filioque 一句,称其为异端和恣意的创新,由此东方便毋需服从。这就开启了历史上的分裂。最后的决裂是在 1054 年。

就这样,大分裂不是产生于教皇和牧首之间,而是法兰克人和古代传统之间。如果他脸皮足够厚,接受查理曼加于他的屈辱,那么分裂的痛苦也许就会小得多。[155]是骄傲使得教皇们做不到这一点吗,虽然他们自己的记载提到了 798 年的异议银表?

基督教会的统一性被破坏了,不是因为罗马和希腊人信仰方式的不同,而是因为对《信经》出于恶意的改动。人类的灵魂因这一过程中缺乏明爱而被撕裂了。一切严肃的冲突背后,都是缺乏爱。我在寻思,什么时候教皇们才会放弃迄今使用的这一表述方法,并由此为重新合一尽他们一份力。为什么罗马主教就不能承认,他的手曾为查理曼所胁迫?

第三幅画面:人类心灵的复兴

教会丧失统一性的丑事招致许多人抱怨。常有人尝试重新合一。有两次,事情真的做起来了。这两个场合是在佛罗伦萨和斯德哥尔摩。

1439 年,西方教会已遭受了它自己内部长达 60 年的分裂。这一丑事的结果,似乎将教会埋葬于废墟之中。在东方,土耳其人已临近达达尼尔海峡(Darnanelles);在西方,教皇们与大公会议反目为仇。所以,为大公会议所威胁的教皇,以及为土耳其人所威胁的拜占廷皇帝,相互之间媾和了,并宣布要结束分裂。

这次重新合一停留在纸面上。佛罗伦萨的那些日子既不代表整个西方,也不代表整个东方。莫斯科牧首和巴塞尔的大公会议从不承认其结果。那我们为什么还要提到它?佛罗伦萨的会议唤起了东西方的同情,其果实则在教会戒律之外的一个领域中成熟了:艺术和科学。

逃离土耳其人来到佛罗伦萨的希腊人,带来的不是基督教教义,而是当时西方人更需要的东西,即柏拉图,就这样,柏拉图主义就戴着教会合作的面纱进入了西方。[156]将教会重新合一和引入柏拉图的工作结为一体的那个人,是贝萨里翁(Bessarion),一个希腊主教,后来成了罗马枢机。他来自尼西亚,该城的名字传递了鲜活的分裂的记忆,①也传递了最初统一的记忆。② 君士坦丁堡沦陷之后不久,美第奇家族的科西莫(Cosimo de Medici)将佛罗伦萨附近的科雷吉别墅给了马西利奥·菲奇诺(Marsilio Ficino),菲奇诺在那里开办了著名的佛罗伦萨学院(Florentine Academy),它是近代此类学院中的头一个。它成了后世学院的样板,通过它,柏拉图就被引入了我们的大学。

要是没有其艺术和科学中的学术精神——它本质上是柏拉图式的——我们的大学又会是什么样子?柏拉图的《理想国》(*Republic*),大学经典,在大公会议之后两年由戴占布利奥(Decembrio)译出。几年之后,应教皇要求,译出了柏拉图的《法篇》(*Law*)。1516 年伊拉斯谟编辑了希腊文的新约。

此外,因为柏拉图的复兴,帮助了文艺复兴的思想家们发展出新的科学,而它如今已成为西方的骄傲。比如,柏拉图对借助数学而理解自然的热情,帮助西方思想摆脱非数学的亚里士多德的思维方法,这一思维方法曾统治了晚期中世纪。而运用于自然的现代数学,最基础性的胜利,微积分,库萨的尼古拉斯(Nicolas Cusanus)在 1460 年就已有所提及;他深刻地思考了无

---

① 那是 787 年的第二次尼西亚大公会议,它激怒了法兰克人。见上页 208。
② 325 年的第一次尼西亚公会议,是第一次整个普世教会的公会议。

限大和无限小,力图融合经院传统和柏拉图思想。①

[157]虽然其许多内容是异教式的,从长远看,文艺复兴却是基督教内部的一个事件,开始时是个东西方教会共同困境所激起的火花。千年的炼狱创造了西方人的科学精神。我们当中的有些人至今仍然把科学的这种新生看作是与信仰和教义的斗争,但真正的关系却更为深刻。带着最严格的正统性,对东方教会的同情,是文艺复兴的根基。没有分裂及其痛苦,没有对已丧失的教会统一性的渴望,我们的学术就不可能建立在中世纪大学传统和柏拉图的综合之上。

15世纪东西方的接近,瞄准的是一个目标,实现的却是另一个。它寻求的是灵魂的重新合一;它所创造的却是心灵的再生。当灵魂在希腊人和法兰克教会所承受的政治压力下丧失统一性时,心灵则找到了机会,在科学和数学中实现了闻所未闻、梦想不到的统一。虽然人类的灵魂受了伤,但它却使心灵通过它的苦难,找到了真正的统一——在这一事实中难道没有无限的智慧?灵魂依旧是被穿刺了的,但人心不是必定要证明那比撕裂它的剑更强的力量吗?

第四幅画面:重新接纳救恩计划

如今,一如1439年,各教会处于危险之中。世俗主义和法西斯主义正在动摇西方传统的根基,东方传统的根基也在动摇

---

① 无限(传统上只被归于上帝)和对自然的新兴趣之间的结合,在库萨的著述中体现得很明显:*omnis creatura infinitas finita*, *quasi deus creatus*(每一受造物均是有限的无限,犹如受造之神)(见《论有学识的无知》[*De docta ignorantia*]卷二,章二,104节。——译注)。借由柏拉图的将某种"无限"归于质料,库萨就获得了进入于早期希腊哲学如此重要的 *apeiron*(无限定者)的路径。尤其参见柏拉图的《斐勒布篇》(*Philebus*)。

之中。而使东西方重新合一的努力再一次兴起了：普世运动。在东方它可回溯至查吉耶夫（Tchaadiev）和索罗维约夫。在西方则开始于索德伯隆（Nathan Söderblom）。

索德伯隆是与我同在莱比锡大学的一个瑞典教授；后来他被召回瑞典，担任乌普萨拉（Upsala）大主教。我清楚地记得1914年夏天与他在火车上的交谈。当时战争一触即发。我们都感觉到它。虽然索德伯隆是个专注于学术的伟大学者，他也站出来大声疾呼，对[158]他学者同行们的消极冷漠态度表达了愤慨：

> 我的所有同行都在继续他们的研究，就像基尔克果（Kierkegaard）所说的'十字苦刑的教授'，却没有人为反对战争说点什么，做点什么！

他彻底厌恶学术界被阉割了的精神以及各教会的闭塞和民族主义，就在那一年，他放弃了教授职位，成为大主教，并开始为普世合一会议工作，该会议还将包括东方的牧首们。该运动如今所包含的一切，都应追溯至他1914年以后所作出的努力。这个人捐弃了他那个时代的一切学术幻像，当时他还带着确信自由地行动，而不是像一个机会主义者。他始终靠着这种信仰而生活，临终时，他忏悔道："现在就是永恒！"

索德伯隆的工作在1925年斯德哥尔摩的普世会议上结出最初的果实。它并不冒称是一次大公会议，因为罗马没有参加，但东方的牧首们参加了。此后又召开了两次会议，1927年在洛桑，1937年在牛津。① 此外，还在日内瓦设立了一个常设办事处，另有数不清的出版物，传播该运动的精神——著名的有：影

---

① 重要的是，当希特勒1941年入侵俄罗斯，他扶植了一个东正教主教塞拉芬（Serafim），此人曾反对牛津会议，并罢黜了居留于巴黎的俄罗斯牧首。

响甚大的《基督教通讯》(*Christian News-Letter*,英国)和《基督教与危机》(*Christianity and Crisis*,美国)。

斯德哥尔摩会议的主题是"生命与工作"。索德伯隆用一个曾造访他的老农夫所讲的话来解释他为什么侧重这一点:"主教,基督教世界进入了一个新的时期。以前是祭司的教会(Church of the Priest),后来结束了——罗马。取代它的是利未人的教会(Church of the Levite)——维滕堡和日内瓦。如今它也结束了,开始了好撒马利亚人的教会(Church of the Good Samaritan)。索德伯隆深受启发,他试图首先围绕社会和经济课题而不是教义和教会管理的问题,来推进教会的合一。后来[159]在洛桑的会议争论了神学中各方持有异议的问题,也遭遇了相对而言更大的困难。

的确,要推动世界新的合一,在教会层面不如在经济层面那么有希望。将灵魂托付给教皇制,将头脑托付给科学,这都已有许多年头了。我们的世界似乎倒更有可能是在寻求另一种托付,肚腹的托付,各种经济之间的相互影响。还有人试图用革命暴力来实现。他们开始于东方,没有炼狱观念的东方,他们离开天堂,毫不妥协地向地狱猛冲。但如果我们必定要堕入地狱,我们的灵魂之主也不会离弃我们;他会与我们一同前行,哪怕是直到为生存而斗争的为恶魔所控制的深渊,直到我们作为饮食者、剥削者、劫掠者的动物般的存在。而虽然我对各教会形式上的合一并无太多信心,可我的确相信,唯有普世基督精神能堵上地狱之门,并抑制那煽起我们基本此世需求的欲火。

回顾大分裂的历史,我们就能看到,其作用就犹如在基督教时代推动一种持续运动的主要动力。该时代开始于教会的创立,人类灵魂的完美交通。要是没有教会,我们甚至不会知道,灵魂与灵魂相合一到底是什么。这种统一性是通过那独一无二的方式揭示给我们的,我们称其为启示:"他们一心一意。"当共契为分裂所破坏,灵魂对统一性的渴望就溢出了教会,在科学中创造了我们精神的合作。如今我们会不会希望,灵魂的剧痛将引起我们身体分工的必要步伐?分裂不是不可克服的,而它,像一个不断努力寻求获得答案的恒久问题,将世界推向了教会之外的各种统一性。

超越教会统一性的统一性,从一开始就曾是我们信仰的一个原则。在《启示录》的结尾,圣约翰预见了那新耶路撒冷,它将治疗各个民族,[160]而在它的中心却没有有形的教会。如今我们能够明白,圣灵的确工作过,永远超出我们教堂的围墙和我们学科的藩篱。当主教们仍然在思考基于《信经》的教士们的合一,学者们则以亚里士多德和柏拉图为基础,开创了一切人类心灵的合一。而如今,当科学家们仍然首先考虑以知识为基础的受过教育者的合一,工人农民们则志在开创一个以全部人类大家庭为基础的一切劳动的合一。这是一切人的公餐;这一要求就体现在那呼喊声中:养育欧洲!

但执著地坚持我们对灵魂统一性的原初信仰,也是向前跨出每一步的必要条件。若没有我们灵魂对和平的渴望,甚至连经济和平也不会到来。只要现代计划脱离基督教,于世俗精神而言战争和奴役似乎就是正常的。所以,不考虑人类愿望的经济秩序,就将意味着——也已经意味着——阶级战争、种族主义甚是活人献祭的回归。① 后者,由劳伦斯(D. H. Lawrence)的新异教主义所预言,已经由希特勒和斯大林所实现。他们两

---

① 随着自然科学战胜了其竞争者——神学——直接来到的就是当代的新生番。人为他自己心灵所创造的偶像所征服:大写的自然。他是一个人造的非洲人。似乎纯粹的强大具有一种难以描述的吸引力,它引导大众为了它的荣耀而大肆屠杀,犹如在阿兹特克人(Aztecs)的时代。人被告知,与自然——以阶级或种族为形式,他只是其渺小的一部分——相比,他的心跳、他的个人欲望、他的个人判断,仅仅是错误。为民族主义战鼓所迷惑,他跳入了其巨人般的自然的包围之中,切断了他自己的喉咙。

人都试图实现历史的下一阶段,经济统一性,却不尊重由教会所体现的灵魂的统一性。若没有基督教,新经济就必定会成为一个恶梦般的全球国家(worldstate),它将吞噬人类的自由和多样性。人若不知道灵魂和心灵的主张不能抹煞,身体就不会获得和平安宁。在文艺复兴中屈从于毫无差别的人文主义之后,意大利就丧失了她的自由,[161]同样,如今欧洲的悲剧也产生于她屈从于毫无差别的"生命主义"(vitalism)——前希腊和前古典冲动的口号。

经济学中的因循守旧(conformism)就像其他生命领域中的因循守旧一样坏。我们的信仰驱策我们去抵抗一个瞬息万变之层面的统一性。既然我们信仰一个上帝,我们就不要去相信某种政治上的万灵药和某个经济上的千禧年。虽然独裁者宣称这种那种"主义"的千年盛世,①我们要去寻求各种主义之外的人类的统一性。我们感谢上帝:主义者们在这场战争中相互厮杀,并由此使阶级偏见得到超越。经济体制必须得到限制,免得成为各种宗教。反对希特勒的战争是一场宗教战争;希特勒已明确地反对和否定了人类的统一性。唯有宗教战争是不可避免的;经济战争是多余的,正如从经济的角度看,战争都不会带来好处。

人类的自由可以胜过我们物质存在层面的矛盾。世界的和平取决于这一恰当的分别。如果经济学是上帝,则第三次世界大战就近在眼前了。但正如我们从基督教传统中知道经济学不是上帝,那我们就可以试着在我们的言行中相信这一点;于是,就没有必定要流的血。

正是在这里,分裂就进入了每一个人的个人生命。

东方教会摆脱了这一煎熬之后,难道不会比我们更能深刻地理解其所处的境遇吗?东方的主教——和平信徒们学到了这

---

① 他们所回应的压力在页 258、266 得到解释。

一点,并表达了两条事实:一、异教恺撒们的继承人,沙皇制的倾覆,是上帝的意愿;二、苏维埃对希特勒的胜利,乃是天意。

这两者都需要西方人给予衷心的感谢。对于事实一:通过最终赞同沙皇制的倾覆,希腊教会为卡尔西顿以及它[162]与前基督教世界的勾搭作了补赎。它到现在才切断与异教古代的关联。

对于事实二:通过它赞同斯大林对希特勒的胜利,该教会的船在我们时代的河流中行进得更远了。因为苏维埃恰恰是基督教教士的反题(antithesis)。正如我在有关"王国的钥匙"和"五年计划"之关键①的比较中所详细论述的,苏维埃乃是纯粹物质的"锡安山"的心存戒备的守夜人,也就是说是反主日的(anti-Sunday)的教士。希腊教会似乎吸取了最痛苦的教训(每一个教士都必须上这一课):主日教会必须通过其平日狂热的对应物而加以考察和磨炼,不是因为福音的不足,而是因为其传道者的不足。

基督徒不得不把他们明确的对手,包括在上帝所造的世界之中。因为,难道我们不知道我们自己曾滥用福音吗?我们憎恨对手所宣称的每一个词。然而,既然我们也必须恨我们自己的许多行为,我们就能理解我们造物主的智慧:我们的许多坏行为也孵化出了极权主义的坏言词,尽管我们也传播福音。让我们希望,尽管渎神,但极权主义者们也会实施由我们教义之真理所催生的行动。以这一始料未及的方式,分裂结束了;教会最沉闷的这一支也冲到了前面。

教 会 史

这就引出了一个普遍的推论,由此推论,教会史家明显地区别于此世的科学的历史学家。教会是个目的论的机构;一如其

---

① 《出于革命》,页 113 以下。

创立者,它也产生于时间的终极。只有通过其成果,而不是通过其原因,才能理解它。[163]一个多世纪以来,教会史家实施了还原论的方法。他们事实上用各种来源、动机、类型、借鉴、影响、先例等来解释基督教,直到没有任何真正基督教的东西留下。还原论者太过于沉溺于追逐原因,他们理解不了:结果包含了意义。正如一个新生儿是从明天,而不是从昨天得到其意义的。

还原论者用一种奇妙的方法来清除基督教的核心主题:借由结果,你可认识它们。他们在争论这一问题:结果是否能证明手段的正当。这一愚蠢的问题占据了学术界,虽然每个孩子都知道这根本不是个问题。我们的目的的确并不能证明手段的正当。但理由乃是:我们的目的从不证明任何东西。我们的目的的确并不足够好。然而,如果我们实现了加于我们身上的目的,比如性交——它困扰了肖伯纳(Bernard Shaw)一生——那么,使他感到厌恶的手段,便被证明是正当的。可有谁否定这一点?但婚姻却不是实现"我的"目的。对于任何"健康的"本能,被钉十字架都是一件丑事。如果拯救是耶稣的"目的",则这一拯救的手段就会是可憎恶的。但借由其结果,你可认识它们,而耶稣被遣派来世上是为了其父的"目的"。新教与耶稣会有关目的和手段的全部争论,面对那些事件(这些事件中我们并不声称在追求我们自己的目的),就都失去意义了。在两次世界大战中,美国是在追求它自己的目的吗?我很怀疑。战争的手段由该事实而被证明为正当:其目的并不是美国造的。

在宗教感中,历史之有意义,唯有从终结(目的)向开端看,方有可能。借由其结果,你可认识它们——不是借由其动机。①唯有上帝知道我们的动机。我们已经看到,结果、成就、以后各阶段的实现,解释了如教会这般奇怪的受造物之创立和开端的

---

① 有关历史事例,见前页 204。

第六章 哦,幸运的罪!或回顾教会

重要性。从[164]还原论历史观的角度看,教会始终是失败,始终是悲惨的,是破产,是近乎崩溃。从目的的角度看,它则始终是奇怪,是不可或缺的,是天意,是启示。

  Fructus laboris nomen est,其劳作之果实就是其名,教会最初的见证人如是说。① 甚至"教会"这个名字,也和我们自终结回过来阅读历史的方式有关吗?那么它的名又是什么?我们似乎不再认为后来变成"教会"的那个希腊词 *kyriake* 有什么特别的意义了。然而,教会并不仅仅意味着 *kyriake*——"主的……"——而是专门指"那将要到来的主的……"。在"主自己的地方",在教会中,那将是其将是者(he who shall be who he shall be)被崇拜为主。他为人所知的方式,在明天将永远是新的方式。这就是他与因果性之偶像的差异。裘丽娅·瓦德·豪(Julia Ward Howe)所说的"我的眼睛已经看到了我主到来的荣耀",乃是活的教会正统的歌。对于许多而言,教会作为那些相信耶稣来临的人的统一性而获得它的名字,是令人惊奇的。在新约中,这个词出现了两次,不是用于一座建筑物或者一个团体,而仅仅是用于在时间中的两个事件,在其中,信仰者特别地成为了那将要来临的主的各个部分:主的晚餐和主最后的那天。这两个事件都预示了"主的日子"——彼得在其第二封书信中如是说——在这信中他还说,与上帝同在的五万个主日犹如主的一天。② 因此,教会史将不承认其主题,除非它从时间的终结来阅读,由果实来判断根基。因为我们绝不可能由我们之所见而成为基督徒,除非我们已经看见了主的来临。

---

① 《以诺迪乌斯之歌》(*Ennodius carmina*)一,14,献给圣司提反(St. Stephen)的颂歌。
② "主看一日如千年,千年如一日。"(《彼得后书》3:8) ——译注

第七章　十字架的穿透

> 假如它们是父所栽培的,它们就会扎根生长,
> 成为子的十字架上活的枝叶。
>
> 依纳爵(Ignatius,约公元 100 年)
> 《致特拉利亚人书》,章二

[165]这场战争爆发前九年,为了提醒我们十字架的意义是多么深刻地埋藏在人类经验中,丘吉尔写道:"说到底,一个人的生命必须钉在一座十字架上,不是思想的,就是行动的。"① 基督教的故事乃是十字架穿透进越来越多的人类生存领域。它每一次进入我们心灵和身体的又一个区域,正如我们已经看到的,都标志着历史上一个新的时代。关于这种穿透的程度,只消看看"crucial"一词已进入我们科学、艺术、政治和社会的语汇。

自基督耶稣被钉上十字架以来,十字架便有了越来越多的

---

① 《漂泊之令》(*A Roving Commission*),纽约,1930,页 113。

第七章 十字架的穿透　　　　　　　　　　　221

含义,而且随着新的基督教语言之流不断迸发,它也会以各种不同的方式得到表达。但是正如第五章所云,旧的语汇已用得如此之滥,其含义已濒临枯竭,到如今要想复新基督教,就只能通过无名的、不加标签的共同事奉形式。正是为了适应这一需要,我们应当尝试着将十字架翻译成非教会、后神学的语言,它有助于我们[166]鲜活直接地去回应,摆脱陈陈相因的柩衣。

作为实在的十字架

实在自身——不是物理学的抽象实在,而是人类生命的丰满的实在——是呈十字架状的。我们的生存就是持续的受难与搏斗,内外都有着相互冲突的各种力量、悖谬与矛盾。它们把我们向相反的方向牵拉撕裂,但通过它们我们也得到新生。这些相反的方向可归结为四个,它们划定了人类此世生命的时空轴,构成一个实在的十字架。①

在数学和物理概念的魔力作用下,我们习惯于认为时空在任何一点上都是性质均一、完全相同的。比如说时间,虽说习惯上分成过去、现在和未来,通常却被简化为一条直线,显然在这线上没有任何实在的根据,可以区分过去和未来。似乎对于无机物世界,情况的确如此:它并不知道将来时,只知道完成时与未完成时,只有已结束的过程或在任一给定的时刻尚在进行的过程。

---

① 这不是象征式的幻像或任性的图式化,而是某种生长了两千年的东西。耶稣会作者巴尔塔萨(Hans Urs von Balthasar)《德意志灵魂启示录》[*Die Apoka-lypse der Deutschen Seele*],萨尔茨堡与莱比锡,1939,卷三,页 434 以下),援引了奥利金(Origen)与奥古斯丁的权威论述,在他相类似的对人类生存的解释中参考了他们对《以弗所书》3:18 的评注,他甚至说:"在知识的哲学对象中,镌刻者十字架的形象,犹如不可磨灭的水印。"

我们已经摆脱了我们时代盛行的迷信，即认为时空可归并在一起，组成可适用于一切经验的两大参照系。人们会轻浮地谈论"空间"和"时间"，好像我们经验两者的方式是一样的。但这是不正确的，每个读者对此都会有体验。空间是作为一整体来到他面前的。无论他的眼睛把握到什么，它们所[167]把握到的都是一个空间的宇宙。这一宇宙中的所有事物，都是在整体先行给定之后再作进一步划分的。

现在再测试一下你的时间经验。你所体验到的无非是不同的时刻、分分秒秒。恰如荷马所言，现在是令人不适的，犹如坐在刀锋上。然而，我们却会说"现在的"宪法，虽然它是 1787 年制订的。我们也会说"我们的"时代，会谈论科学的持续进步，以及历经数代的佛罗伦萨精神。这意味着什么？时间并不是像空间那样，作为一个宇宙整体而被给予的。它是作为一个不可把捉的时刻，或无数个不可把捉的时刻，而个别地给予我们的。但合在一起我们创造出了各种时间，每一段时间之所以存在，只因为我们说它们存在。事物、分子、原子、电子，它们是空间的再划分，因为我们就是这样说的；它们是一个空间的历史形成的各个部分。但小时、年、世纪，却是我们基于信念而从无数个时刻中创造出来的历史形成的单位。当我们处理空间时，我们是从宇宙整体作下降运动。当我们处理时间时，我们则是从每一时段出发，通过把每一段叫做时间而作上升运动。而除非我们把某些片断扔到"过去"，又把另一些片断确定为未来，否则我们就不能把它们叫做时间。正是在这里，基督教起作用了，通过我们共同的言说，发现时间作为人类信仰活动的真正特性。耶稣成为未来，虽然他已经死过一次。如今，人们可以真正自由地在时间中前行，过去、未来、现在。他可以成为所有时间段（无论大小）的创造者，在那包含了所有受感动的存在者、所有曾创造时间者、所有人的一个身体的光耀下。

第七章 十字架的穿透

假如是这样,那么所有的人之所以是人,乃因为他们同时面向过去和未来。我们因这一事实而被钉上十字架。没有人是生活在一种时间中的。在任何一时刻,这一共同体都重新确定其自身的过去,也确定其未来。教会的创造,引导我们不断地赋予我们过去的历史以新生。"文艺复兴"(Renaissance)是我们时代这出戏剧中仅有的一幕,通过它,如有需要,所有的时间将再次展现。真正的人,活在已展示的未来和经再生的过去之间。

[168]与此相类似,空间也被生命区分为内在世界和外在世界。最为明显的例证是,动物由其皮肤而与环境相隔离,细胞壁则紧裹着细胞;对于社会群体,情况也是一样,群体中所有的成员都感到他们自己形成了一个内部圈子,以对抗多少有些敌意的外部世界,使他们与"圈外人"相分离的皮肤,虽说无形,却绝非虚幻。

因而,人的生活,无论是社会的还是个体的,都处于有四个"前面"的十字路口:向后朝着过去,向前面对未来,向内伴随着我们自己,我们的感情、意愿和梦想,向外则针对那些我们需要与之战斗或开发或妥协或遗忘的事物。① 显然,在任何一个方向上失败——丧失过去、忽视未来、缺乏内部的平和或外部的效能——其后果都是极为严重的。假如我们只知道向前狂奔,品格与文明的所有习得特性都会化作泡影。假如我们只顾向后

---

① 由四个面所构成的十字架的形象是如此的自明,一旦把握了它,人们乍一看就会认为它太微不足道。但我们的"自然"心灵却拒绝这一微不足道的真理。它们不允许我们尊重过去。它们声称,过去"引起了"现在和未来。它们不承认一切思想都是一个团契的内部交谈,而一切"自然"都外在于这一团契。由此,则这一十字架就不是微不足道的。它与"旁观者"的抽象心性相对立。十字架的重要性,可由其应用的丰饶性以及遗忘它所产生的灾难性而加以衡量。有关四面相之观念的丰饶性,见本书作者的《社会学》(*Soziologie*),1925,以及迈耶尔(A. Meyer),《生命》(*Bios*),卷一,1934。

看,我们就不再有未来。诸如此类,不胜枚举。

然而,同样明显的是,没有一个个体能同时向着四个方向恰当地运动。因此生命乃是持续的决断:何时延续过去、何时应作改变、我们与之交谈的内部圈子和我们仅仅引作谈资且试图去控制的外部世界之间的分界线又该划在何处。于是,无论心智还是社会的财富,都取决于在前后、内外的各种倾向中维持一个微妙的动态平衡。完整的生命,也就不是某种我们指望[169]能一朝拥有便终生享用的平滑的"调整",正如流俗心理学所想象的那样;相反,它是我们面对那些将我们撕离十字架的各种力量,付出毕生的努力,奋斗不懈,才能获得的成就。

通过分工,社会补偿了我们个体的不足。比如,教育、庆典和礼仪维持着我们与过去的连续性;而教师、神职人员和律师就在这个方面为我们服务。我们通过共同游戏、歌唱和交谈建立起全社会的一致性,分享我们的心绪和灵感;在这内在的方向上,诗人、艺术家和音乐家就是典型的代表。通过学习如何控制自然力并在农业、工业以及战争中驾驭它们,我们赢得了自己的生活,保护着自己的生命;科学家、工程师和士兵,是那些为了我们而在外部战斗的千千万万人的象征。最后,宗教和政治领袖、先知和政治家,他们的责任就是启动改革、将我们带入未来。

由于这四面在性质和方向上都各不相同,它们是人类生存的终极且不可化约的维度,但是心灵要想统一一切事物的迫切愿望倾向于将生命过分地简单化,把四个方向简化为一个方向,以此拒绝实在的十字架。这就是那些有关人和社会的片面的谬误的主要来源:使一切事物都陷入感情的内在生活中的感伤主义和神秘主义、试图用暴力来实现上帝之国的乌托邦式的激进主义、全然栖息于过去封建时代的反动的浪漫主义、将人简化为仅是自然科学之对象的犬儒式的理性主义。

第七章 十字架的穿透

作为不那么极端的例子,罗伊斯(Josiah Royce)重新发现了忠诚(Loyalty)在人类生活中的极端重要性,但在写《忠诚的哲学》(The Philosophy of Loyalty)时,他却抵御不了用这一种力量去解释所有事物的诱惑,该力量基本上是把我们与过去相联系的。忠诚是历史连续性的一种表达,它绝不能证明决断性的突破。但对罗伊斯而言,它却非得变成一个变色龙,它也意味着"爱"。使爱臣服[170]于忠诚兴许是典型的新旧英格兰的态度,但要说一个人离开他的父母亲,倾心于他自己选择的妻子,就是不忠诚,则无论如何是讲不通的。

我们自己的文明,几个世纪以来为自然科学及其应用所主导,所遭受的主要是对外在方面的迷恋。人在这一方面态度的本质是客观性:我们以分类、实验、描述、控制等方式所处理的一切事物,都由此被外在化了,好像它们与我们毫无联系,全然异在于我们。科学家尽量约束自己,从这一图景中排斥自己的情感、忠诚和爱憎。在研究物理事物时,他这样做是很恰当的,但当他以这样的方式去处理人类生活,那他就忘记了他只展现了我们全部实在的四分之一。将这四分之一误当作全部,并因此将人简化为几内亚猪(guinea pig)或奔跑在迷宫中的老鼠,乃是扼杀①人性。自然主义的人的图景兴许有用,但如将它误认为全部真理,便切断了我们在过去的根,使我们情感不成熟,缺乏正常的表达,抹去我们通往未来之路上的气味,削弱我们对重要事物的感觉。实在的十字架向我们表明,科学的态度只是四种能同样有效地触及实在的态度中的一种,其意义有赖于其他几种态度的存在。因为这一十字架,没有人只属于一个时间或一个群体。他与各个群体的关系,代表着他须生活的所有那些时间。他属于不止一个群体,这就是人的本质;哪怕在石器时代,

---

① 原文排作 multilate,疑误,似应为 mutilate。——译注

对于每一个人而言,情况也是如此。因此,毫不奇怪,人会思考,是因为他必须改变或已然改变。人并不因为他"如此"而思考。我们思考,是因为变化就在前面。思维并不是首要的事实,如笛卡尔所设想的。我们惧怕变化,所以我们思考。在某个时间的形式上,我们每天都在死去;因此我们思考。不是 cogito ergo sum(我思故我在),而是 mutabor ergo cogito(将会被改变所以我才思考)。

[171]肤浅的流俗心理学说人类的思维源于先天的原因,而事实上它却是由其结局所引起的。我们的结局就是死亡,我们思考故而我们才可存活。

同时,因为没有人可以在某一时刻或在他一生中的每一天都面对其十字架的所有四个方向,所以每一个思维活动都是与其他人的活动相联系而进行的,当我们专注于一个方向时,其他人则替我们关心另外一些方向。要没有社会安定,我们怎能享受平静的睡眠?在许多国家,盖世太保(Gestapo)将人们变成受惊的鹿,难得睡上一个安稳觉。若不包括那些在我们入睡时仍必须警醒的人,我们的思想便是不真实的。出于这一理由,对一完整的共同体而言,仅有专业的思想是不够的。大臣、律师、医生们,在他们自己的圈子当中便可能遗忘完整的真理,因为他们的圈子也许遗漏了战士、穷人和劳工。

同样,假如没有其对应者之角色的话,丈夫就不能成为完美的丈夫,儿女也就不成其儿女。

当然,所有特殊的技能都源于分工,这已是尽人皆知的。我们所要做的,只是深化这一概念。这种区分应该摆脱其限制——"工作"。并不只是工作才区分开我们。更为重要的事实乃是,个体本身就被区分了,因为既没有一个空间,也没有一个时间,能容纳我们。我们有意识,是因为我们被容纳在至少两个时间(过去和未来)和至少两个空间(内部与外部)之中。我们工厂中的分工只关涉人的一个方面,人被撕裂的原因比专业化更为深刻。

这已是现代人的日常体验:我们今天走进一座房屋或城镇,却相信它不是我们持久或最终的家园。若没有迁徙自由,工业便无以为继。也许正是[172]出于这一理由,我们的时间统一性才能得到稳固地维持:我们被告知我们都是同时代人;而一个人属于许多个时间这一事实却受到压抑,常常被忽视了。我们被塑造成最新消息的同时代人;据称在1941年,有一千五百万人听了雷蒙·格兰巡回演出(Raymond Gram Swing)。

但实在的十字架也许会提醒我们,我们绝不会屈从于完全的同时代性。我们既是那些我们所遇到的人的同时代人,也同样是他们的异时代人(distemporaries)——在此我必须生造一个新词。当然,当我们遇到好人时,我们希望尽可能成为他们的同时代人。但这关涉到有待建立的友谊,而非自然的或可据此为前提的事实。在我们之中,我们就代表着不止一个时间;我们又如何能全然被囚禁在一个时间之中?我们常常生活在这样一些人当中,他们以为我们只是化石;或者他们早已死去,并且只有他们才没有注意到这一点。对于理性主义者,我是个老古董,因为我为基督教而战斗,他认为这不过是历史遗迹。而也许对于我而言,实用主义或"民族",则属于迷信的石器时代,是孔夫子似的老好人再生。

令人发窘的真理乃是,在我们生命的每一时刻,我们都既比共同体中的其他成员年长,又比他们年幼。带着我们全部的思维和语言,我们选定了一个特殊的时间:这也许是后代的思想,这则是创始人的观念,这个充满睿智那个却太过幼稚;它总要归属于每个特定的时间。这只是"时间完满性"的几个例子,对于它们,我们必须继续敞开自己,做它们的异时代人。实在的十字架能让我们诊断完整的灵魂。

单有任何一面都不够,但任何一面又都不可或缺。① 在每[173]一面都潜伏着死亡,它在等待着我们,假如我们失败的话。在社会中,死亡以颓废(decadence)的形式出现:革命、无政府状态或者战争,看我们到底是在向后、向前、向内还是向外的方面有所不足。比如,颓废意味着不能触及未来,无论是在身体、心灵还是在灵魂方面。它不仅是生物学上的失败,而是整个人的衰弱。当它出现在我们的身体中,我们就不再生儿育女。当它污染了我们的灵魂,我们就不再能激发下一代,给予他们目标,使他们超越自己——这种匮乏肆虐于1920年。年长一代的颓废是将年轻人斥为鄙俗。唯一能抗拒这种恶的力量,就是信仰。确切地说,信仰所针对的总是未来、是某个将要来临的世界。

　　在过去的八百年间,两个空间面和两个时间面因哲学和神学、科学和宗教的分工而各自为政。两者总体上都遗忘了对方,并相互攻击;说得好听一点,也是以一种迂腐的互让的方式在它们之间,实被瓜分。从泰勒斯到黑格尔,所有的哲学都开始于空间的世界,或者认知的心灵以及与之相对应的无时间性的抽象逻辑;因而时间也是出现在一种透视法的视角中,首先从空间的角度来考虑的。源于哲学的科学,走的也是这条道路——科学理智试图把一切(甚至时间)都空间化的倾向,在柏格森以后,已是老生常谈了。而另一方面,神学则绝不从空间开始,甚至不承认空间问题也有同样的尊严。其兴趣在于时间、在于历史;它探讨亚当的受造、耶稣的诞生、我主的死去、教会的建立、最后的审判——所有这些论题,哲学家都绝不屑提及。

---

① 我的已故朋友卡波特(Richard Capot)在其初版于1912年的《人们靠什么活着》(*What Men Live By*)中,涉及个体时,已十分接近实在的十字架。马约诊所(Mayo Clinic)如今正实验着以他的协调论体系,作为诊断和实践帮助。有关以实在的十字架作为我们在时空方面的社会组织手段,见我的《社会学》,柏林,1925。

第七章 十字架的穿透

哲学和神学的分工,在一种有用的妥协中得到了表达,因这一妥协,基督教世界为希腊哲学以及[174]艺术与科学的复兴提供了机会。但今天,这种妥协不再起作用了;处于革命性转变的压力和骚乱中,旧日清晰的线条再也画不成了,而西方心灵则因继承了这两种思维模式之间的裂隙而陷于瘫痪,这两种思维模式本该相互补充的。假如将实在设想为十字架就有助于我们克服这种分化,并将空间思想家和时间思想家融合为一种新的专业,那么它也能完成将十字架穿透进我们自身传统中异教精神(paganism)的最后一个堡垒。

我们能从这一步骤中获得力量,假如我们同时开始另一个步骤,并且邀请东方(中国、印度)的伟大文明也来到这十字架下的话。因为十字架并不是为我们群体的自私所垄断的符号;它是一个重新统一人类的包容性象征,每一颗生命火花都受欢迎,除非它拒绝在时间中熄灭。哪怕是初民的文化,最后也必须被容纳进来。

如今东西方都被一场大灾难所震撼,它表明,任何一方若自我隔绝都将是有缺陷的。需要一次新的十字架穿透,展示出东西方文明中都包含了一些对方所需的生命要素,以此将东西方人的心结合在一起。从东方人心灵的纯洁性中,我们能学到一些东西,以疗治我们科学的破坏性和我们艺术中狂热的表现主义;而中国和印度宗教与政治上的呆滞性也可得到克服,假如赋予它们基督教有关死与复活的力量的话。

作为对这一目标的贡献,我愿展示东西方各自是如何提供两位人性的再奠基者或再指导者的——佛陀与老子、亚伯拉罕与耶稣——他们共同创造出人在实在十字架各个方面的完整自由。人不同于动物,他天生具有言语的能力,可在所有四个方面增进对实在的认识——他对过去创造的忠诚、他与其他人的团结、他面对自然的力量、他对未来的爱与信仰——然而,正如我们已经看到的，[175]他也会沉迷于一个方面，而遗漏了其他三个方面。这些伟大的再指导者通过将十字架每一方面的生活推向悖论般的极端，从而克服了这种偏爱某一方面的倾向，同时使我们摆脱对这一方面的迷恋。通过每一方面的偶然内容，他们使我们有能力再次进入其他几个方面，由此保证了持久的灵活性和生命的流动性。

重要的是，他们中的每一位都起来反对一种作为其类型之典范的文化。假如我们认为他们通过补救这种或那种不足而使某一特定的社会得以改善的话，那我们就误解了他们。不如说，他们将我们从完美的专制（tyranny of perfection）中解放出来，向我们表明，即便是儒家中国的社会智慧、吠陀（Vedas）和吠檀多（Vedanta）的哲学洞见、巴比伦或埃及的大众稳定性、或者希腊罗马的荣耀，都是不够的。

就这一问题，读者可以回顾第二章，我们讨论了东方思想侵入美国。当边界不复存在时，实用主义将孔夫子的全面社会整合福音再次引入这一国家。而达尔文主义则打破了柏拉图式的世界观，使我们沉溺在全面斗争的景象中。

于是，寻找东方人已身对待孔夫子和吠陀的解毒剂，就具有一种实践的意义。然而，这并不意味着我们要在此讨论这些解毒剂的任何一种实践应用。真正的实践态度乃是，犹如医学诊断，暂时中止行动。实践的态度应向沉思让步。不然，我们就不能理解佛陀和老子、亚伯拉罕和耶稣的伟大。伟大并不向探寻秘诀的好奇者泄露其秘密。伟大蔑视行动主义。它所要求我们的，乃是"感知我！"因为，若我们终日忙碌，对此必定盲目。这四位我们人类的改变者和解放者之间的相互作用，使我充满敬畏。这些为不同的大陆和世纪和分割开的人，[176]或许已彻底地赢得了灵魂的自由，而他们自己或许已永远地成为这自由的守卫者了——这值得注意。

在以下简短的几页中,我牺牲了细节和完整性,为的是彰显这四个人背后的统一性。关于他们每一个人都说得尽可能少;就是这尽可能少的篇幅,就足以理解他们的相互依赖性,且说明耶稣在时间完满之时来临这一事实。假如说耶稣在亚伯拉罕、老子、佛陀都已被广泛接收时来临,那么,我们就需在更为确定的程度上承认全人类的统一性和相互依赖性。

佛 陀

佛陀生活在一种特别着迷于向外一面的文化中,在这种文化中,自然甚至已侵入社会本身:种性制度离开吃人风俗和丛林恐怖只有一步之遥;它使社会分化几如动物界那般深刻和致命。印度教徒在他们的宗教神话中表达了充斥全宇宙的斗争,以后,又更深刻的体现在从吠陀中发展出的哲学中。这种哲学将自然视作幻觉和表象的领域,称为摩耶(Maya)。摩耶由许许多多个前后不断接替的世界构成;它在空间和时间上都极其缺乏统一性。摩耶也包括所有的社会关系和情感。要想发现统一性,只有"看穿"摩耶,直至它烟消云散,并且心灵获得对终极的存在梵天(Brahma)的极乐知识。

佛陀不满足于将自然仅仅描述为幻觉;他立志要克服其冲突。为了这一目标,他给摩耶加上比以往更为黯淡的色彩:到处都充满了混乱和苦难;万物都处在争斗、贪欲、惊恐和残杀之中;人自己也在搏斗,不是受难就是让别人受难;只有残杀才能活下去。在佛陀无所畏惧的凝视中,一切[177]人类活动都表现出同样的无情。以前从未像这样理解的活动,像吃饭和呼吸,也被看作充满了暴力。然而,通过他一生中两次最为重要的体验,大弃绝(Great Renunciation)和大觉悟(Great Enlightenment),佛陀展示了减缓宇宙间普遍斗争的道路。他教导说,人可以将他整个存在集中在他的眼前,凝神静思,大彻大悟,消除一切欲望,从而在宇宙间的大混乱(comic mêlée)中摆脱一己之褊狭。就这样,佛陀就超越了那些倾向于将生命全然置于向外方面的人们,其方法是将他们的态度推向极致。我们已经看到,这一态度是将事物或者人当作对一象(ob-jects),也就是说,是处于我们生命系统之外,且与我们相对立者,因而仅是我们可以随心所欲地解剖、控制和盘剥的事物。但是,正如佛陀所教导的,假如我们全然倾空自己,投入到我们所感知的对象中,假如我们使自己的意识保持绝对的客观性,就不会有贪婪的生命欲望驱使我们去盘剥世界。用叔本华的话说,我们都变成了眼睛。当西方人面对近来科学所描绘、且因其毁灭性应用而加剧的混乱,他不由得要从佛陀的洞见中接受某些东西。假如未来的科学家都训练得像是一个巨人般的佛陀,科学也许会消除而非增加世界的冲突。当一个人从斗争中抽身而退,他就搬动了整个相互敌对的结构的基石。这可怕的生命意志的再不起眼的一点自我消除(虚己 self-annihilation),都会减轻所有人之间的压力。我们当中大部分人都发现,适当的克制和禁欲,乃是一条减轻生命艰难程度的道路。行动会产生反应。不要有反应,这样你就减少冲突,消除争斗。

不用说,佛陀的态度是不合逻辑的:为了宣明生命的虚无,他必须活得长寿。但问题在于,他的确在生命中展示了消除其无所不在之斗争的力量。绝对地为否定而否定是[178]毫无意义的,正如若不是与热度有关,绝对的零是没有意义的,或者说若不是与色彩相联系,绝对的黑也毫无意义。但是,正如通过将零当作一个数来处理,数学获得了一种概括的新自由,由佛陀所创造的零度状态也增添了人的潜能,使他能往来于自我弃绝和自我肯定之间。我们必须像战士、工人、自然的开发者那样沿着实在的十字架向外的一端继续前行,但我们也需从这一倾向中获得自由；作为战斗者的人也需要发现非战斗、非抵抗的涅槃（Nirvana）。

老　子

自然是战争；社会则是大协调。在向内的这一方面，我们自己被整合进它那无数个有着不可抗拒之仁慈和力量的功能之中。在大城市中，各种服务机构的网络令人窒息。裁缝铺、食品店、房产中介、剧院经理、电厂、医院、博物馆、铁路、还有 Macy 的滑雪场，所有这些形成了组织有序的世界，恰好是佛陀和罗素所描述的混乱景象的反面。

古代中国人的生活是一种社会一元论，被吸纳融合进向内的方面，正如印度人之于向外的方面。社会系统就是整个世界，当人们反思生存问题时，不承认在这世界以外有任何东西。自然只是为天子（Son of Heaven）提供活动的背景，天本身就是个社会和帝国式的制度；就算是四处吹动的风、交替变换的季节以及田野中游荡的鬼魂，也被看作是给社会增添一些花色。中国人没有理由，也没有机会跳出来，从其他文明的角度，客观地审视自己——像孟德斯鸠那样试图把法国当作马达加斯加（Madagascar）来考察的做法，对于中国人而言是完全不可设想的。他们瞧不起战争和军国主义并不是偶然的。他们的生活完全转向内在的方面，[179]而他们的麻烦不是有太多的战争，而是有太多的和平。

由于我们心中永恒的中国式道路，我们会天生地认为"事奉第一"（service first）是正确的。我们都爱平稳地履行职责。一个有社会地位的要人所具备的首要条件，乃是日常生活中固定的节奏，因这节奏，他才明白他有多么适应他周围的人类世界。而任何社会的第一条规则就是"保持微笑"，因为共同生活须建立在效果和情感的一致性之上。当我们置身于一个共同体,它在很大的程度上就变成我们的一部分,而我们也成为它的一部分,于是我们的微笑就像一道光,从令人愉悦的社会以及和谐的整个太阳系,投射到我们身上。

但是我们保持微笑是有代价的。我们需要不断付出的代价,就是越来越多的来自限制和摩擦的损耗和泪水。现代人要想不越来越深地陷入越来越多的电话、约会、熟人、委员会、俱乐部、帐单等东西之中,神经崩溃看来是唯一的办法。与此相似,儒家的中国是个充斥着礼仪和责任的复杂系统,老子将所有这些碌碌俗物和社会意义都归于荒谬,因而从中得到解脱。

正如佛陀在向外的方面建立了零度状态,老子则是在向内的方面建立了这样的零度状态。社会的安全阀乃是从有所作为回到无所作为、从有意义回到无意义。老子自己就放弃了公职,并匿名写作了他的书——"老子"并非其本名——从而在其生活中展示了这一点,而他的学派则将他的整个态度供奉在这样一个传说中,说的是当他到了耄耋之年,他跨过一座山,从此就不见踪影了,人们再也没有听说过他。《史记》曰:"其学以自隐无名为务。""人们都会寻求前者,却只有他寻求后者。人们都会寻求完满;却只有他寻求空"。① 他的无名和隐遁乃是两个反社会的可能性,我们必须实践它们,才可承受社会。老子对其道,或者叫生活道路,有一个最为有名的形容,那就是[180]轮毂,它本身不动,但离了它,别的都不能动;所以道是不动的消极中心,一切事物都围绕着它而转动。"寂兮寥兮,独立而不改,""取天下常以无事,""为道日损。"

---

① 冯友兰,《中国哲学史》(*A History of Chinese Philosophy*),北平,1937,页 170 以下,221 以下。

第七章 十字架的穿透

我们可以从老子那里学到许多。我们为声誉、名望、知名度、记录所左右:《名人录》(Who's Who)是我们世俗价值的典型标尺。我们的经济体制偏爱大做广告的品牌,并坚持将一切服务都归于社会。我们渴望艺术性创造活动,但我们却可能催熟不了创造性的果实,因为我们太过急切。千千万万大学里的人——教授、他们的妻子、小伙子和姑娘们——他们通过写书来解决他们的问题,但他们却忘了,创造性的沉默也是同样重要的。何时要有创造性,何时则不该有,对这一问题很少有人加以重视,于是乎大部分的作家一本接一本地炮制其大作。我们必须培养人们的勇气,与他人相处时能保持沉默,这样,当我们开口时,我们的声音就变成了他们的声音。

这并不是要求一个社会对人产生极权式的影响。我们现代的世界社会是极权主义的,犹如儒家中国。我们强调向环境妥协,避免冲突,重视真理的实用价值,关心实践上的成功——都令人想起中国,但我们却依然缺少道家的耳朵。通过倾听社会过程表面的不和谐背后所隐藏着的秘密和潜在的和谐,我们可以变成"轮毂"。贾克斯(L. P. Jacks)在其出色的著作《大烟鬼传奇》(Legends of Smokeover)中,以极其深刻的心理学洞见,倾听了大烟鬼混乱生活中可能存在的一种节奏的片断,出现某个谐和的结局时,此人欣喜万分。老子的传人实际上试图"逍遥于天地"(dance the universe)。"围绕整个宇宙,有一个紧张且秘密的节庆,犹如准备一场盛大的舞会。"①[181]用来形容老子的最恰当的词或许应该是"协调"(orchestration),因为orchestra原意并非乐队,而是舞蹈与音乐演奏的统一。或许能倾听宇宙谐乐的敏锐耳朵,乃是在中国能疗治孔子学说之烦闷乏味的

---

① 切斯特顿(G. K. Chesterton),在其《异端》(Heretics)中论述麦卡比先生(Mr. McCabe)不朽之文中。

良药。

像涅槃一样,道也开启了自由的一个新维度。只寻求成功,是不够的;要想成为真正的时代骄子,需要的不仅是雄心;人们既要有雄心,又要不执于名利。韦伯斯特思路僵直,一条道走到黑,他相信只有最直的线才通往成功:他拒绝出任副总统,却失去了成为美国总统的大好机会——新总统上任头一个月就死去了。西奥多·罗斯福作出了相反的选择,他赢了。莫罗瓦在《迪斯累利传》(*Disraeli*)中描绘了格莱斯顿(Gladstone)赋闲时劈树的动人场景。一个人的生命之箭必须在远离零点和射向零点之间自由摆动。

亚 伯 拉 罕

正如眼睛和轮毂在东方人的空间中注入了一种溶解剂,亚伯拉罕和耶稣则在西方人的时间中注入了和平。亚伯拉罕和耶稣教导我们生活的,不是向内和向外,而是向后和向前。大部分读者因为在科学的教育中成长而"受空间限制",当他发现这两位拯救者与时间的关系并不相同,正如佛陀、老子与空间的关系也不相同,他会十分惊讶。佛陀关注的是外部世界,或者说让我们关注外部世界。老子则邀请我们进入社会空间的中心。因此,这其实只是一个方向,他们两人都呼唤我们进入这个方向。但亚伯拉罕还有耶稣则进入一个西方的世界,在这世界中,据说克洛诺斯(Chronos),也就是"时间"之神,每当他的子女出生,他就把他们吞噬掉。因此,他们两人都创造了一种历史信仰,它是在时间而非空间的压力下建立的。[182]他们所给予人们的,不是可在空间中占据的一个点,而是可在时间中生活的一个时段(hour)。一个人的"时段",使时间避免为急流所压垮和淹没,或因缺乏动态运动而麻痹。在他的"时段"之前,必有其他"时段"先行；在他的"时段"之后，也必有其他"时段"后继。其基本关系就表现于我们之为人父及为人子。对于以色列，犹如对于耶稣，"夫—子"关系是决定性的。但教会却建立在亚伯拉罕之解决方案的辩证对立面上。我们先来分析亚伯拉罕的解决方案。① 因为看起来没有什么比亚伯拉罕的信仰更少为人所知了，所以我仍然用同一个例子，大约三十年前，一个犹太朋友就是用它来驳斥我对犹太教的错误认识的。②

我说，说到底，希腊的阿伽门农王拿他的女儿伊菲革妮娅来献祭，这和亚伯拉罕自愿牺牲他儿子以撒差不多是一样的。于是我的朋友暴跳起来，大声斥责我。

他回答道，阿伽门农献出他的女儿，是因为他的大军攻克了特洛伊。他牺牲了他最心疼的人，是为了一个人为的目的。可亚伯拉罕呢，他若牺牲了自己的儿子，在当时流俗的见解看来，就意味着放弃所有的胜利、征服、王位或可传诸后世的江山。

这种想法的理由乃是，在苏格兰、马其顿和苏族印第安人（Sioux）的家族中，儿子须通过其先辈才获得真正的精神。任何戴冠王子（Crown Prince），如威尔士亲王或美国副总统的待遇，都是一种假死状态（suspended animation）。他们没有自己的精神。他们必须等待着，期望能继承他人的衣钵。这种由父至子线性精神传递，最为强烈的表现就是，父辈有权发动战争，令其儿子上阵厮杀，相信其父辈的精神。直接用头生子来献祭，是自愿的战争替代品。也就是说，[183]将自己的儿子献祭，他所希望的是让诸神服从他自己的意愿，用不着打战就能达到同样的

---

① 进一步的分析见我的论文"希特勒与以色列"（Hitler and Israel），《宗教学报》（Journal of Religion），1945年4月。
② 这一事件记载于埃默特小姐（Miss D. Emmet）的论文中，见《宗教学报》，1945年10月。

目的。而我们反正总是会有战争的,显然,我们能够理解阿伽门农。但亚伯拉罕却难以理解,因为他解放了他儿子的生命。这样做,他就承认了上帝是世上一切人——包括他自己的儿子——的父亲。

在现代人听来,这很滑稽,他会用一个世界公民联盟(League of World Citizenship)来推进上帝的父性。这样的团体推行一种抽象的原则。但其成员如何对待自己的后代呢?某些成员不是宣称他们至少拥有高于其父辈、其丈夫、其妻子的权利吗?假如他们这样做,在这一关系上,他们就否定了上帝的父性。我们自己的子女,和耶稣一样,是上帝的孩子。所以,我们就该让他们过自己的生活,期待上帝进入他们自己的生命,而不是像我们一样的诸神。

就这样,亚伯拉罕实施了一种全新的原则,在这一点上,它是最难实现的。并且,我的朋友又说道,正因为如此,以色列总是把没有宰杀以撒看作是最大的灵性革命。上帝启示给人的最终目的,一直是和平,而非战争,这始终是上帝的意图。在人类渴望胜利的欲望和上帝高于一切人的权利之间的冲撞中,上帝赢了。由此,上帝不再是亚伯拉罕的上帝;他现在被叫做亚伯拉罕的上帝、以撒的上帝、雅各的上帝。(《出埃及记》3:6,15,16;4:5;33:1。《使徒行传》3:13。)由此,我们必须希望有一天能消灭战争。

从开头到末了每一代人灵性直接共融中的信仰,这是亚伯拉罕独有的贡献,正如《圣经》中如此强调的——否则他就只是个凡夫俗子。① 通过其生命,亚伯拉罕教导人们,存在着一种最高的忠诚,对造天造地的上帝的忠诚,人间的一切忠诚都要由它

---

① 见罗伯逊(Eric S. Robertson),《圣经中夏娃与她儿子们的散文史诗》(*The Bible's Prose Epic of Eve and Her Sons*),伦敦,1916。

来衡量。罗伊斯(Josiah Royce)在他"对忠诚的忠诚"的哲学中明确地描绘了亚伯拉罕的处境——忠诚[184]包含了所有人之间互不战斗的忠诚。亚伯拉罕时代的忠诚是四分五裂的,人们各自崇拜一方天地。要想降低由四分五裂的忠诚所竖立起的高墙,唯一的方法是回到过去,超越一切历史,因而超越对因母语和先辈的土地而不是任何其他东西而形成的价值的崇拜。所以,事实上,《圣经》一开头就说,虽然人们分割了天和地,但起初所有的事物是一起创造的。

正如在佛陀和老子的事例中,亚伯拉罕的生平也可归结为两个核心经验,他离开吾珥(Ur)和他发现一位父亲不必献出他的头生子。离开他的家乡——一块由相互争斗的神祇瓜分忠诚的土地——并期待上帝实现其允诺,他证明了对造物之统一性的信仰。从那天起,流亡和期待便是以色列在人类社会中的恒久职能;既没有国土也没有民族文化,犹太人就只从创世开始纪年,并期待弥赛亚来拯救世界,恢复其原初的统一性。当然,每一代人都必须以不同的活动来表现同一事物,但我们不能被差异所遮蔽,看不到从亚伯拉罕、摩西、众先知、到散居的犹太人(他们迁徙至世界各地,对应于外邦人因地域而四分五裂的忠诚)所传递之意义的基本同一性。

通过这一期待态度,犹太人便使所有现存的忠诚相对化了。没有一种 *status quo*(现状)是神圣的,没有一个国君是神祇。但以理(Daniel)和尼布甲尼撒王(King Nebuchadnezzar)都同意贬低这种忠诚的价值,但朝臣们却想神化其国王;于是但以理就走进了狮子坑。同样的事情今天也发生在日本或德国,与当时毫无二致。对于任何偶像崇拜,以色列都是个危险的问号。

[185]所有的多神宗教(pagan religion)都使人比围绕在他周遭的各种力量更强大,迫使它们服从他的意愿。尽管闪族人

习惯于牺牲头生子,给于父亲以新的力量,①亚伯拉罕的手却没有宰杀以撒。② 这一经验更加凸显了亚伯拉罕抛弃安全的巴比伦社会的真正意义:不管有没有献祭,他都在上帝的手中,他的儿子也一样,他指派他儿子成为所有生命的活的祭品,而不是石头祭坛上的献牲。因此,一代又一代人,不再为了使其父亲更为强壮而被杀死,而必须体验作为上帝手中避难者同样的无助感。③ 这种无力状态,就是以色列故事的本质。以色列必须始终虚弱,方可见得上帝的强壮。《以赛亚书》53章是一首万民的凯旋曲,他们不再献祭,他们自己就是祭品,将所有的外邦人带回太初的真正统一性。

以色列的虚弱是它唯一的力量。它必须这样缺乏武装、这样弱小、这样散居、这样没有领袖,因为它必须实实在在地面对有着无数个忠诚的狮子坑,这些忠诚叫人为了特殊的原因、土地和语言而死。因而它超越了表达特殊群体之分离性的多神教的意义,邀请所有的群体进入一个[186]弥赛亚的王国,在这一国度,人们铸剑为犁,狮子也将和羊羔躺在一起。天地亦将合一,群体骄傲之蛇也不得不承认这一点。

在加尔文(Calvin)时代,基督教世界的人们第一次不得不

---

① 北欧异教时代的终结,瑞典的一个王将他七个儿子中的六个献了祭,为的是让他的王权不受侵犯。当第七个儿子也将落得其兄长们的命运时,人民反叛了,杀死了权欲熏心的老国王,并在王子的带领下,集体皈依了基督教。他们不再自己耍弄神意,而是转而信仰活生生的上帝——他既能给予权力也能夺走权力。
② 亚伯拉罕发明了反闪族主义(Antisemitism——通译反犹主义)。而对犹太人的欺凌则将出于其对以色列的恨而公然显露出来,因为亚伯拉罕转而反对闪族人和"东方人"。
③ 当雅各遇上他的死敌——他哥哥以扫——时,他充满了恐惧。夜里他与一位天使角力,醒来时跛足了。因此,他遇见以扫时,是又跛足又无助。在这样无助中,他再一次藐视了魔法的力量,而换一个人落到他的处境,很可能就以此来武装自己。

第七章 十字架的穿透 241

为了宗教崇拜的自由而离乡背井;加尔文建议一个人应该为这一理由而移民。1552年,人们面对一个全新的世界,他们发现了移民的创造性意义。随着时间的推移,"对忠诚的忠诚"变成了我们的共同特性,而由以色列所承负的特殊意义则不再必要了,法国大革命又解放了犹太人。① 当法兰西和美利坚宣告人类生而平等都具有自然权利时,他们所说的实际上是,每一个孩子出生时都像亚当一样是全新的,而所有的民族都回到自然,就是疗治有着四分五裂之忠诚的内在多神教的一付解毒剂。犹太人可以和那些不再是外邦人的民族相和解。②

在我们这个时代,希特勒是一个反动,他再一次强调人类的命运就是变得越来越四分五裂;他的确消灭了对忠诚的忠诚,迫使以色列重新拣起对锡安山的古老期待。他剥夺了人们在言语和居住地域,被认为能适合全人类的那个时刻之前,纯化其忠诚、加深对其母语和故土之理解的权利。但亚伯拉罕的无助后裔比对血缘和土地的偶像崇拜更为强大。因为血缘和土地统一起人们忠诚的同时,也分化了它们。我是我母亲和父亲的儿子。假如我向他们在成为我的父母时发出的结合誓言鞠躬致敬,我就保持了由他们的婚姻所缔造的创造性统一,而我也就成为一个新种族的头一个成员。但要是我因好奇而探寻[187]我的起源时,将他们的结合消解为孟德尔式的荷尔蒙游戏,我的血缘就分化为母系和父系两个起源。于是,确切地说,我父亲就不再是我父亲,我母亲也不再是我母亲。因为,"我父母"这一对,乃是不可分离的。作为女人和男人,他们根本不能命令我尊重他们;他们结合的创造性活动被破坏了。两个起源相互战斗。每一个

---

① 参见《出于革命》,页216—237。
② 有关与犹太人的解放相伴随的契约法的改变,见"希特勒与以色列",载《宗教学报》,1945年4月。法国大革命是希腊精神与弥赛亚主义的混合物。

人的血缘都是分化的,除非他尊重其父母加盖在他们结合之上的统一性印记。在其父母的婚礼上、在新人的创造之初的誓言若被取消,血缘的统一性就会以嫉妒和冲突而告终。恐惧会造成狂怒,血缘会带来欲望,假如从亲子关系中废除了婚姻誓约(sanction)的话。对种族的忠诚是不能自持的。它将我们分成两半,这边属于一个男人,那边属于一个女人。

老子为内在社会之轮加上了轮毂。佛陀为外部世界加上了观照这一世界的眼睛。亚伯拉罕则发现了父性,早于所有分化的忠诚的未分化的统一性,"早于一切"(before the before)。他承认上帝是一切起源的起源,是一切祖先精神的源头,是要求我们尊重禁止我们分裂人类统一性的父亲。正因为他相信他是上帝的形象,所以亚伯拉罕自己也被叫做父亲亚伯拉罕,并且通过他我们知道,对一个孩子而言,什么是父亲、族长,而不是个神祇。

对犹太人的恨是一种宗教之恨。所有的反犹主义都是个借口。多神教徒或外邦人的自傲受到了犹太教的打击,因为在大卫之星(Star of David)面前,没有一种世俗的荣耀被允许放出未经折射的光芒。相反,犹太人则瞧不起基督教中的多神教残余。除非在十字架下,犹太人和外邦人的和平就不会存在。甚至是在理智的层面上,双方都不会为对方而存在。日本是个最好的现代例子,说明以色列的贡献是多么重要。在深层的意义上,美国不会赢得这场战争,除非日本的神话遭到破坏。一直到如今,[188]日本的孩子们所学到的是,他们的帝国创立于公元前661年。而事实的真相则是,它要晚上差不多1000年。这不是个无足轻重的谎言。我们所有的人都受到这种诱惑,去美化我们的过去,使之犹如纹章上的一个称号;如今,它却控制着所有的日本国民。这一谎言使他们不可能与我们保持和平。亚伯拉罕则追索全人类的单一历史。而鉴于我们美国的传统所询问和要求的正是这(单一历史),①它乃是以色列之不朽贡献的正当继承人。假如所有的人都能分享以色列的发现,散居在外邦人之中的犹太人这一群落就会从其独特使命中得到解放。以后,我们就会把从 1789 年到 1940 年看作是一个短暂的时间段,在这一时间段,以色列的使命就会被所有善意的人们所接替,在这一时间段,出于这一理由,在一个充满敌意的外邦人世界中由亚伯拉罕所承受的古老重负就可被犹太人所抛弃。亚伯拉罕的信仰得到普遍的分享之后,犹太人的独特处境就不复存在了。一位正统的犹太人在 1933 年宣称,"希特勒就是那弥赛亚"。的确,他也许就是结束犹太人流亡,使犹太人和外邦人相互融合的开端。②

耶　　稣

　　十字架的三个方向就是这样印刻在我们这个不安分的物种的灵魂上。在它们之上,圣子加上了"自此以后"(hereafter),若所有子辈的反叛、所有下一代下一代再下一代的创新都已产生,就需要这样一种态度。耶稣说:就算每一代人都过着孤独的生活,活在他们自己时代的精神中;后来的一代人也会对所有的前人有傲慢、不忠诚和冷漠。凭着分裂且弥散至整个地球的新生命的单纯惯性,[189]生命循环会从一种盲目通向下一种。他停止了这种通向新开端的分裂。在所有这些"以后"的以后,所有年幼的"未来之波",这些新开始的生命,也依然得转变为所有时代的子辈和传人。在我们自己的边缘和我们自己这一代的分离

---

① 有关这一事实,见《出于革命》中的"美国人"一章,页 672 以下。
② 见《出于革命》中的"犹太人的解放"一章,又见阿尔特曼(G. Altmann),《宗教学报》,1945 年 10 月。

的"心智"中,"转变"植入了所有各代的融合。预料了可能的最后一代和任何一代的反叛,耶稣带着一个用以衡量一切世间运动的尺度,回到他自己的时代。生命体的生命驱动力总是在大声叫喊:"Ote-toi que je m'y mette"(你让开,该我坐了)、"后来的更好"。耶稣则将所有的时代,包括他自己的时代,嵌入了一个超越的时间、一个永恒的现在之中。他使得轮毂、眼睛、父辈的态度和子辈的态度,在任何地点和任何时间都有效。就这样,实在的十字架完成了。我们现在在所有的方向都获得了完满的自由。

耶稣接受了实在的十字架;每个人都被两种时间和两种空间撕裂。这种"撕裂状态"不可改变。但我们可一起期待一种超越的时间,期待我们可通过团结而缓解彼此致命的裂伤的共同体。通过每一代人的共同体,人就可回到家园。通向这一超越的时间的钥匙必须由每一人的信仰来重新锻造,在最后一章我们将试着用合适的钥匙来打开我们生命的各个房间;但这只是耶稣所实践的开启各时代(时间)之间门扉的原则的简单应用。

作为历史的中心,耶稣现在可被视为与佛陀、老子、亚伯拉罕一起围绕在实在的十字架周围。鉴于耶稣所成就的十字架、真正未来的创造,已在第三章得到详尽的讨论,在此我只消简要地复述,以适应这里的上下文。基督教纪元的整个观念乃是:"现在就是时间。""今天,预言在你们的眼前实现了。"[1]耶稣是通过化身为[190]可见的人类灵魂、犹太人所期待的只有在历史的终末才出现的弥赛亚,而成为历史的中心的。以这种方式,他引入了时间的终末,作为现在的指导力量。犹太人确定终末与

---

[1] "这一现在应该尽可能地加以强调:宗教式的领会首先不是作为一个断言,而是一个命令。"查恩伍德勋爵(Lord Charnwood),《圣约翰说》(*According to St. John*),波士顿,1925,页309。

开端都在上帝那里,实际上他们却遗忘了在这之间的一切,但耶稣则创造了一个历史进程,在此进程中,每一年、每一天、每一个当下都平等地直接导向上帝,因为它们都是不完美的过去和逐步走向完美的未来的交汇点。在耶稣那里,旧日的开端都走向了终末,所有现代人的终末又得以开始;古老的对各民族的允诺,现在逐步地成为了现实。

耶稣生平中有两个中心事件,使得他成为新纪元的开端。这两个事件就是,他为了成为弥赛亚王国之奠基者的死,以及他的复活,他复活的身体乃是所有愿意和他一起每日死去又复活的人们的受激励的身体。在活着的时候,他服从古老的律法,必须履行作为亚伯拉罕之后裔的职责。于是,他的死乃是他必须投向未来的一切,而他的伟大发现则是,真正的未来因那战胜死亡的力量而向我们敞开了。在启示这一力量时,他创造了人在向前的方向上完美的可塑性、以及人类能够每天像一个新生儿那样重新开始的能力。通过将生启示为死的果实,他所救赎的乃是纯粹的生。

* * *

我们所关注的佛陀、老子、亚伯拉罕和耶稣,并不是孤立的个体或天才人物,而是奠基者。奠基意味着为所有的人铺设一个新的基础;通过这一步骤,一个人摆脱了他的孤单,并使众人从其为众人的命运中得到解放。千百万人曾分享过,如今依然在分享着这四个人的经验。他们将他们的追随者提升至自由和再生的高度。从现在起,他们各自的态度是每一个人的自由。人们需要全部这四个人,以摆脱在时间和空间方向上的奴役状态。[191]通过作为纯粹的眼睛、静默的声音、谦卑的心灵和新爱的火焰而生活,这些奠基者征服了实在的十字架的每一个方向。涅槃、道、对忠诚的忠诚和重生,是人类完满生命的永恒标杆。

作为一部"旧约"的"社会科学"

在重实践的人中看来,必须承认所有这四位奠基者的工作中有一个不便或缺陷:他们所开创的使命需要每一代人都重新开始实施。他们并不认为过去能够指导尚未出生的人如何生活。他们期望每一个新来到这世界的人都转而反对其环境。我自然知道,世代相传的以色列、香火不灭的佛教、源远流长的基督教和组织有序的道教(Laotsism,或作老子教)是存在的。然而,它们仍是尚未发育完全的,除非它们和个人决断一起进入生命之中并产生新的实现。比如,"基督教阵线",就误将"基督徒"等同于外邦人;同样的还有"德国基督教党",两者都是自相矛盾的概念。

我们的这四位奠基者征服了种姓、社会制度、统治阶级、金钱、膜拜形式的压力和摩擦,出于简单重复的惯性,这些压力和摩擦使得各种生活压迫都恒久不变。

儒家教育、实用主义、统治阶级、金钱、上流世家,它们有着相反的倾向。它们声称自己能代代相传。乍一看,历史所证明的是这些形式得到固定并取得最终地位的愿望。另一方面,老子特别成功地证明了儒家教育的无聊乏味,以色列逃脱了所有的暴政,基督教和佛教则抵御住了金钱利益;诸如此类,不胜枚举。

因此,每一个新进入社会的人,想要在这种那种可怕的社会压力下作出个人的决断,能找到四个武器库。而在我们这个时代,则需要这四个武器库[192]坦诚的融合,然而,却不能抛弃十字架的秩序。因为在十字架下,这四个武器库的整体才有意义。

为什么需要这样一种融合?因为自由、创造性、伙伴关系以及权威的敌人,都和过去一样,从相反的方向上蠢蠢欲动。它们不再是与这四位奠基者相抵触,而是已经战胜他们了!比如说,假如基督教在我们的时代丧失其统一性,则世俗运动就会占上风,并提出未来千年的规划。我的一个英国朋友从埃及回来之后写信给我:"我们也必须建造经得起四千年的东西。"煽动家们叫道:根基、稳定性。和它的世俗竞争者(它允诺消除一切人间苦难)相比较,犹太教弥赛亚主义又算得了什么？时代喜欢的就是这类夸夸之谈。根基、传承、稳定性、安全,所需要的就是这类东西。"我们需要大王(princes)",弗罗斯特(Robert Frost)说。我们需要的是森林。我们需要的是土壤保护。我们需要的是,为了社会行动,几代人之间富有耐心的合作。千金难买长寿。假如苏格拉底认为许多代人的多重时代的(polychronical)智慧是最高的智慧(色诺芬,《回忆苏格拉底》卷一,章十四),我们这些缺乏它的人,就不能对此观点作出评论。

假如危机进一步持续,超出了我们个体的寿命,似乎这四个奠基者就不能提供什么帮助了。他们讲的是个体,然而土地的灌溉、地球上所有土壤的持久性、对扎根的渴望却优先于个体的得救。的确,像传统和忠诚这样的价值是如此稀罕,我们忍不住要带着纯粹传统主义的计划前行。像根基、传统、忠诚这样的价值必须在自由中得到体现,否则它们就会与暴君、独裁者、迷信、蓝图(blueprint)、疗治病人的大祭司们为伍。后面这些,尤其近乎人工授精、阉割、仁慈杀戮和残暴杀戮、或其他[193]类似兽医的手段。① 政治专家则在实施整个人类种群的移植,并采用消灭少数民族等各种手段。

正因为如此,在我们对"根"的探寻中,这四位解放者必须置于最高的位置,若不然,我们这"homo sapiens"(智人)物种是太容易被奴役了。他们教导我们以完全不同的方式对待未来;不

---

① 重要的是,纳粹在许许多多事例上使兽医成为宇宙之首,他不晕血。

是用赤裸裸的意志力、暴力、为他人做计划,而是首先将我们自己带入正确的萌芽状态,并且以使徒的身份跟随它成长。从萌芽的活动,而不是从行动委员会,产生权威而非暴政,产生事奉而非蓝图,产生伙伴关系而非理智的好奇,产生创造而非因果性作用。

生活的确有着像这些奠基者那样的艰巨任务,而且它也像他们的时代他们的任务那样新颖和令人激动。但他们的时代也和我们的时代一样处境尴尬。从这四个奠基者的十字架出发,其时一如今日,为危机和战争所冲击的人类蜂巢,却被永恒的取向、永恒的新意、永恒的原创性、永恒的人格性所穿透。

就算在往后的几个世纪里,人们会要求各种恒久的解决和稳定性。从这嘈杂的焦虑呼声中,只会产生更多的焦虑更多的动乱,假如蓝图试图主导和独占未来的话。这种纸面上的工作绝不能赢得未来几代人的尊重;它会很快被一个接一个计划所取代。为以后一百年作出计划是不够的,因为更重要的是,先要问一问:在何种条件下人类才愿意为下一百年而作好准备?假如人们没有带着完整的信仰的完全的活动而进入,没有任何事物是能够持久的。只有带着这四位奠基者进入我们的未来,灵魂才能够进入未来的决断并使之持久不灭。这四位奠基者改变了[194]人性的基础。他们使我们能够将我们有关自己的思想、或我们的社会、我们的历史、我们的经济,建立在十字架的本性上。与此形成鲜明对照的是,我们的现代社会科学——社会学、心理学、经济学、历史学——开始于石器时代的人观。经济学、心理学、历史学、社会学,并没有把牺牲、创造、伙伴关系所需要的自由和权威作为其学科出发点的核心。相反,这些学科假定未来不是创造出来而是由过去的原因所引发的结果,过去并不被视作权威而仅仅是专制的文化延宕,他们所体验的心灵,不是作为兄弟般的伙伴关系而是一幅蓝图,大地也不是有待通向完美的道路,而是可加以征服和盘剥的客观障碍。

这四个系科并没有得到改变、割礼、启示和皈依。它们是前十字架的。看来,从十字架的四端积聚起力量,乃是共同打击这些"科学"之前历史态度的条件。它们是前历史的,因为它们不承认,在时间的中心,我们的本性获得自我意识并由此确实得到转变。它们不承认,任何一门科学的存在,都证明了创造性而非因果性、伙伴关系而非官僚制度、权威而非专制、事奉而非盘剥的存在。于是,这些科学在其核心,并未获得其自我意识。因为正是在我们生命的中心,我们才不再把世界纯粹作为对象、传统、心智图景、利维坦怪兽(leviathan)来对待。在这一中心运动中,我们将事实转变回活动,并在那使这些活动付诸实施的力量的名义下开始生活。我们使自己摆脱某种理智的梦魇,这种理智认为孤独、隐私、自我中心、怀疑主义,乃是思想中内在固有的。我们发现,在我们前理智的实存中,无论是我们,还是其他配得上"人"的称号的,都从来没有在这样[195]一种理智活动的基础上作出任何重要的生命决断,这种理智被看作是用于法庭和案例,而不是积极的活动的。

在我们生命的中心,我们把持着我们生活的实在道路。我们也听到这四位奠基者告诫我们,要尽可能从我们的现实体验中开始思考,排除一切抽象原则。他们说:当一个给予你自由的灵魂可能不这样做时,要服从它的伟大。要服从命运的召唤,当不这样做更为便利时。要服从一个新开端的自由。要服从对邻人的爱,当他堕落到与小偷为伍时。

这四门科学——历史学、经济学、心理学、社会学——却与之相反:它们要求人"符合"心灵的事实陈述。因与果、心与身、环境与调整、作用与反作用、获益与利润,它们构成了这些学科之实在的基础;但这些乃是我们每天都会体验到的,对我们的最佳生活方式具有灾难性后果的致命力量;它们要我们相信这些乃是终极者。

已有无数个科学家个体对其系科的前历史方法提出异议。①

但在这些领域中,没有遗忘其深刻洞见的学术领袖们,却只能采取守势,防止这些寻找原因、权力、专制、法律,而非权威、创造、伙伴关系和事奉的方法四处盛行。作为新科学家的训练基础,这些领域都被前十字架的方法所把持。假如你说,作为一个信仰者你不能从一个"自然"心灵的假定出发,那你就要被踢出"纯粹"科学家的行列。我自己就不得不作为一个"不纯粹的"、也就是说是"十字架的"、志愿者角色,在我的整个学术生涯中如此思考的,无论是在国外还是在美国。幽默的高潮是在哈佛大学。在那里,人们发现我有能力在六个不同的系给本科生讲课。然[196]而,知道了我的"非科学的"原则之后,一位生理学家、一位物理化学家、还有一位记者,凑到一起,大吵大闹,于是我就被"发配"到哈佛神学院了。在这一机构中,可怜的人们大受打击,他们一直竭尽全力,要向其他系科证明,按照社会科学中盛行的前历史的标准,神学是"科学的"。

我并不是批评这一反应。我很能理解学术世界惧怕"基督教"科学这一观念。谁能责备他们呢?但对于一个以十字架的方式思考人以及基于这四个奠基者之创造的东西的共同体而言,这四门科学就不能作出同样的反驳。由这四位奠基者不知不觉但又稳固地竖立的十字架,既不是宗派的,也不是教会的。它是客观化的,犹如花岗岩和煤;它是创造的实在。来自东西方的实在的十字架的综合将有足够的力量在这些科学中再一次带来方法的转变。家庭为什么是以色列的堡垒呢?因为在这里家

---

① 这种异议的一个卓越的例子是克罗伯(A. L. Kroeber)的《超机体》(*The Superorganic*),新罕布什尔州汉诺威(Hanover, N. H.),1927。

第七章 十字架的穿透

长没有为了他自己的目的而牺牲他的儿子。于是父亲就获得了权威而不是专制。为什么皈依是基督教的堡垒呢？因为在这里圣子放弃了他自我生成的野心、才干、天资和领导权，为的是人间的恒久和平。于是最可怜的罪人，如今也能为了世界的和平而放弃他一己的异想天开。为什么禁欲是佛教的核心呢？因为有力者从他力量的运用中抽身而退。于是，那些渴望权力者就能得到超越力量的有力者的引导。为什么轻于鸿毛、隐姓埋名的舞者是道家的秘密呢？因为他无迹、无名、不自矜，只是喜悦地感受某种节律。于是这种喜悦的节律便具有了感染力。

但在这些有体验之生命的光照下，已知的社会事实如今都可由一种终极的标准而得解释。按照专制取代权威或因果性取代创造性的总量，一种社会秩序可被宣布为病态的；[197]也可将某种社会秩序确定为健康的——因为其伙伴关系、节律与和谐而非蓝图式的官僚机构，或者其乐于助人的同情而非追求权力的性质。光明从这十字架上普照社会的各个角落。所有那些我们谈论社会进程时不可或缺的"价值"判断，都必须建立在对这一点的坦诚接受上：即我们已经知道，从受造人性的十字架出发，完满的自由、完整的创造性、全身心投入的伙伴关系以及完美的人类事奉，它们应该是什么。由社会科学的研究所提供的大量的材料，犹如世界的旧约，有待我们用佛陀的眼睛去阅读，带着先知们的信仰去倾听，用老子的怡然逍遥去与之和谐相处，以及用基督的爱使之获得生命。①

我们在本章讲述了十字架的穿透。有一大堆社会层面的事实有待分类整理，像克拉德尼（Chladni）声学演示那样得到组

---

① 有关社会科学与完整真理的关系，用得上那句古老的格言：*Novum testamentum in vetere latet; vetus testamentum in novo patet.*（新约隐藏于旧约，旧约显现于新约。）

织,在该演示中,当小提琴弓摩擦玻璃杯的边缘时,杯中的沙粒就会移动,形成完美的几何图形。在历史中的某一时刻,心灵受了割礼,眼睛挣开了,耳朵"协调了"(orchestrated),受造物成了创造者。而我们的健康和心灵的健康,包括由心灵所组织起的科学的健康,都取决于这种在时间中创造的十字架式的标准。

没有在其教育、共同体、事奉、精神中浸润这种标准的学生,无望理解人的世界。

第八章　和平的节奏或我们的"今天"

节日的敌人

[198]由于工厂系统,我们已经丧失了发现共同体生活之节奏的能力。安置乡村地区、向阿拉斯加(可容纳一千万人的地区)移民,在战前就失败了。俄亥俄谷物带见证了一场安置实验,它以每个农场平均三年转手而告终。工厂的短命,在战争最激烈的时候,又因日益增长的暴力重现。这对生意有好处,对人却只有坏处。受赞扬的迁居工人——我们大部分人也许会想,我们的孙子辈大概就要变成这个样子。

如果不想让土地丧失在外来的流民之手,我们在整个西方世界就必须想办法恢复创立共同体的力量。制定重新安置、重新定居的计划,是很无谓的事情,因为,这样个别的安置地,并没有活力去分担共同体复兴的任务。首先,在任何计划者给出任何计划之前,我们应该创造机会,让人们能够恢复创造或重新创造共同体的力量。这一力量丧失了。现代人的心灵丧失了成功的诀窍。

那诀窍是永恒的。创建一座城的力量,[199]从那些"没学过"如何在一个节日中共同协作的人身上被剥夺了。在节日,我们分享同一时间、同一空间,虽然我们因私利、因年龄、因财富、因职业、因气候、因语言、因种族、因历史,而相互分化;我们一同过节,犹如同一个人,不在乎出生,不惧怕死亡,不因性别而窘迫,不因恐惧而不安。

如果我们学会明确区分闲暇和节日,那我们就将重新发现我们十字架般的处境。节日自身也多多少少退化为闲暇了;因而,它们之间不可克服的传统不是乍一看就能发现的。

1929年,林德曼(Eduard C. Lindeman),顶尖的美国教育家,在剑桥大学三一学院(Trinity College, Cambridge)一次有四百个人参加的国际会议上,站起身来,说了如下"堂皇的话":"我们今天在此出席有关成年男女教育的全世界性的会议。而我们在美国则拥有一切,时间、设备、金钱、人们的良好意愿。你们可有足够的好办法,告诉我们,怎么去打发我们的闲暇?"

一个多月之后,大萧条的闪电就打下来了。而四年后,经济的恢复则开始于"银行假"。一种多么奇怪的文明,好年景说"闲暇",坏运来了则说"节假"。但也许哪怕闲暇和节日的这两种极端的用法,也不是没有意义的。

的确,闲暇是个体的时间"太多"或者剩余,而节日则植根于整个共同体的悲剧之中。在节日,一个共同体获得了对悲剧的胜利;一个闲暇中的人则无所事事,消磨其时间。

但不管1933年的银行假在名称上是多么不足,它却与节日都有共同之处:即在一段时间的苦难之后,它能恢复人们的信心。而不管林德曼的人生观是多么乐观,它与个体对幸福的追求却是共同的：似乎有大量的时间用于个体现有的目的。

我们且来分析一下闲暇。闲暇就是做点原本没必要的事情[200]来放松自己。就是做点无关紧要的事情，或者干脆什么都不做，因为，做不做也都无关紧要。闲暇时，正因为闲暇时，如果我做得不是最好，或者没有发挥出我自己的最佳状态，那是因为我不是非如此不可。我可以集邮，或者骑马，或者游泳；但如果我转为专业的集邮家或者游泳运动员，那就是破坏我的闲暇了。我的确也骑马，但要是我的马术俱乐部要我去参加马展，那我就会觉得很烦。业余爱好就是业余爱好；太严肃了就破坏它们了。闲暇不如"真实"生活那么严肃。闲暇未必就是不真实的，但它绝不是最终极的。在这里我们找到了理解它的钥匙。它乃是一种偏离生存中心，进入边缘地带的倾向或运动。我们的闲暇体验可以有数不清的形式，但既然它们都偏离我们的压力中心，则它们也只能进入有限的几个方向和组合。闲暇中的人——想要离开其自身——可以走到他自己之后，来到过去；也可以走到他自己之前，来到未来。他可以深入内部核心，也可以环顾外部世界。在这四个方向上，散落着闲暇的要素。比如，我们想要尽可能地回到出生之前。儿童听老奶奶的故事，青少年则听历史。在成年人那里，血统家谱就成了潜在的中介。而这种对祖上的夸耀还没完没了，无论如何也要让自己的祖先和某个中世纪城堡搭上关系。一位著名的美国建筑师试图让我相信，他是某个英国牧羊人的后代，而不可思议的是，这个牧羊人又是大陆上某个德国贵族的第七个儿子，其家谱还可追溯至11世纪。这一滑稽的中断——在这桩事情上，是在16世纪——出现在那几乎全然编造的家谱中。这一倾向就是那"背景"的观念，它盛行于所有的近郊，都已经走火入魔了。我还看到过假造的银汤勺，说是从"五月花"号船上来的传家宝。而在中美洲发现的冰岛人的遗迹，那就是表明，通过将白人发现史推向更早，让这块大陆变得高贵起来。

[201]像日本神道教或纳粹神话这样的伪历史，也许就是这种离心行为的最终结果。

在放松的另外一端，我们则玩弄未来。这里有许多慈善团体、捐赠、主日学校教学，再加上各种革命党派和耶和华见证会。凡此种种，我们都希望在未来中扮演某种角色。我们都希望我们的观念能产生结果。我们梦想着各种乌托邦，并逗弄它们。

闲暇的第三种类型则是投入到外部世界中，以唐璜（Don Juan）式的心态，不负责任地去征服。旅游观光是这种冲动的一种形式，许多人都沉溺于此。满天飞（globe-trotter）看起来和勾引者（seducer）很不同。但是，我们之外的某些奇妙之物——尽管本质不同——却在上述两种情况下都在勾起我们的好奇。我曾经见过一些家庭，这种探索外部世界的热情突然就变成了相反的一种渴望——亲密的音乐培养。还是那些抛弃一切去欧洲旅游的人，如今却可能因贝多芬的晚期四重奏而潸然泪下，并瞧不起依然在体育运动中寻找乐趣的人。这一通往内在情感生活的神秘倾向，如今在爱乐者们身上得到了最好的体现。

我们每一个人都曾经并将继续在这一或那一偏心方向上使用这些便利；不管此时彼时，只要我们自由地运用它们，它们就是恢复我们平衡的出色手段。他们是我们职业活动之失衡的补偿。

然而，在许多情况下，现代人的闲暇都在持续而顺从地从向后到向前到向内到向外的娱乐中被消耗了；正如一个躺在病床上的人，许多个灵魂从一个方向滚向另一个方向，因为他们不理解节奏，因而逃离其生命的核心。他们不敢去协调对立的推动力，并将人的真正位置安放在十字架的中心。再说，这一真理乃是由尼采的疯狂给我们上的伟大一课。尼采其人挂在十字架的中心，正如我们已经描述过的，[202]一个精神的十字架。而他之所以崩溃,是因为他根本不理解友爱。没有友爱,十字架上的位置就是不可承受的。

将要到来的主日

十字架中心的位置乃是我们的共同财富,而我们都受邀在这一位置上庆祝我们的节日。在此,庆祝节日的人类灵魂就能明确十字架真正本质。这才是有别于闲暇的节日的意义。在闲暇中,我们一心关注怎样去消磨时间。在节日里,我们可以带着"屈尊"——乘车人所体验到的那种屈尊[①]——去看待我们的冲突,因为我们已经战胜了它们,而在对悲剧性冲突的胜利中,我们发现了我们命运的最为深刻的意义。闲暇是世俗的,因为它使我们分离;我们被拖动着,在这一方向或那一方向偏离中心。在其节日中,灵魂则变为整全。它接受其工作日的种种冲突或倾向,因为它已不再惧怕它们如诅咒,而是可以将它们接受为其财富。它可以这样做,是因为在节日里,它已向自己证明了其摆脱它们的终极自由,通过共融、通过友爱。节日就是社会的研钵。

这里产生了严重的难题。主日和工作日已变成纯粹闲暇了。使它们摆脱种种将它们仅仅视作闲暇的误解,重铸其节日特性,几乎是不可能的。比如说,一个节日完全可以包括工作和事奉,只要表明节日并不仅仅是闲暇,近郊生活也并不就是与生意脱节。节日必须明确高于近郊,正如它高于工厂区。

科尔盖特大学(Colgate University)的柯滕(G. B. Cutten)在其著作《闲暇的威胁》[②]中,开列了论述闲暇的 207 种书籍和

[①] 见页 70。
[②] *The Threat of Leisure*,纽黑文,1926,第二版,1929,页 10。

文章。这 207 种当中，[203]没有一种区分了闲暇与节日。柯滕自己满足地说，"清教徒虚度着主日、感恩节和斋戒日"（页 10），的确是那个时代极好的描述，在该时代，会众将他们自己结合为基督的身体，依据他们对自己的评价，依据其教堂的明晰建筑。如果柯滕校长到过马萨诸塞州的道切斯特（Dorchester, Massachusetts），体验过那儿最早的公理会教堂（Congregational Church）——顺便说，那也就是亚当斯家族（Adams family）的教堂——他或许就会了解到，那些在主日严格履行其职责和其最高职责的人们，正在创立一个完美的团体，于这个团体，强大的美利坚共和国只是其贫乏的工作日版本。那么，所谓清教徒们"虚度"主日的这个词，就不会从他的墨水台中出来。但是，这一健忘的理由很平常。如果宗教是近郊的、私人的，那么当然就不可能将它作为一种主要的生活方式而开列出来。私人宗教就不是宗教；它只是宗教的残枝。但任何共同体都必须有其宗教，不管好坏，都必须有某种力量将它凝结在一起，因此，它也必须创造其节日，否则它就不再成其为共同体。在美国，信仰的统一性令人欣喜。对罗斯福总统去世的深深的悲伤，在我们胜利日（V-Day）的庄严的喜悦，是美国精神内在健康的表现。能与他们分享这一精神，我深感自豪，心怀感激。我们不必像法西斯主义者那样去生造那些空洞的节日。有 1945 年 4 月到 8 月的经历，我们尽可以不必理会柯滕所谓"虚度"主日的说法，也不必理会新异教的千年节日。但即便我们面对现代精神的彻底怀疑论的基础，我们也还是能够向他们证明，清教徒们并未"虚度"其主日。达特茅斯学院——我有幸获得其荣誉学位——的校长，霍普金斯博士，有一次对我说："令人惊异的是，在过去，上教堂前和上教堂后，会有那么多栓马的事。栓马（horseshedding）是当地切口，说的是把马栓[204]在马棚里。"栓马创造了小镇上每年聚会的政治氛围。没有每周的栓马，民主就实行不了。由此我们可以得出结论：清教徒极端忙碌，得付出很大的代价和辛劳，才能一同虚度一段时光。集中起来虚度，这才是首要的。但在一个有闲阶层，或者你我的闲暇中，闲散是首要的；与他人一同闲散，是偶然的、任意的，因此，共契关系进入不了闲散的深处。闲暇使灵魂相互隔绝。那大标题"每个人都进入了有闲阶层"，将把灵魂永远流放出近郊和工厂。

　　就因为这两种环境都将我们的生命切成了短小的时间段，再次恢复节日的方法之一，便是用长跨度的生命去抵销短跨度的生命。可怕的法西斯主义的人造节日，或认为节日里人们处于"闲散"的有闲阶层的谬误，是同样可鄙的。它们是亚人类的。任何想要恢复常态的努力，都必须设立一个长远的目标。按照这样一个终极目标，我们所迈出的哪怕是一小步，也都能立即得到正确地归类评价。第一次世界大战后，美国讨论了闲暇。第二次世界大战后，全世界都将渴望节日。为此，我竭诚提议一个最终目标：一个七年或九年的"周"。一个人应尽量把他每一个成年生活的七年或九年周期的第一年，投入我在第二章中讨论过的那种同伴关系中，一种不拘细节的坦诚、运动与奉献的同伴关系。这将符合主日的基督教含义。①

　　当它从死亡中复活时，基督教始终开始于主日的某种新形式。未来和过去的重负，就是教会的历史，基督教把星期日（主日）——在主日我们预演了未来的上帝国——置于一周工作日（平日）之前。而在工作日，我们则继续沿用得自过去的工作组织模式。这就是最高的理由：为什么星期日是[205]是一周的第一天，而不是最后一天。这样，主日的启示，就慢慢地融化了工作日常规的坚冰。因而，某种对现代生活的类似的逐步拯救，可

---

① 见收入《我信教会》(*Credo Ecclesiam*)中我的文章，埃伦堡(Ehrenberg)、居特斯洛(Guetersloh)主编，1930年。

以这样实施:一同过一个主日年(Sunday year),体现一种同伴关系,预演那全人类的安息日。它将是五旬节的主日、各种语言的主日:在五旬节,圣灵开始引导使徒,使得他们一个个起来赞美上帝的至大成就。如果在将要来临的希望教会的主日,我们让工人、农民、学生用他们各自的习语来赞美上帝,剥去近郊僵死的语言,那么我们才能以我们的工作再一次赞美上帝。

有一个朋友读到这里,大叫道:"极端幻想。"于是,我只能将支持我论题的证据罗列于此:教授的学术年假(sabbatical year),重要的会议其长度得超过一个周末,有关一个好的会议不能仅由同样类型的人参加。于是,在各行业中就出现了动荡。50年前,一位博士或者教士或者律师,会从业50年,很少或者根本没有时间休假。如今,他们干十来年就垮了,而他们几乎不间断地沿袭其常规。电话、汽车、飞机、邮件,让他们能够这样做,仅仅是量的增长,就这么一干十年,犹如前人的一辈子。他们超不过十年也就不奇怪了。每十年他们就得退休,好比进了坟墓,再开始新的生活,只是因为他们将整整一生塞进很短的一段时间跨度中。"神经崩溃"的时尚难道不就是七年周期最雄辩的论据吗?

我本还可以向他展示墨西哥劳动部长给我们威廉·詹姆斯营写来的一封信,在信里他写道:主日年很适合从事研究的人或者艺术家。但要期待大众也在科学和艺术的兴奋中找到他们的节日,则根本就是自由主义心灵的谬误。这是绝不可能的。众人在这些创造性活动中从来就是消极的。但是,矿工和农民以及家庭主妇和白领雇员,也得过[206]创造性的生活。只是人们并不期望他们效仿学者或画家。后者的意义,说到底,就体现在千百万人因其思想而获益这一点上。各类成人教育机构都误导了大众的自由时间,除非它们能让每个人走出其大众的生存方式,与魔鬼作斗争。艺术家和学者的确是与魔鬼作斗争。除非能让人与魔鬼作斗争并战胜魔鬼,否则对人而言就没有主日。对于大多数人,要做到这一点须有良好的同志关系。这位墨西哥人又写道,请帮助我们找到一些方法,使得工薪阶层和短工们乏味的人生能够得以扩展充实,让众人在我们文明未开垦的土地上体验更好的战斗,以此作为它们生命的顶点。这里所要求的与魔鬼的斗争,至少在一种乏味的人生中得像是一个节日。

对应于艺术与科学,在社会和政治活动中也有一种创造性。用公路上的灵魂的露营态度,将人全身心地结合在一起的伙伴运动,应该由真正关心社会平等的科学家和艺术家们设计出来。但的确,他们却通过现代艺术画廊起到了引导作用。在画廊中,各种裸体作品使可怜的、无所准备的灵魂大吃一惊。评价艺术不可脱离远大的目标。这些人,直面他们自己情感最隐秘的骚动之前,至少首先就该洗个澡,或者进行另一种净化的仪式。如今传播艺术实在太容易了:"我可以在十分钟之内把伦勃朗全给你讲清楚。"①但那些可怜的灵魂(他们的身体被驱使着去看展览)则很容易上当。他们没有太多的指望。与此相似,夜校也越来越多地提供了有关科学家们之研究的信息。可同样,最关键的部分,在漫长的探索过程中支持者科学家们的信念,则不会在夜校中提到。

这只意味着,有关人们欢欣鼓舞或者过节日的权利上,我们并不相信一切人本质上是平等的。我们的博物馆和课堂,过于迎合日常的陈规。

[207]疗治这一疾病的药草已生长了很长一段时间。在上一世纪男男女女的生活中,我们发现了一些重大的决定性时刻,他们将这些时刻规划为修补其生命的机会。"人生道路上的各个阶段"曾犹如一部戏剧中的重要情节。在我们自己的生命中,

---

① 逐字逐句出自某个专家之口。

它们曾引导我们多次经历这样的时期,每个时期都有其自身的同伴关系,有其自身得到启示的风俗习惯。它们并不是我们所规划的,但我们却要承认它们是至关重要的。因此,我知道,这是一种生活方式,我也能够在生命历程的记录中写下它们,在这一历程中,生命多次因信仰的伟大活动而获得新生。而在每一时期,生命的新开端都是亲近的灵魂之间新的、无条件的同伴关系的创造活动。至少,我个人可以向读者担保,我知道我在说些什么;这是我自己的经历。但这并不足以使他人信服。它也许是偶然的,或者是特例。然而,在世上一切有组织的宗教的传播中,都有与此相平行的思想线索。

这一思想线索开始于这一观察:一切宗教,进而甚至一切伪宗教,均渴望一种有节奏的活动。舞蹈有神圣的意味;人们也推崇宗教舞蹈;而舞蹈就是一种快速的节奏。所以,在礼仪中我们有各种运动和动作,唤起个人在仪式中的节奏,对于教会全年的活动也是如此。布道成长为经月经年不断的长链。

暑期学校和退修活动建立起来了。所有这些有什么共同点?新意又何在?

首要而已近乎遗忘的事实乃是,一切宗教都将其真理铭记在历法中。而历法就是记忆和崇拜周期的有节奏的形式。礼仪的节奏就表达在主日与平日、圣诞节与复活节、五旬节与基主显节这些词中。哲学体系是没有节奏的。宗教有。为什么?

读者不必担心他会堕入对全年周期的详尽叙述中。此处要强调的,只是一切崇拜活动、一切教会仪式的一致性:[208]它们旨在将人提升到一个高度,使人不是盲目地,而是有节奏地生活着。教育、启示、美好生活,都是以有节奏的形式来表现的。自从挪亚和法老之后,人类就知道了,节奏乃是相返相生:哭泣和喜悦、冬日和夏日、胜利和失败、生和死,产生了节奏,如果我们知道它们是成对的,不将它们归于偶然。一周一个星期日,一年一个假期,就标志着我们是受过教育的人。

不论我们关注什么,我们都应该发现,那温暖人心的火,是有节奏地燃起的;如果不是,那它就会摧毁我们。缺乏节奏是坏的。长期超负荷工作,就违反了休假的法则。孵育期于教育过程而言是必不可少的。没有全年四分之一假期的教育,就是无节奏的,因而也就不会有成果。

完整的生命有一种节律。

至此,这听起来都像是老生常谈,说的是"自然的"道理。的确,现代人的心灵很容易设想:宗教历法无非就是日月星辰季节更替的节奏形式。由此,他们得出结论:整个宗教历法纯粹就是天文学的事情。各公司商家早就篡改了我们有关星期日和复活节的历法顺序,它们认为,历法的节奏应该是彻底"自然的"或者说是机械的。[①]

同样,教师们也告诉我们,人类"起初"就庆祝春分秋分、夏至冬至、收获季节和播种季节,而后世各种宗教的历法,都是对这一季节更替的"真实"且基础性历法的伪装,这一伪装多多少少是多余的。这一教导使我们许多人产生了回到自然节奏的欲望,想要庆祝自然的圣事,诸如日出日落、月夜、春天。在过去的两百年中,我们就是这么做的,饱含着感情、充满了诗意、带着浪漫的态度。

我们都知道,我们的时间节奏摆脱了[209]太阳的运转。鲸鱼和马是按季节交配的。人生来就是悲惨的,因为他的欲望不可预知。性、政治、研究、工作,尤其是我们的烦恼和忧虑,使我们远离了日月的循环。人作为远离自然循环的流放者,不断地在创造着新的节奏。

那么,如果说人不是一年365天所能容纳的,那礼仪活动不

[①] 参见《出于革命》,页113以下。

就是欺骗吗？或者说，至少也是个对日月循环的感伤浪漫的崇拜，比卢梭的自然崇拜好不到哪里去。如果教会实际上是把我们的生命限制在日月的年度循环中，那它的确就是铁石心肠的。幸运的是，这并不是教会历法的含义。礼仪并不是接受而是挑战自然的循环。后者是 365 天的历法。而前者则在 365 天中表达了自世界的开端到其终结全部时间的无限性。对于推理性的心灵，时间由相互分离的单元（天、年）而构成。对于我们的信仰，一年的历程导向整个历史的线性广延。西方世界的历法，及其 7 月 4 日，独立于自然的运行机制。因此，从圣诞节到复活节，所纪念的是整个 30 年的生命历程；而从五旬节到主显节，所纪念的则是从旧约时代到新约时代人类的全部经历。我们所过的节日由对人类全部盛衰枯荣的记忆而构成。因此必须大力维护历法：在自然中，任何一年在其自身都是一种终结，而历法则使那些长期的因素渗入流逝中的各个季节，通过这些长期的因素，每一天、每一年就变成了无穷无尽的时间之链中的各个环节。我自己写过过去一千年所建立起的节日和历法的历史；而我确信，这一新方法将历史学家置于人类历史的中心。①

短期的经济

[210]然而，为维护我们的年度陈规和我们的节日及主日说了这么多之后，还应该加上一句：大多数人好像已经遗忘了这些事实。旁观者只盯着周而复始的时间循环，这似乎就使他丧失了内在的参与。只要我们以为，没有我们签名、发起、经历，这些

---

① 用这一方法，《出于革命》可以被写成西方人的自传。见米勒（D. L. Miller）有关这一点的理论，"有关自由的历法理论"（The Calendar Theory of Freedom），《美国哲学学报》（American Journal of Philosophy），卷 41，1944，页 320 以下。

历法也能维持其活力,那它们就会枯萎。那些只随陈规而去教堂的人,将不会从礼仪复兴中获得任何益处。首先他们个人必须经历某些事情;他们必须明白,新的节奏要求被创造,无论是其自身还是全世界的生命中。而在这些真实的节奏中,教会的节奏是一个提醒者和挑战者,但它绝不是那故事本身。若非基督首先在髑髅地(Calvary)全然真实地被钉上了十字架,人就不会与受难日在教会中与基督同上十字架。

而这原初生命和反映生命之间的关系,就说明了为什么在我们能够成功地进入教会之前,我们必须明白我们在真实生命中各阶段的更大的节奏。我们全部的群体经验以及人类为恰当的节奏所作的全部斗争,都被压缩进礼仪之中;但我们应该用我们自身生命中类似的经验来破译这一神秘之书。

这是维护教会,反对众人误解我那些最具善意的朋友的唯一方式。那些人说,教会的事奉是个美丽的神话,然而只不过是个神话。怎么会有这样一种误解?你可要注意,那些人是最有良心的。可是,他们眼睛只盯着日月星辰的循环,犹如观看自然景色,却不是把它看作是我们将纯粹自然的年结合进我们纪元的过程。教会的年历被贬低降格为纯粹的事实。但教会之建立,为的是我们全部的生命时间以及人类的全部历史。它的事奉乃是会众为人类的连续性而作出自我牺牲,[211]以及我们进入整个这一过程并摆脱纯粹机械、纯粹盲目循环的要求。当人们开始只听从人的布道,而不是将自己奉献给主日的永恒生命道路,教会的历法就成了神话。

那些很有良心的"搜神话者"(myth-rakers),他们的问题又是什么?他们的神经系统被他们每日里琐碎的计划安排压垮了。他们的工作中再也没有了历史的宽广气息。要让他们一瞥之下就拥抱其整个生命,那就是过高的要求。他们太频繁地改变了其环境。他们的灵魂之锚只能锚固很短的一段时间,十年或者五年。需要耕耘的那段时间,介于一生和其中任何一年之间。言词丧失了其意义,变成了"神话",因为个人经验期待选取一个新的"最佳值",时间的最佳值,而这则是上一世纪所不能设想的。

因为那新的时间最佳值并没有获得,所以心理分析便取而代之了。心理分析显然就是对深度缺乏节奏的一种反应,这种缺乏是工厂和近郊强加给我们的。个人的时间之结被分析师以独特的方式解开。但即便是医生们自己也开始意识到其方法的不足。正常人群的伙伴关系,而不是病患孤独个体良知感,才是我们节奏饥渴的答案。

对于一个依然高叫"异想天开!"的怀疑论者,一个简单的时间等式也许是有趣的。我们工作日的人性是从一个工作日到另一个工作日而渡过的。共同体的年就是它们最长的单位了。这就使我们成为了群氓(mob)的一员,因为人之所以为人,只由于其统一的 70 年、100 年和 6000 年。从前,一个家庭的经济利益是长久的、世袭的,它使他们束缚于某一份财产,可长达一个世纪。其集体中的一年是很短暂的,因为他们的经济活动更长久,是可不断继承的田地、果园、房屋和谷仓。

如今,一年变成了一个工人所能够完成的最长的经济时间单位。[212]对这一经济时间单位的节奏对应者,我们为什么还要怀疑呢?原本长久的经济,比我们寿命更长的经济,已经变得短暂了;那原本短暂的,灵魂的历法,就应该变长,与经济周期的缩短相对应。人类如今必须通过某种特殊的努力,体验长时间跨度的生命;他的日常经验根本没有它的丝毫痕迹。①

---

① 霍顿(Douglas Horton)提醒我为了我们的论题注意印度教的阿室罗摩(Asramas)。"一种新的婚姻概念,一种新的家庭观,一种新的社会学实验成为了现实,对中年人的一种新的要求。"钱齐亚(P. Chenchiah),《阿室罗摩,过去和现在》(*Asramas, Past and Present*),Kilpauk, Madras,1941,页 120。(阿室罗摩指印度教教徒一生应经历的四个行期:梵行期、家住期、林栖期、遁世期。——译注)

怀疑论者也许还会耸他的肩。他是不是会回答这一问题:当我们不回应这一要求又会怎样?答案是以鲜血和废墟写就的:当每个人都在集体中,在科学管理分裂的每一秒中做他的工作,超补偿(super-compensation)就是千禧年,千年的第三帝国,或者另一个贬值了的永恒。工作日和星期日的平衡是人类灵魂的永恒要求。如果工作是短暂的瞬间,则各类口号就变成许多个世纪的幻想。为什么欧洲尖叫着恢复9世纪、10世纪、11世纪的国界,并以此作为标杆呢?这些大保加利亚、大阿尔巴尼亚、大日尔曼的梦魇,乃是工厂体系突然兴起的时刻对平淡乏味之生存的解药。5年、7年、10年的人类周期,就所需要的真实的新秩序。但由于我们没有能够提供秩序短而有效的时日,蛊惑者们就从中获益了。1932年,派驻墨索里尼政府的一个外交官笑着对我说:"他们把自己叫作古罗马人,但他们却建造了所需要的公路。"这一刻薄的评论揭示了长时间跨度的意识形态和短时间跨度的生活之间的关系。蛊惑者们动辄将千年美好未来兜售给饥寒交迫的流浪工人和大众。

[213]如果工业界能够为合格工人建立起一种5至15年为期的集体租赁关系,则德国兴许能逃脱希特勒主义。因为两者的关联是很明显的,我在1918至1933年间的工作就奉献给了工业的"去中心化"之中。① 男人女人们都会在人生道路上面对各个不同的阶段,这些阶段是上帝所创造的,即约束我们一段时间的有节奏的时期,与我们的本性相一致,使我们进入一种神圣的伙伴关系之中。我们的本性要求在这样一段时间中得到实现,它既不是分裂的时间片断,也不是千年,而就在这同时远离

---

① 1935年,波士顿的洛威尔研究所(Lowell Institute)邀请我就该主题作一次洛威尔讲座。见迈雷特(Philip Mairet),《基督教展望》(*Prospect for Christianity*),伦敦,1945。

两个极端之处,我们才会找到时间最佳值。

12 到 15 个人的团队可以加入到这样的临时集体中。这些集体不会是永久的,因为我们的社会就其生产方式而言,变化得太快了。但它们也不仅仅是流浪工人凑到一处。这些工作组或者团队,如果有一个好的开端,就可以完成一项共同的工作,可以坚持过一种共同生活,直到另一个集体成熟了,将任务移交过去,可以体验从最初的高歌猛进到后来的艰苦攻关以及最后的胜利坚持等各个阶段。与那些用秒表来考勤的乘车族相比,这些团队可以以不同的方式工作:就他们自己的时间,由他们自己来管理。我们的大公司有数不清的机会,可以转手给这些个人化的团队。但首先,人们必须清楚,如果没有这一步,我们就既没有城镇也没有公民,有的只是求职者。也就是说,如果没有一种从更广泛的意义上来看待经济尺度的公众精神,工业界的这下一步就不会到来。

从长远来看,废除奴隶制能够带来经济利益。但是,远在人们明白这也能带来经济利益之前,奴隶制本身就是不可接受的。一切经济学都是从属性的。我可以证明,现代工业方式并不能带来经济利益,因为机械化本身太[214]官僚化。转手给个人化团队就能带来经济利益。但如果不是首先不计成本作出决断,就没有任何东西能够探入历史的深处。我们危机的决定性、强迫性的特点,就在于这一事实:大众没有过决断性生活的机会。他们不能向其过去表达忠诚(罗马帝国就成了他们表达对个人过去之忠诚的 ersatz[代用品]),也不能证明对其未来的信仰(希特勒的千年国就是这一信仰的代用品)。现代工业剥夺了太多的人过一种决断性生活的权利,剥夺了他们从一个生命阶段到下一个生命阶段的成长过程中健康的自由悬疑。我们既需要通过创立一个新的共同体或者伙伴关系或者群体,获得信念的生命质量,也需要看透事物的保守主义。这一双重关系是一切

第八章 和平的节奏或我们的"今天"

生活群体的特性。

西方工业社会并没有及时创造这一星期、年或者这一节日。所以,世界大战就来了。战争的确为千百万人创造了一场运动,在这运动中,他们可以远离乏味的人生,获得独特的体验。除非我们通过这一战争体验使自己得以再生,否则命运始终高悬在我们头上。它会教我们什么是节日。因为,在宣布和平或休战的时候,任何战争(这是它的荣誉),都给我们带来了高压之后的一个了不起的时刻。

士兵们回家后,他们作为个人也许会渴望休息和闲暇。但共同体为了其自身的健康,却需要一个节日。在这一节日,战场上失败的悲剧并没有被遗忘,就像我们想要摆脱某种令人不快的事。节日的力量就在于战胜悲剧。没有对痛苦的记忆和苦难的升华,也就没有节日。从这一勇敢中,就获得了我们真正神召(calling)的更高的确定性。任何一支回到家的军队,都为共同体提供了对一个节日的"自然"体验。在这节日中,我们的生命力量得到了充分的恢复,因为节日就植根于痛苦、屈辱和绝望之中;但它的果实则是共同体的再生。因为,当我们认识到那唯有痛苦才能揭示的事物,我们就能看到我们的眼睛所看不到的事物深处,我们[215]就能看到死与生、黑暗与光明、天与地的联系。起初上帝创造了天与地。仅有这一事实并不够。它必须展现在生命中。节日就是这样一个场合:真理的太阳再次升起在共同体的上方。

上帝给予我们再次学习节日的真正特性(几乎已被闲暇所摧毁)的机会,我们不可以把它浪费掉。从一场世界大战中我们可以得出一条法则。任何一个时代都必须面对其核心的冲突,将它带入某种节奏,并最后通过每个节日使它变得高尚。只要人们没有面对一个时期最大的冲突,那么这一时期所有那些小的冲突就会在它的压力下再次出现。夫妻在性的方面、资本与劳动在生产的方面、青年和老年的文化方面的冲突，都是小冲突，在以前的各个时期都成功地得到了解决，但如今，在我们的核心冲突的压力下，它们都再一次爆发了，而对于这一核心冲突，我们却还没有任何一个节日为之而预备。

这一最大的冲突到底是什么？在我看来，我们时代最大的冲突甚至比工厂和近郊更广泛。当武士和思想家在他们各自的方向上相互遭遇时，这两个极端也就走到一块了。爱因斯坦（Einstein）和兰奇（Ranger）相互又会说些什么呢？他们各自哲学之间的裂隙曾被认为是理所当然的。我们听任和平时期的思想和战争时期的行动彻底不相调和。思想家和武士没有共同的历史。如果我们能够创造这一历史，则共同体的精神也许就会复活。

思想曾经是学院化的，作战曾经是野蛮的，这一视点延续了许多个年代。但完全不同的一条路则展现在我们面前。为什么不承认，任何社会的思想家和武士，在共同体之启示的道路上，一方掌握着第一站，另一方掌握者最后一站？为什么不认为，思想家看管着启示首次进入城邦的大门，而武士则坚守着精神化为肉身的城墙，因此人们的灵魂能够更好地护卫着城邦？

[216]我们最后的任务就是，在以下的篇幅中，阐述和平的伙伴关系，免得把从战场回来的孩子们排除在外。参军的体验，属于实在的十字架的未来的一端。纯粹平民的心态满足这些人，他们渴望着我们内外实在的更为沉重的十字架。我们需要人性的全部潜能。

然后，我们才能够定期地庆祝节日，而不是只在军队回家的例外时刻。然后，那侵蚀我们创立共同体的力量的魔鬼才能被驱逐。

武士和思想家

我认识的一个年轻人想要在埃及当一个救护车司机,因为他认为自己是个基督教和平主义者。这计划失败了;由此,他发现他不是个真正的和平主义者。但现在他走向了另一个极端:他离开了圣公会教会(Episcopal Church)。因为做不到按他曾经宣称的基督徒标准去生活,他就决定要变成一个彻底的、毫不修饰的"异教徒"。这一决定肯定伤透了他的心,因为每日的祷告和赞美曾经带给他许多欢乐。

每个人都知道,成千上万个好小伙都处于相似的境地,虽然不像这个小伙子这么极端。那为什么不帮助他们? 但我发现很多人都觉得很为难。我不知道有什么好为难的。

诚然,如果我们的年轻士兵们觉得他们自己犹如"堕落者",并将这一点混同于异教,那可不是他们自己的过错。过去几十年民众的思想传统很少考虑武士的品格。因此,在许多人的灵魂中,高贵的精神就白白浪费了。

与思想家、科学家相对立的武士的位置,必须重新加以思考观照。既然如今有千百万士兵,我们这伟大的共和国将丧失其与科学理性之过去的认同,如果没有找到战争和[217]科学之间的联结的话。科学的时代必须给战斗者们一个合理的位置。如何能让由思想家和战斗者所构成的同质而普遍的(homogeneous and catholic)人民经历战争与和平? 以前他们被分割为各有欠缺的两个部分:发达的四肢和复杂的头脑。如今,人类的灵魂如何能够克服思想家和士兵的裂隙?

难道不是,"唯一的答案似乎就是:必须彻底区分出一群人,由他们来思考,由他们作出计划,因为这是寻常'武士们'力所不逮的?"这句话出自某个海军军官的一封信,他在太平洋中一艘驱逐舰上服役了 13 个月。他又说:"我好像协调不了手头直接工作的责任观念和创造一个美好新世界的更大课题的责任观念……如今我最大的需要就是与军务之外的某个人严肃地交谈,他更关心的乃是未来,而不是当下偶然的事情:击沉一艘敌舰,然后,在一心考虑消灭下一艘敌舰时忘记自我。"

这封信接着写道:

> 在"士兵"之中,最打动我的是"忘我"的观念。这一性格是我手下的人身上最明显的……(以下是对一些战斗场面的描述。)
>
> 我知道你能帮助我成为一个更好的"士兵"。如果你不坚持某种意识形态结构,让我们加以思考,当我们回家时,我不知道会发生什么——但我知道你不会撇下我们不管的。

所以,我要试着重新定义武士和思想家的相互作用。为此,当今流俗的将战争等同于异教、将和平等同于现代性的做法,就必须加以抛弃。

这一点,只要引用旧约就很容易理解。当然,整部旧约[218]作为整体在各处说的内容大体是同样的:摩西五经、《创世纪》的头三行、或者先知书。但是,我认为,在旧约最后一组作品的最后一部先知书的最后两行,《圣经》讲的是我们自己的语言。这些文字被归于先知玛拉基(Malachi),他似乎和我们一样关注社会。因为他用社会的术语来表述有关圣父的秘密、圣灵与圣父、圣父与圣子的奥秘。"每一次,"这位先知说道,"当父亲的心没有转向儿女,儿女的心没有转向父亲,大地必受诅咒"。①

---

① 此处《和合本》的译文是:"他必使父亲的心转向儿女,儿女的心转向父亲,免得我来诅咒遍地。"——译注

第八章 和平的节奏或我们的"今天"

工业中的进步是如此快速,大地如今已经受诅咒。在许多土地上,父辈的心和儿女的心所拥有的不是同样的希望和恐惧。五年前,纽约城的一位牧师为某著名大学的毕业生创办了一个公共生活中心。而当他们于战前的 1939 年聚集到一起时,未来的波涛就吞没了这些年轻的商人和律师们。他们都将要接受某种温和的兵营训练。他们未必会喜欢叫它是法西斯主义;但是,其世界的选择事实上被局限于两者可能性之中:共产主义,或者某种温和的、美国品牌的法西斯主义以及公司国家。他们的确没什么与他们的父辈共同的宗教或政治信念。也许,他们自己也没有什么很明确的信念。但他们本能地期待兵营训练,并时刻准备接受训练。当一个德国朋友,其倾心的女友出于对他的爱,从德国逃到英国,但按照政府的法规,她不能进入美国,故而他不能与她结婚——他们也不会感到愤怒。(他们如今已经等待了 6 年多的时间,而我依然发现这对年轻人根本看不到任何希望。要是在 1850 年,这是不可设想的。)但他们的灵魂却彼此极为关切。大学里最低的班级,却在灵魂关切上走得更远,对其自身的重要性已毫不动心。

[219]一代人的这一种处境,已是一种明白无误的事实,就犹如我们有两条腿;每一代人都各不相同。无论是种族、信仰、还是阶级,对历史和政治的影响都不如代际隔阂这么大。"每一代人都是个秘密社会,都有不可交流的热情、品味和兴趣,无论对其上一代还是下一代,都是个奥秘。"①

这一代人期待工作。前一代人有着社会工作者的温柔良知。先前,人们的孩子都去赶淘金潮。再早,他们是摩门教徒(Mormons)、奥内达社会主义者(Oneida Socialists)、欧文派

---

① 查普曼(John Jay Chapman),《回忆与路碑》(*Memories and Milestones*),纽约,1915,页 184。

(Owenites)、米勒派(Millerites)。

这些都是铁板钉钉的事实,就像有人生来是黑人,有人生来是白人。是啊,因为每一代人的秘密常不为人所知,这就是比黑白更铁板钉钉的事实。作为一种有时间性的存在形式,每一代人的精神就是一种有待开发的材料。它是前宗教、前基督教、前历史的实在。人都存在于他这一代人的精神外衣下。

在任何人能够进入历史,或者将他的心转向儿女或父辈之前,首先要遭遇的是他的偏好,而只有这样,他才能在历史中倾听或言说任何能持久的东西。因为,在他们当中,时代精神将不会永远与世界相关。因为,时代精神自身也不过是世界之循环的一个阶段。

如果在世上只有一代人,情况就不同了。他们的确可以完全遗忘他们的父辈和儿女。他们将不需要宗教,而他们也不会需要相信一种启示,那讲述父、子、灵的启示。显然,父、子、灵这样一种命名法就意味着某种与任何一代人的精神方向相反的过程。这些词语都很清楚。在神性中,父与子揭露的是存在的性质,将它传给两代。而灵,为了避免与[220]特定时刻的机巧相混淆,则明确地被陈述为:他出自两代,父和子的相互作用。

这一类比对于人类是显而易见的。如果他服务于他自己时代的精神,那他就不可能成为上帝的形象。

无论是社会工作者还是半法西斯主义者,在未来都不可能有一种历史。因为特定一代人的道德不可能超出那一代人的习俗风貌。感谢上帝,习俗风貌都是转瞬即逝的,而如果它们是良序美俗,则它们也不会像恶俗陋习那样僵硬石化。

但单纯生殖性的心灵、精神,会崇拜它自己的产品;异教的心灵将其自身创造性机能的生命跨度等同于那使他得以思考的力量的生命跨度。异教徒迷恋于赞叹他自己的哲学,相信他的心灵在他出生时即在他的本性中生成了。我们听到一些人夸耀他们生来就有的权利以及自身固有的性质,对非其族类则大加谴责。

但是,这种将精神的运作等同于精神,却是无效的。的确,一个人的身体生命跨度是从出生到死亡。(教会从不这样衡量人的生命跨度,而是从洗礼到葬礼。)从这一比喻中,人们就得出结论:他的心灵就是其终生的伙伴,也从出生走向死亡。

然而,虽说这一生命是从摇篮伸展至坟墓,但一种启示激励的生命跨度却是从一个人的生命中点抵达下一代人的生命中点。这样,我们身体生存和精神生存的差异就表现在它们各自的时段或节奏的差异之中了。作为身体生命的载体,我们感觉到我们的生命是一个不中断的连续过程。作为一个健全思维的载体,如科学家、统治者、作家、父母、专家、官员,如果我们想把这一思维过程禁锢在我们之中,或者如果我们认为它与我们的身体生命跨度同步发生,那我们就不可能有和平安宁。

这些思维方式在生命的中点侵入我们的身体生存,塑造了我们,并将我们置入我们的阶级或职业之中。[221]而当我们在这些阶级或职业中发挥作用,并且服从其"游戏规则",我们就开始使年轻人在我们的社会角色中走上了超越我们的道路。已定型的生命吸引着年轻人,他们的生命总是未定型的,因为就其本性而言,一切定型都要求重复。(心理分析师们把这叫作"强迫重复",但这是全宇宙的更大的经济法则。)年轻人总是想要继承有待从过去继承的一切事物。

比如说,在美国,每个孩子都要学习3R,①但如果他们学习希腊语文,对他们的心灵会更有好处,可是他们没有选择。英语就是他们所继承的遗产。远在他们能够选择之前,他们的长者就塑造了他们的心灵,使他们成为说英语、读英语、写英语、用英

---

① three R's,指"读、写、算"(reading, writing, arithmetic),即初等教育的三要素。

语来数数的人。年轻人依靠年长者为他们作出的选择。一个继承人并不能选择继承什么；如果他能够做出他的选择，那他就会是一个自我培养的人。但是，只要他所要继承的东西已经是确定的，那他就是个继承人，须服从继承的法则。对于所要继承的东西，一个人可以说要，也可以说不要，但他只能在这两者中选择，他自己没有创造性。然而，他又的确规定了下一代人的背景。

因此，一代人的背景取决于前一代人的选择。我父亲的价值观决定了我的教育。我不能通过我自己的任何行动，来勾销这一事实：他的教育先于我自己的判断。比起他自己的生命来，我更是其意向或疏漏的产品。我是他的继承人。唯有我自己的儿子或学生，才完全反映了我自己的选择。

社会基于某种接榫原则，这是动物世界所不知的。对于我们自己，对于我们自己的教育，深刻的洞见总是来得太晚。我们只能亡羊之后才补牢。一个人若想造就自己，也许就会遭遇鼻青脸肿，身心均受打击。他或许就会变得熟过了头（hard-boiled）。而在生物学上，熟过了头则等于失败。生命需要可塑性。所以，我们的思想就在我们的伤痕和新生儿的[222]可塑性之间起作用。当我们开始思考它们，最重要的结果就已经影响了我们。当然，当它们起作用时，我们也可以重新考虑它们，怀疑它们，并且采取其他的行动。但是，既然我们自己已经是被决定了的，我们的新结论就有望在他人而不是我们自己身上结出果实。

这就构成了伟大的人类秘密。孟德尔突变（Mendel's mutation）发生于个体的受孕和出生中。另一方面，我们的历史突变性（historical mutability）则存在于两个民族、两代人、两个时代之间的关系中。至少联系两个人，并将他们转变成协调一致的存在体的这些性质或力量，不断地将我们的物种"改造"

(transpeciate)为新人;很自然,只要当这些性质和力量不是在个体之中寻求时,它们才能够被发现。在他身上,我们绝不会发现那将言说者和行动者、创始者和跟随者等等统一起来的任何社会功能。这些力量必须运作与至少两个心灵、两颗心、两个人之间;也许是在更多的人之间。心理学用固执行为(obstinacy)来研究个体内在精神活动,这一点并不能证明其方法是卓有成效的。所谓自我教育、自我统治的梦想,是个坏梦想。教育和统治的尺度,不能通过将这些活动过度压缩至一个个体之中而获得。在历史上,人都是由他人教育,也是由他人统治的;而正是在这些关系中,他也被迫实现他自己。"他"从来都是只存在于两个时代、两个年代之间,作为儿子和父亲、外行与专家、我们时代的终结以及另一时代的开端。只在个体内在探寻心灵的精神单子论者们(mental monadists),绝望地将我们的时代称为过渡时代。这绝对是废话;时间的本质就是过渡。只要我们行动或言说,我们就只能在上一代和下一代人之间有意义地行动或言说,因为对于我们自己,我们总是来得太晚。

我自己并不是我的活动和观念的容器。我的活动携带着植入我自己之中的观念。我的观念植入于[223]某个他人的活动之中,因为他更纯净,更能接受它们。既然如此,我们的意志就不是造就我们自己的手段。意志自由不是个自我崇拜或自我依赖的主题。我们作为孩子的功能需要为我们作为父母的功能所替代。孩子的确并不是人之父(father of the man);我认为,这是我们的精神理论的核心谬误。卢梭和华兹华斯(Wordsworth)的浪漫主义破坏了一代代人之间连续性;而取而代之的是,可怜的孩子们却不得不承担起本该由长者们所承担的重负。19世纪的神童(child prodigy)则是这一对个体缺乏耐心的可怕结果。他急于成为他的父亲,结果,他常常依旧幼稚。自由是给我们整个人类的。如果我们想要把自由解释成是给予我们自己的,那我们就极大地夸大了我们的能力。如果我们否认自由,那我们则要落入全人类奴役的陷井。耶稣一直到他头 30 年生命的终结,依旧服从犹太人的律法。这花去了他通常一代人从犹太会堂中成长出来的时间跨度。他的服从就在于他在生命过程中始终保持耐心。复活后的基督则可以和所有的人一同经历生命过程。如果他在 19 岁时走进沙漠并在那里创立某个教派,那他就不可能属于各个时代。在他经历他那一代人的沙漠过程中,如果我们与他一同经历,我们就都从我们的出生限制中得到了自由。

全部基督教的内容就在于,我们是自由的,但是,就我们自己能够完全行使使我们自由的力量而言,我们获得自由又太晚了。我们自己的时代是一个车站,在我们的自由所拒斥的时代和我们的耐心所预备的时代之间。自由的意义就是我们创作一种新人的力量。这一力量能够弥合孤立的每代人的风俗之间的裂隙。我们被最新的潮流和各种当下事件所奴役,赶着去崇拜我们时代的诸神。当今的这些神,像生意场上的循环那样,一个跟着一个出现。每一种心性类型[224]都以相反的哲学为形式,自动产生其承担者。而在一切可能的哲学的循环中,被盲目抓住的是可怜的魔鬼。

但我们能够醒来,看清楚这一循环,破除它的魔力,并创造出超越冲突的各时代精神的和平来。这一力量曾是我们时代的特征。因此,当这一力量衰落了,我们就立即回到了异教。而在异教中,首要的就是永恒的战争,且在人们的精神之间只有战争。所以说,声称"永恒战争"、"消灭"和"清除"的纳粹们,就寄希望与"青年运动"的那一代人,他们切断了与其父辈之间一切和平的关系。欧洲的一切革命都是"一代人的事情",并且将他们那代人的精神发挥至极致。纳粹们表明,如果一代人能够毫无阻碍地贯彻他们这一代人的精神,战争就成了生命中唯一的原则。

但是，面对这种向异教的回复，退回到和平的永恒之城是不足取的。永恒主义者会带着优越感，俯视人类的战场。我们听到过他们大声疾呼永恒和平，而和平主义者们的确是时代精神之间可怕交战的必然的反题。可这一反题是法利赛人式的（Pharisaic），是不完整的。

当他们憎恶战争，否认战争是世界的秩序时，他们是对的；的确它乃是世界的无秩序。世界是为和平而创造的。但是，如果他们不补充这一点——世界的创造活动是个永恒的活动，那他们就错了。我们所说的世界的创造，并不是昨天的事件，而是一切时代的事件，一直到我们的面前。每一代人都有重新创造世界的神圣自由。

只关注当下的心灵盯着战争，发现到处都是战争，声称它就是生命的形式。永恒主义者盯着和平，声称它就是生命的内容。双方都失之偏颇。双方都缺乏自由。灵魂知道，我们来到一个战争的世界[225]，是要带给它和平。在历史的每一个时刻，重新创造和平（从一开始就是它的目标），都是我们战斗的主题。在战争派（它只将自己定位于世界的"本来面目"这一边）和和平派（它只将自己定位于上帝一边）之间，我们的爱、希望和信仰要求我们宣告一个"战争与和平"派。人类之城和上帝之城，在每个活着的人身上构成了一个至关重要的整体。战争中的混乱世界，以及为那产生战争的混乱而正在出现的新的和平，乃是协同合作的人类的两个面相。

在这一点上，过去一百年教育浪潮的伟大就变得清晰了。作为单纯信仰或价值之无政府状态的自由主义，并没有给我们留下印象。但作为父母给予孩子们未来派教育的意愿的自由主义，却深深地打动了我们。这些父母决心让他们的孩子比自己走得更远。自由主义之中的真正的基督教精神，就在于一整代人的这一意愿:让下一代人进入父母自己被排除在外的未来。

因为环绕我们的个体价值标准的自由放任和无政府状态是如此巨大,所以基要主义者们就很容易忽视不可知论时代的这一明确信念。在两代人之间,建立起了父母的爱和孩子的信仰的纽带,它将父辈的希望传递给了孩子的生活。我们应该对此表示敬意。

但是,虽然父辈做出了牺牲,教育制度却没有这样做。当孩子们进入各类学校,上一代人在造就他们成为新人这一方面的作用却衰退了。联系两个时代的人际间力量被否定了。他们被告知,人都有自己的头脑,该为自己考虑,也由自己作出判断。就这样,在我们的校园里,教师和学生们就生活在这样的一种虚构之中:他们是同时代人,他们的情感和思考都是一样的。没有人为其他任何人的思想负责;没有人是他[226]兄弟的看护人。教师们故意使他们的生活保持在课题以外。满怀热情去教书,就是没有品味。

如今,年轻人正处于一场新型的战争之中,这一战争并非基于过去的某个定型的社会,而是一个不断流变的工业社会。这一代人并非如过去的一切爱国者,是为了父辈的法律和命令而战,因为从父辈们自己那里他们知道,变化就是本质。所以他们想,变化就是他们与生俱来的正当价值。所以,如果他们要去战斗,这些战士们就必须为一个超越战争的未来而战,而不是为这一危机之前的过去。

我们的战士们在等待机会,不仅是要回家,而且要走向一个新的和平,并进入未来。这支军队的精神状态很大程度上取决于将几代人联系在一起的心灵转变,教书、写作、言说以及偶尔思考的人们。

我们的学校曾向孩子们传授我们觉得他们应该思考的那些价值。这通常意味着我们要求他们按我们的想法去思考。所以他们就不再思考了。对心灵活动所表现出的两代人之间的差异的发现，所涉及的是一个巨大的变化。在我们能够用理论的方式向他们讲述之前，首先必须允许年轻人他们自己去感知、思考、预感、去与恶作斗争、去保卫世界。年长者必须将年轻人对未来所感知到的或者能够感知到的东西明晰地设想出来。"我们可以设想，人性就处于年轻人和年长者之间你死我活的冲突之中。所谓年轻人，指的不是年龄，而是想要做出点什么的那种创造性冲动。所谓年长者，首先是指那些希望不犯错误的人。逻辑则是年长者伸给年轻人的橄榄枝。"①

也就是说，思考者（任何面临一个问题，处于棘手境地的人，不论长幼）不应要求行动者（正要着手行动的人，也许是以思考者的答案为根据）像思考者那样保持一种冷漠超然状态（detachment）。[227]然而，这却是我们的学术教育所做的，而思考者—解答者的这种分离状态则被推荐为正当的情感氛围。"不要激动"乃是给予年轻人的明智建议。如果他们不再会激动了，世界也就衰败了，如果年长者不再保持冷静，情况也是如此。

因此，思考者就应该试着明晰地设想出那深刻影响战士们情感的同一个过程，它使得他们愿意为了保卫他人而献出他自己的生命。思考者的明晰程度应该与战士们的强烈程度相对称，并始终不忘他应该以其明晰性与那在人心中所激发出的激情一较高下。因此，思考者依赖在行动者心中所燃烧的激情火焰，而这些高温又激发和挑战了他在明晰和冷静方面所作的努力。这些火焰的燃烧就必须是无烟的。

战士和思考者的合作必须是任何社会宪章的核心条款。只

---

① 怀特海（Alfred N. Whitehead），《教育的目的》（*The Aims of Education*），纽约，1929，页179。

有这样，思考者才会抛弃一切偏狭琐碎，重新发现那些关乎生命的真理。

而这无非就是基督教的运用。它能够将这一自由主义的世纪中所发展起来的父母与子女间的福音关系推至其逻辑结论。而各类学校就会经历一场转变，当早餐桌上的独裁者被埋葬之后，父辈们所经历的就是这样一场转变。

当父辈们停止为其子女的信仰扮演万能的上帝，他们就做了一件对于思考者和战士们的普遍关系而言有意义的事：他们信任年轻人。

任何一个回答他人问路的人，说出他的答案时难道不是必须小心谨慎的吗，因为听了他回答的其他人可能会走错了路？灵魂的喜悦就在于此，就在于这样做；心灵的才具就是在恰当的体系中思考一切问题。正如有陌生人向我问路时我必须谨慎回答，走上战场的人们，其行动则必须勇敢大胆。思想产生于[228]环境。但灵魂则产生于行动中所遭受的成长的痛苦。

在这场战争之前，我们的学校教导年轻人要避免冲突，避免痛苦，哪怕是对应于发自内心的行动的那种成长的痛苦。埃斯库罗斯说，宙斯的劝告是至理名言，它规定了凡行动者必定要受苦。埃斯库罗斯的话就像"2加2等于4"一样千真万确。但行动与"受难"(passion)、做一件事和为此受罚的这一相互关系，却受到了社会学家、心理学家以及一切单子论者的嘲笑。他们就这样窒息了年轻人的心灵，因为他们不重视一代人与一代人之间的相互关系。整整30年间，人们为了时代精神和个体的机智而抛弃了圣灵。我们大学里的人的思想就变得幼稚了，因为年长者和年轻人试图抹掉他们的年龄差异，整天厮混在一起，就好像他们是同一年龄的人。妥协变成了最大的口号。还没有探入其感情和思想的深处，他们就忙着妥协了。而对这些妥协感到满意的人,和对密苏里妥协案①感到满意的人一样多;它们并没有在不同代人之间创造出一个共同的实在来。既然没有人费心将他自己真实的欲望或真实的想法投入到妥协之中,也就履行不了诺言,所以一切希望都落空了。

我的一个学生明白了这一点,他写给我一个句子,深深地打动了我。我没有预见到这一反应;面对这一透彻的句子我至今依然赞叹不已:"哦,"他写道——我如实引用——"我是个异教徒;因为我没有言语。"

他发现了,异教就是一代人与一代人之间缺乏联系。而在此过程中他又产生了一个更为重要的发现:言语并不是个体活动或个体思想的副产品,而是说,只有当行动和思想相遇时,我们才能有力地言说。我们的舌头、我们言词的力量,千百万人为此顺从地行进、[229]服务和牺牲,并不是科学观念的"表达",或者盲目行进的大军的战争呼号。一个共同体的活的言语产生于行动和思想两极化;犹如正负电极之间划过黑暗的火花,言语就是联结两代人的炽烈的弧光。一方面,盲目的行动是无言语的,谁不知道那些无事忙(mere busybody)是毫无意义的? 但是——这一点常被人遗忘——与此相似的是,抽象观念也是无言语的;它只是专家们之间的悄悄话。只有在教导中,只有面对新的一代人,科学才重新获得言语。思考者和行动们相遇时所产生的祝福,就是公共言说再生了。言语将纯粹思想和纯粹行动结为一体。认为自己是异教徒的那个学生,之所以这样说,是因为他发现自己处于这电弧光之外;可我们大多数人还依然没有意识到自己的流放状态,而他则发现了,作为子女和父母,在

---

① Missouri Compromise,美国国会 1820 年在接纳密苏里州为美国第 24 个州时就解决该州奴隶制问题上所提出的妥协案。该法案是美国南北方在废奴问题上长期冲突的首次爆发,并最终导致了南北战争。——译注

一代又一代人不绝的长链中,我们都有一种灵性职责。长链中的各个环节必须相互搭接。上一世纪的进化论图式遗漏了这一搭接的重大问题,即把一个个环节组成一根长链的问题。要想使长链不脱节,子女和父母的行为处事就不能像同一代人那样。为了重新确定我们物种的前进方向,两代人都必须走向生命的边缘,勇于面对危险;一代人展现其作为士兵的肉体生命,另一代人则展现其作为思考者的社会声望(这就是为什么说,没有思想或科学的殉道者,人类思想就不可能进步)。一个勇敢的人,就是那为了新生命不被窒息或更高的生命不被破坏,敢于去挑战其 status quo(现状)的人。在我们吃饭、呼吸时,我们就是把低级的生命整合进更为丰富的生命之中;我们的社会活动也服从同样的法则。就士兵而言,肉体的存在;就思考者而言,精神的存在;这些乃是我们用以支撑本质的立柱。

如今,士兵将会被视作是精神的力量,而我们则要承认思想本身是有风险的行动。无论是对于行动还是思想,"精神"都是个内容广泛的概念。当[230]法兰西的精神死亡了,她就丧失了巴黎,她的理智活动中心;同时也丧失了土伦(Toulon),她的帝国力量中心。对于精神,心灵和身体两者都仅仅是 matériel(质料)。

如果有一种精神,思考者和士兵就会心往一处想,劲往一处使。而当我们中的父辈—思考者从子女因其青春感受和激情而投入的幽暗之处凝练出思想的珍珠时,一种精神就产生了。我们应该思考我们的冲动和感受,不是把它们当作时尚,我们应该从我们的心灵运作的某种抽象、某种"主义"背后,牵引出我们的生命来。如果一个思考者以行动者的冲动和行动来重新思考真理,未来的生命道路将再一次敞开,犹如在我们纪元之初作为福音而宣示的。新的生命应该生活在自由之中;年轻人会相信他们的生命本能,不应当有来自过去的罪咎去诽谤中伤他们,因为

第八章 和平的节奏或我们的"今天"

他们的年长者会在他们心灵的火焰四周锻造出一副思想的铠甲。专家会这把一点重新转化为神学。对于我的那个海军中尉——属于年轻一代——在这一点上再引用"原罪"就没有意义了。他急切地期望看到修复恰当的关系:"我确信你不会扔下我们不管的。"

为士兵们思考,而不是替孩子们反刍,才是研究和教育的最新课题。但这是三位见证人所要求的对我们教育体制的改革;他们是:大学里无言语的高年级学生、"忘我的"的中尉、以及参军后离开教会的那个人。未来的高等教育只能为那些参加过生命战斗的人而设计,不论是在哪一个战斗方向上。他们能够看见信仰的火焰、思想的光芒、行动的反射,所有这一切,都是作为上帝圣言的体现。

否则,年轻人的身体会因老掉牙的科学中陈旧观念而遭受杀戮,或者真理的成熟观念会受到暴徒们残忍本能的宰割。在这两极之间,则是一条年轻生命的身体和老年生命的心灵间的互补之道。这两者必须共同存在且相互渗透。

[231]在这一点上,除了向来就知道的,我们还能说出别的什么吗?几代人共同生活在同一个时代,摆脱盲目的循环,那就是圣灵的成就。人们设想他出自圣父和圣子。我们都知道,一位父亲的愿望应该进入他儿子的冲动。这就是为什么没有可以仅凭肉体生殖而称自己为父亲。做父亲,就是要通过孩子去重新思考世界。为什么上帝是最原初的?因为他为其每一代子女重新思考世界。

灵魂的问题,超越大脑或四肢、科学家和武士的层面。科学家的灵魂使他能够成为一个教师;而武士的灵魂则将他转变为一个战士。我们这一章,通篇所讲的不是"科学家"和"武士",而是"战士"和"思考者",因为我们一直所期望的,就是战争之代表和和平之代表间的相互认识。

当"武士"学会了去体现他那一社会的精神,他也就摆脱了任何本能的盲目愚昧。战士就是获得自由的武士。当"自由思考者"为对其邻人的爱所征召,他也就摆脱了其任性思想的无政府状态,并转变为教师。这样一种获得灵魂的体验,将使我们理解那被称为灵魂的力量、那改变我们心灵的力量。

通过我们的灵魂,自由和征召就会改变各处。获得自由的战士和被征召的思考者就会认识到他们的同一性。他们是兄弟。他们能够相互言说。而这就是在各时代允诺我们,作为保惠师(Comforter)的启示。

扎营的心灵

战士的伟大德性就是直接冲锋陷阵,在缺乏信息的情况下靠直觉来估计向何处发起攻击,[232]往往又能够很及时地给敌人以奇袭。但如果战士彻底照他的方法去做,他也许很快就弹尽粮绝了。思考者的伟大德性则是细细推究全局,组织好每一件事,系统化每一件事。如果彻底照思考者的方法去做,又会怎么样呢?从比利时战争部长那儿我们就能了解到。他从华盛顿给他的人民发去报告:"每一项申请,都必须作 256 份。如果你们知道这一点,对我就会有耐心了。"一丝不苟的代价,就是丧失宝贵的时间。系统化思维体现了官僚主义。我们不是都知道吗:一个女人的猜想比一个男人的确定更为精确。显然,估计和统计必须得到调和。

而如果外部的战争的确应该消除,那么我们就不得不集中火力,来对付和平时期社会中的 256 份申请。要不然,这个社会就会永远赶不上任何突发事件,完不成任何课题。调查工作还没有做完,最坏的事情就发生了。因此,消除战争的必然结果,就是使战士的生活道路融入共同体的精神生活之中。

不加入武士的勇敢，和平就不能得到组织。而将战士的生产能力融入共同体的工作未完成之前，两次世界大战就少不了了。如今，年轻人至少知道我们对于战士所说的到底是什么。他们明白几代之间的相互作用；战士们在通过信仰的活动，在立国者和国家未来之间的深渊上架起了桥梁。战士的信仰也许会在和平时代成为一种积极的力量，核查年长者的理性。

我们会获得什么？这样一些持续不断的冲突，难道不是很令人不快吗？是的，那将是一些自愿的冲突，分摊在各个数不清的场合，以取代被称为战争的大爆发。世界性的大灾难将被无限多的受控制的小爆炸所取代。与此相似的是，我们将为了建设性结果而添加燃料的内燃机(explosion motor)，[233]与瓦斯失控时所产生的大范围、破坏性的矿山爆炸相比较。

我们时代最重大的发明，内燃机，就可以给我们上一课。当爆炸盲目地发生时，也就产生了我们人类的灾难。没有爆炸我们就没有生命；让我们将爆炸扩散、稀释，用于积极的用途，从而使它得到控制。

在人的领域中添加爆炸性燃料，就需要有年轻人的信仰和老年人的理性。至少在战争中，年轻人的信仰受到了约束，以适应老年人的理性或者偏见。但战争是浪费的，因为年轻人的信仰并没有改写老年人的理性。一种在和平时代对爆炸性燃料的开发，将颠倒战争中信仰和理性的关系。

它将试图发挥理性和信仰这两者的巨大优点，也将试图克服两者的缺陷。它们的优点和缺陷又是什么？

理性是客观性，并给予我们安全和可靠。信仰是选择性，并知道什么是重要的。这些都是优点。但理性在阳光下处理每一件事物，并与观念打交道，不理会什么事情是急迫的；它不承担责任。而信仰则是狂热的，且有间歇性。这些是它们的缺陷。如果理性和信仰相互分离，理性的客观世界就依然没有重要性，而有重要性的信仰世界则是分崩离析的。这就意味着战争就会越来越频繁地爆发。因为战争意味着我们的思想来得"太晚",而我们的直觉则孤苦伶仃,来得"太早"。有人说,生命就是一场计时实验。① 如果这是真的,那么,当单独地看一代代人,生命就不会过得正当,因为出于其本性,一代人已经太晚,而另一代人则还太早。花花公子和官僚阶层中间的 laissez faire, laissez aller(自由放任政策)就会走向灾难。在战争获得任何胜利的条件[234],都是思考者和战士之间自愿而持久的精神决斗。理性的时间滞后性不会得到治疗,除非将它置于年轻人勇敢奋进的压力下;反之,一代盲目的年轻人就会走向希特勒。

两代人乃至几代人的这一节奏,与前一部分所讨论的个体生命的节奏休戚相关。我们不要对这一类比感到惊讶。在一个机械化的世界中,我们必须在每一处重新发现节奏,作为我们的自由贡献,以及对盲目生命力量的创造性胜利。

我们的学术界否认或忽视了投在战争中的各种力量的精神价值。因此,为两代或几代人的新的相互关系加上一个新的标签,应该是恰当的。在教会史中我们曾经有过经院思想。而各国各专业,我们也曾经有过学术性思想。如今,大社会要求你我去发现第三种,前所未闻的思想方式。各国的大社会,将不会接受由战争的威胁而产生的精神高涨。如果在社会之中所包含的各时代的精神,没有全力相互竞争,那么大社会就不能继续存在。不想继续无精打采地调和我们的一切冲突,我们就不得不在肉体上相互消灭。光有一种战争的道德等价物还不够。还同样需要一种战争的精神等价物。为了这一冒险事业,无论是教会还是国家的组织机构,似乎都还没有作好足够的准备。所以,

---

① 在英格兰剑桥世界召开成人教育大会时,这句话就写在林德曼(Eduard Lindeman)的门上。

第八章 和平的节奏或我们的"今天"

就让我们求助"扎营者",求助两次战役之间的人;为了避免血腥的冲突,这样一些扎营者的心灵会愿意改变。他们会接受老年人和年轻人之间铁砧和锤子的撞击,而这就意味着这些心灵应该愿意去死,并再次复活。不是将所有与重要理论相抵触的事实都塞进脚注和附录,这样一种心灵会在书页的中心坦诚地提出有关不可抗拒的下一场冲突的重大问题。

我提出将这一种心灵命名为扎营者的心灵或者应征者的心灵,它将取代[235]系科分化的自满以及柏拉图式的世界观。

在第二章,我们已经给出了这一扎营者心灵在实践方面的预示。在第三章,我们看到整个科学都陷入了恶性循环,因为单靠其自身的资源,学者式的心灵无力对抗循环式的思维。尤其是经济学,可以为我们提供一个实例:我们必须作出选择,是堕入在18世纪的重商主义,还是让我们的精神转向我们时代的现实事务。这一选择将取决于我们是用学者式的心灵还是扎营者的心灵来思考。

扎营者的心性绝不会满足于循环论,因为他就生于对迫在眉睫的末日的知识。这种心灵知道,它完全是作为在上一次战争和下一次战争之间的人性的换气阶段而起作用的。思想就是呼吸、吸入、换气,是一种延缓。因此,战前危机在经济方面的缺点就不能掩藏在其他古典理论的旁注之中,相反,它必须被放置在整个体系的中心地位。失业问题会像箭一样穿透扎营者的心灵。承认这一点也许会使它自己变得易受伤害:只要这些原因没有被放置在中心地位,经济理论就仍然不是科学的。承认其自身的极度不足,经济科学也许就会迈出通向其转变的第一步。因为,虽然还不能回答其自身的问题,但经济学却可以获得对其自身问题重要性程度的一种洞见。在学术共同体中,重要性的等级并不为人所知;人们也许会觉得惠特曼(Walt Whitman)未付的洗衣房账单和他的"林肯颂"有同样的重要性。学者心灵的良好趣味是对付这一类无聊之事的唯一屏障;但的确,纯粹和平时期思想的心灵却没有任何办法去对付无聊多余的问题。每一个人都知道新的询问方法是如何发明的,新的研究如何产生于纯粹的[236]好奇或心灵的失业状态。我们所主张的扎营者的心灵(作为上一场灾难的制度和精神结果),将坚持那 Unum Necessarium(唯一必要之事),坚持思想的恰当秩序。它将区分科学的两种状态:在一种状态中,重大的、紧要的问题被提升至次一级问题之上。以及后一个阶段,这一重大的核心问题最后得到解答。如今,次一级的问题却要求与核心问题处于同样的地位。然而,只是为了核心问题,公众才支持这一门科学的。这就需要重新下一番决心,才能摆脱在每一门科学的身体上不断寄生繁殖的次级问题。

我们,在科学技术的影响下,早已习惯于事物言说的秩序,如今却必须使自己得到再教育,去思考论题的恰当秩序。在政治学中,我们都遵循这一事情轻重缓急的次序。但在学术上,我们的思想体系却藐视这一强加的等级。可是,别误解了我的要求。要解决这一种失业状态,也许就必须有思想上数不清的迂回,还有高度专业化的调查。我所主张的就在于,我们如今都已经知道,返乡士兵在经济上的重要性,应该成为我们经济思想的一个转折点。我们可以不惜一切代价,让他去适应我们的体制。这样,我们就真的会阻碍心灵的革命。就会使作为一门科学的经济学仍然处于类似哥白尼之前天文学的状态。托勒密体系的确能够消化天空中新的事实,但它太笨拙、太复杂。当哥白尼将某种真实的观察放置在其思想的核心地位时,新的太阳系理论就产生了。与此相似,我们的经济理论也一直维持着这种慵懒不变的状态,直到这场大灾难。但在第三章中我们已经看到,如果经济学这样做,它就走进了循环,回到了 1770 年,就因为这一再一次仔细考虑和平时期企业家各个方面的倾向。所以,为了拯救其自身,经济科学[237]如今就应该将返乡的士兵放置在其思考的核心地位,免得它仅仅重复自身。但这就意味着某种革命了。因为心灵会接受其自身的陈旧落伍。它也许就会承认,意识之出现,乃是对巨大苦难的自由回应。它也许就会接受,返乡的老兵,而不是金银、商品或者资本,才是问题的关键。将老兵作为经济理论的奠基石,亚当·斯密,还有重商主义,就会被取代。这将是真正的进步,因为它将阻止经济学家对我们的看法落入到低于我们每个人在劳动分工中的实际角色。读者可能还记得,所谓进步就是"越来越少地偏离我们最真实的本性"(第三章)。这样,新经济理论或许会明白,人并不仅仅是一个企业家或者领薪者,他也是这同一个社会的创立者和士兵,他必须努力在这一社会中生存。以返乡士兵在扎营的心灵成为我们理论的奠基石,经济学家所沉思的人的本性也许就能够得到改变。这样的人如今使社会得到再生产,正如他们在社会中从事生产。他赋予社会秩序以生命,而他也在创造着一种生活。任何真正的经济体系都必须在这一双重能力中使他们得到利用。

这样一种新精神如何能够得到"加冕"?的确不是凭意愿。所需要的是一种不同的日常实践。士兵们返乡不能太匆忙,免得抹去了他们作为新奠基石的科学意义。他们必须成为一种化身,持续地向我们讲述:他们要求公共意识将和平当作是两次战争期间的宽限期。这样一些和平之仆的真实在场,会驱散科学的懒惰,科学也许认为自己是无时间性的,它也痛恨地承认它悬浮在上一场战争和下一场战争之间的一个"今天"。每一个士兵所知道的东西,并没有明确地写在我们的教科书中。这就使得士兵和教师的新关系[238]变得很迫切。使各个国家改变其宗教,都比使科学共同体改变其基本思维方式来得容易。为了让我们不要忘记,为了让我们不要忘记,就必须要求一个制度,使武士和士兵继续呈现给科学思维。

必须有遍布全球的各种营地来支持我们的和平缔造者和规划者,从全球各集镇乡村征募来的年轻人在这些营地服务。必须用这种服务来补充全球组织,因为在年长者能够具有任何权威之前,年轻人必须对年长者正在计划的东西有所体验。这样的营地——在其中无私的服务代表了那能够使知识和思想转变为光明的火焰——将会是两个将要走向终结的时代的恰当的综合。一个是"启蒙"(Enlightenment)的时代,在那个时代,人们崇拜光(light)。另一个是革命的时代,它崇拜火、纵火、火弹、破坏小队、革命、灭绝、集中营等等。

孤立的光,以及孤立的火,都各有其说法。但火、光、以及温暖,乃是共同体生活的三个同样必要的方面。服务者的火和理性的光,以及温暖,从它们的相互作用,传播至生产和消费的机械化领域,对我而言这就意味着生活的整个过程。

新世界的节奏

如果扎营者的心灵——那并不在抽象的唯心论中掩盖差异,而是敢于凸显差异的心灵——在战后获得了承认,那么,美利坚合众国最深刻的冲突将会走上解决的道路。在本书末尾,我希望读者再去回顾我在第一章中所谈到的过渡期的美国,以及 1776 年以后美国的独特传统。

这一冲突包含了一种模糊性。这模糊性就在于[239]新世界这个词。每个来到这个国度的欧洲人都会用新世界这个词,却有两重含义:地理学上的和精神上的。从地理学上说,美国是新的,因为它是在我们这一纪元之中被发现的。从精神上说,她并没有沿袭中世纪的陈旧观念。她是新的,因为她的建立应归于旧世界向新世界的扩张。在地理学上的一个强国,以及精神上的一个新的社会,结合在这个词中:新世界!无论过去还是现在，新就新在两件东西结合在同一个名词中：一个是空间上的添加；一个是水平或标准上的提升。新世界既包含了新的量，也包含了新的质。

自1776年以降，美国意识试图强调其社会新的质；但政治实在依然要求她在民族国家的旧框架内，在规模和量上进行扩张。所以就有了心性上的和平主义和令人惊异的好战体格和混合。也正因为如此，每次爆发物质冲突，美国的思想界就会感到沮丧。新的生命质量和西部新的土地发生了碰撞。尤其是这样一个独特的结果：关注并消化一场战争之前，会有很长的一段酝酿期。我在别处详尽地考察过美国的节奏。美国意识总是比战事落后半代。将法国驱逐出美洲的法加战争，影响了美国的独立。那场战争还产生了潜在的领袖华盛顿。但在1763年根本没有人意识到这一必然效果。墨西哥战争迫使美国必须解决奴隶问题。但整个国家都不想看到这一点。15年后，内战就从在墨西哥的胜利中获得了好处。

杰克逊（Andrew Jackson）因其在新奥尔良的胜利而出名，边界也随之先前拓展。那场胜利很大程度上是独立于政府的。1829年，他是总统，并用分赃体系（spoils system）使政府发生革命。

1917年，合众国进入了世界大战，在每件事上[240]都与以往的官方表态相抵触。而在1932年，人们又选择了新政，以面对第一次世界大战所造成的经济灾难。

所有这些东西，与基督教或者基督教的未来有什么关系吗？当然有。我们的意识状态是我们良知的一部分。事实与意识形态的裂隙使得心灵落后于灵魂的煎熬和牺牲。它们产生了美国公共精神之中的难以名状的分崩离析。

虽然对于美国精神，这世界已是足够新到人的生活可以免于战争，但对于美国地理而言，情况却远非如此。每一次爆发战争,它总是起初扭过脸不去正视战争,不是感到内疚就是丧失信仰。我的一个朋友,一个政府专家,1945年1月写信给我,当时压在人们心中的是希腊问题、波兰问题以及其他许多问题,他说:"在去年,美国丧失了她那朴素的信仰。"他说得对。但我倒可以用一些篇幅来论述,每次当美国突然卷入一场战争,这种丧失朴素信仰的情况就总是要重复出现。①

原因与结果、外部事件与精神回应之间的人为分离,过去190年间不可思议的美国节奏。我们的历史教科书中这一节奏被掩盖了,因为最初的回应和结果,独立宣言,人们通常认为它不是法加战争和英国海军胜利的必然效果。

如今整个合众国都进入了一个新的时代,因为这一节奏确然中断了。其他一切战争已完全创造了新的空间;而心灵则慢慢发现了[241]隐含在这些惊人成就中的政治变化。

这一次我们做了一次补考。同样的功课做了两次。因此,这是头一次美国的大危机,在这场危机中,人们的精神在某种程度上与当代的事件同步了。我们也许面对着"欧洲的自杀",旧世界确切无疑的终结,以及对于我们新世界的必然结果所蕴含的一切。我们不应该仅仅梦想着改头换面的国联(League of Nations),而是应该成为真实事件的同时代人。

但若非深思熟虑,这是不可能发生的。这一深思熟虑的努力就将是新的过程。

中西部处在过渡期的美国可以在生产的教育中做这些了不起的事,而不必解决"新世界"这个词的模糊性。第二次世界大战后,美国作为欧洲政治继承人的最终地位,使这一模糊性变得

---

① 为方便读者,下面列出了引自《出于革命》的有关意识滞后的年表:

| 1756—63 | 1812—15 | 1846— | (1898——西班牙战争。西奥多·罗斯福 | 1917 |
| 1776 | 1829 | 1861 | 于1912年作为候选人:竞选失败) | 1933 |

不可维持了。我们在工厂中生产和在近郊教育的背景表明它仍然处于一个在战争、无政府状态、革命或者衰败中的世界。

心灵对这一实在背景的弥补，就在于这一事实：它承诺给在科学艺术领域中的经济和教育进步背后有关教会和国家的巨大问题以一个新的解决之道。当前，是否允许美洲大陆的精神状态跌落回到战斗者的经验之后，这是个攸关生死的问题。如果尽可能快地让战士们"回家"，他们的灵魂，承受过超人的努力、带着恐惧回忆的灵魂，就必然会败坏。于是一种新的地毯商就会窃取和平。威廉·詹姆斯营的一个成员，①参加了步兵团的战斗后，写信给我："我们当中，那些接受过死又一次次重获生命的人，将来不是必然发现战争的道德等价物的人，而将是败坏堕落的人。"

[242]一直到新政，人们的理智总是落后于事件15年。事件是领路人；演说者和作家们通常并不会探出他们的脖子，除非他们有可能畅销。那么当然，他们的理智就总是落伍。

这一点充塞了心灵，并且使年轻人变得软弱。他们被引导着去相信：他们对所服务的世界的冲动，他们的情感回应，是不珍贵的。但他们向市镇会议和教育者群体的讨论注入了急迫和压力。如果理智现在能够理解逻辑的时间滞后性，以及直觉的价值；如果社会的科学家们能够看到，他们的逻辑正确，只是要以到来得太晚为代价，那么，心灵就会自愿并及时地将自己展现给下一代人。美国在上了近两百年学，并体验了美国作为一个好战的强国而同时美国人民又作为一个爱好和平的社会的差异之后，人们现在可以面对心灵的这整个死和复活的过程了。

因此，武士和思考者的冲突，就是在美国生命历程中起中心作用的冲突。武士转变为此世的战士，而思考者则转变为大社

---

① 见页84以下。

会的教师,这就是美国历史的合乎逻辑的结果。正是这才是"新世界"真正意味着一种新的全球秩序的开端。尽管它可能是试验性的,还不完善,还有这样那样的缺点,但它却肯定比合众国的疆域更大。人民的思想和战争行动走向一个不同的时间之波,是不可避免的。我们如今可以做一些事情,使心灵赶上时代;并且向父子两代人展示每一代人的真正力量。

在序言中,我们向年轻的士兵们介绍了本书所题献的那些人——带有对其时代精神之朴素信念的士兵们[243],介绍了那些人,他们的生平成就乃是以新的表达形式来重新迻译圣灵。

如今,也许人们已经看清楚了,一个新的纪元正在破晓。在这一纪元中,各时代的精神、每一代人的精神,不能被留给偶性以及诸如残酷的猎鹅游戏那样纯粹对现世或感官新目标的无意义追逐。每一代人的精神,必须被造就为支流,汇入精神的大洪流之中,作为其供给者和复兴者,历经各个时代,体现在一个有意识的和解活动中。基督教信仰之护卫者的恐惧——担心时代精神错了——是没有用的,一如现世人们的骄傲,他们认为时代精神总是正确的。这种精神必须被造就为服务于某一目的。上帝是一切精神之父。在我们没有使各时代之精神相互作用且成为同时代之精神之前,我们就还没有在上帝要求我们理解的程度上理解他。

如果我们有勇气做这件事,我们就可以欣赏和平的节律。因为和平并非休眠和不动的麻木状态。和平并非生命状态的中止。和平乃是对纯粹偶性的胜利。和平乃是一个共同体的节律,这一共同体依然尚未完成,依然向其真正的未来敞开着。

索 引

随机取样而使用的人名未被列入。上帝、十字架、科学、教会、时代、基督教、未来、精神(圣灵)、道成肉身、复活、耶稣等词在本书中随处可见;本索引仅列出讨论它们的关键处。(索引中数字均指原书页码。——译注)

Abraham　亚伯拉罕　175 以下.
Academies　学院　156,234
Aeschylus　埃斯库罗斯　228
Agamemnon　阿伽门农　182
Anselm of Canterbury　坎特伯雷的安瑟伦　90
Anthony, Saint　圣安东尼　90
Anti-Christ　敌基督　69f.
Antisemitism　反犹主义　185
Aristotle　亚理士多德　94,95,156
Asramas in India　印度的阿室罗摩　212
Athanasius　阿塔纳修　153

Augustine 奥古斯丁 52, 75, 132, 153

Basler, Roy P. 巴斯勒 110(原书索引误作 87)
Bassett 巴塞特 87
Berdyaev, N. 别尔嘉耶夫 142
Bessarion 贝萨里翁 156
blasphemy 渎神 105
Breasted, James H. 布雷斯特德,詹姆斯 86
Browning, Robert 勃朗宁,罗伯特 103
Buddha 佛陀 174ff.

calendars 208ff.
Calvin 加尔文 153, 186
Camp William James 威廉·詹姆斯营 26ff., 205
Chalcedon, Council of 卡尔西顿大公会议 146ff., 161
Charlemagne 查理曼 152—155
Chase, Stuart 切斯 28
Chateaubriand 夏多伯里昂 25
Chesterton, G. K. 切斯特顿 67, 180
China 中国 42ff., 178ff.
Church 教会 138—164
Churchill, Winston 邱吉尔 165
Citizenship 公民身份 47, 237
commuter 乘车者 22
Condorcet 孔多塞 77
Confucius 孔子 42ff., 112, 115, 191
Copernicus 哥白尼 236
Creed and dogma 信条与教义 98—112, 115f., 127, 154f., 225
Croce B. 克罗齐 81
Cross 十字架 165—192

crusades 十字军 103，119ff.，124
Cutten, J. B. 柯滕（正文中作 G. B. 202f.
cycles of history 历史循环 63ff.，76，223f.，235f.

Daniel 但以理 184
Darwin, Charles 达尔文 53ff.
Decembrio 戴占布利奥 156
Descartes 笛卡尔 170
Dewey, John 杜威 7，43ff.，81
division of labor 分工 171
dogma, see creed 教义，见信条
Dostoyevsky 陀思妥耶夫斯基 142

economics 经济学 88，159f.，246f.
ecumenic 普世（教会） 148，158
Egypt 埃及 86，93
Ehrenberg, Hans 埃伦堡，汉斯 131
Ehrenberg, Rudolf 爱伦堡，鲁道尔夫 139（原书索引误作 132）
end of the world 世界的终结 67ff.，113
era 纪元 33f.，73，135ff.
Erasmus 伊拉斯莫 156

fatherhood 作为父亲 37ff.，187，218ff.
Ficino, Marsilio 菲奇诺，马西利奥 156
filioque 和子句 152ff.
Florence 佛罗伦萨 155f.
France 法国 25f.，77，186，230
Francis, St. 圣方济 109
Frankfurt 法兰克福 152f.
Frazer, James G. 弗雷泽，詹姆斯 36

Frost, Robert　弗罗斯特　192

fundamentalists　基要主义者　225

future, the creation of　未来的创造　61—91

generations, problem of　代际问题　117, 130, 218—243

genius　精神、天才　25, 77, 118, 220, 227

Germany　德国　213

Gladstone　格莱斯顿　181

gnostics　灵知派　121

gospels, four　四福音书　99f.

Gregory VII　格列高利七世　150

Guitton, Jean　吉东,让　72

Harvard University　哈佛大学　195f.

Hegel　黑格尔　129, 173

Hesiod　赫西俄德　63　（原书索引误作 163）

history, history writing　历史,历史书写　63, 67, 71ff., 113ff., 116, 141, 162ff., 219, 225

Hitler, Adolf　希特勒　4, 20, 64, 160, 161, 166, 186, 188, 214

holiday　节日　28, 1998—216

Homeric question　荷马问题　87

Hopkins, Ernest Martin　霍普金斯,厄内斯特·马丁　203

Hopkins, Harry　霍普金斯,哈利　26

Humanists and Humanism　人文主义者与人文主义　121f., 160

Hutchinson A. S.　哈金森　22

Huxley, Aldous　赫胥黎　20

Ignatius　依纳爵　165

industry　工业、产业　15—20, 39—41, 213—215

infinity　无限　156

索 引

Israel 以色列 65f., 93, 106, 182ff.

Jacks, L. P. 贾克斯 180
Jacob (the Patriarch) (始祖)雅各 185
James, William 詹姆斯,威廉 9, 58
Japan 日本 184, 187f., 201
Jeffers, Robinson 杰弗斯 42
Jessup, Walter A. 杰素普 32
Jews, see Israel 犹太人,见以色列
Joachim of Floris 约阿希姆,佛罗利斯的 75
John the Evangelist 福音书作者约翰 100, 107, 129
Jones, Rufus 琼斯,鲁弗斯 76f.
Joyce, James J. 鲁弗斯·琼斯 20

Kierkegaard 基尔克果 70
Kroeber, A. L. 克罗伯 195

Lake, Kirsopp 雷克 69
language 语言 4, 8, 128ff., 228f.
Laotse 老子 174ff., 197
Lawrence, D. H. 劳伦斯 160
leisure 闲暇 10, 198ff.
Lincoln 林肯 109f.
Lindeman, Eduard C. 林德曼 199, 233
liturgy 礼仪 154, 203, 207, 209f.
Lowrie, Walter 洛瑞 142

Mairet, Philip 迈雷特 213
Malachi 玛拉基 218
Marcus Aurelius 马可·奥勒留 117

Maurois André 莫罗瓦 181
mentality 心性、心智 13, 234
Miller, D. L. 米勒 209
miracles 奇迹 119
Mondolfo, Rodolfo 蒙道尔夫 63
myth 神话 64ff., 210

names, contrast to words 名,与言词相对 7ff., 21, 126, 128, 164
nature as man-made 人造的自然 16, 109, 111, 160, 176—178
Nazis 纳粹 193, 201, 212ff.
Nef, John U. 内夫 54
Nicea 尼西亚 148, 156
Nicholaus, Cusanus 库萨的尼古拉 156
Nietzsche, Friedrich 尼采 69f., 92, 97, 114, 123, 201f.
Nirvana 涅槃 178

Origen 奥利金 100

pacifism 和平主义 41ff., 159, 216, 224
paganism 异教精神 109—110, 160, 185, 203, 216f., 220, 228
papacy 教皇制 115, 142, 146—156
Paracelsus 帕拉切尔苏斯 110, 116
Paul, St. 圣保罗 118, 131
Pentecost 圣灵降临节 4, 16, 205
Peter, St. 圣彼得 149f., 164
Pigou, A. C. 庇古 88
pilgrims 朝圣者 109f.
Plato 柏拉图 55f., 94, 96, 121, 144, 155f.
Polybius 波利比乌斯 63
pragmatism 实用主义 7, 43ff., 81

progress　进步　50, 74, —89, 237

Puritans　清教徒　203

Reimarus　赖马鲁斯　87

Reitzenstein　赖岑施泰因　93

Renaissance　文艺复兴　155, 157, 160

resurrection　复活　145, 147

Rome　罗马　146, 148ff.

Roosevelt, Theodore　罗斯福，西奥多　181

Rosenzweig, Franz　罗森茨维格　45

Royce, Josiah　罗伊斯　169

Russell, Bertrand　罗素　56

Russia　俄罗斯　140ff., 158, 161

rhythm of social life　社会生活的节律　198—243

saints　圣徒　118

schism of the Church　教会大分裂　141ff.

Schopenhauer　叔本华　177

Schweitzer, Albert　史怀哲　87f.

shifts, working in　轮班工作　16ff.

Siger of Brabant　布拉班特的西格尔　95

Socinus　索齐尼　153

Socrates　苏格拉底　110, 117, 192

Söderblom, Archbishop　索德伯隆，大主教　157f.

Solovyev　索罗维约夫　142

soul　灵魂　13, 17, 20ff., 66, 102, 125, 149, 157, 159, 195, 202—204, 228—231

Soviet　苏维埃　151, 162

Spens, Maisie　斯彭斯　81

spiral as symbol of history　螺旋式历史观　81ff.

Stalin　斯大林　20，160

state, secular　世俗国家　4f.，39f.，100

Stenzel, Julius　施滕策尔　81

Sunday, see holiday　星期日、主日，见节日

Swing, Raymond Gram Raymond Gram Swing　172

Tao　道　179ff.

Taussig, F. W.　陶西格　88

Thomas Aquinas　托马斯·阿奎那　95

Tillich, Paul　蒂里希　67

time　时间　91，166ff.，194，200，213，233，and passim

Tolstoy　托尔斯泰　142

trinity　三位一体　218—213

unemployment　失业　88，235ff.

United States of America　美国　42ff.，54，118，137，163，204，218，238—243

veterans　老兵、退伍军人　237

Vincent of Lerinum　莱兰的樊尚　75

vitalism, vitality　活力论　121ff.，161

Voltaire　伏尔泰　94

von Hügel　许格尔　69，71

von Weizsaecker, Victor　魏茨泽克　110

von Wilamowitz-Woellendorf　维拉莫维茨—莫伦多夫　87

war　战争　41f.，48f.，216—243

Webster, Daniel　韦伯斯特　3，181

Whitehead, A. N.　怀特海　226

Wittig, Joseph　维蒂希　70

Wrede　弗雷德　87

Zoroaster　琐罗阿斯德　63

图书在版编目（CIP）数据

越界的现代精神 /（美）罗森斯托克-胡絮(Rosenstock-Huessy, E.)著；徐卫翔译. --修订本. --上海：华东师范大学出版社，2011.7
 ISBN 978-7-5617-8531-7

Ⅰ. ①越… Ⅱ. ①罗…②徐… Ⅲ. ①基督教—研究 Ⅳ.①B978

中国版本图书馆 CIP 数据核字(2011)第 060718 号

华东师范大学出版社六点分社
企划人　倪为国

本书获香港汉语基督教文化研究所授权出版简体字版并得到"天雅地产"的支持
The Christian Future
By Eugen Rosenstock-Huessy
Copyright © by Institute of Sino-Christian Studies LTD.
Simplified Chinese Translation Copyright © 2008 by East China Normal University Press
ALL RIGHTS RESERVED.
上海市版权局著作权合同登记　图字：09-2008-184 号

越界的现代精神

(美)罗森斯托克-胡絮　著
徐卫翔　译

统　　筹	储德天
责任编辑	审校部编辑工作组
特约编辑	李春安
封面设计	王　伟
责任制作	肖梅兰
出版发行	华东师范大学出版社
社　　址	上海市中山北路 3663 号　邮编　200062
网　　址	www.ecnupress.com.cn
电　　话	021-6082 1666　　行政传真 021-62572105
客服电话	021-62865537
门市(邮购)电话	021-62869887　地址　上海市中山北路 3663 号华东师范大学校内先锋路口
网　　店	http://ecnup.taobao.com/
印　刷　者	上海景条印刷有限公司
开　　本	890×1240　1/32
印　　张	10
字　　数	200 千字
版　　次	2011 年 7 月第 2 版
印　　次	2011 年 7 月第 1 次
书　　号	ISBN 978-7-5617-8531-7/B·621
定　　价	29.80 元
出　版　人	朱杰人

(如发现本版图书有印订质量问题，请寄回本社客服中心调换或电话 021-62865537 联系)